本书获德州学院学术出版基金资助

中国遗产型社区
属性剥离与整合模式研究

李连璞 著

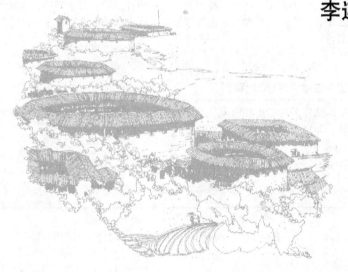

科学出版社
北京

内 容 简 介

　　本书以古村落为研究对象，在分析其保护和旅游发展面临的问题基础上，立足于古村落是一个矛盾集结体，其不同的利益主体对古村落的诉求存在矛盾和统一的关系，通过对聚落属性、遗产属性和旅游资源属性的深入剖析，判断不同古村落处于可持续发展的不同阶段，总结其在不同阶段需要解决的问题，提出不同阶段的古村落的发展模式。最后，立足于古村落的主要表现形式，也就是传统民居，阐述如何通过旅游发展解决不同利益主体矛盾，达到发展与保护的统一。

　　本书可供人文地理、旅游管理、风景园林、社会科学等相关领域的科技工作者、管理人员参考，也可作为高等院校相关专业研究生的教学参考用书。

图书在版编目（CIP）数据

中国遗产型社区属性剥离与整合模式研究／李连璞著 . —北京：科学出版社，2014.8

ISBN 978-7-03-041606-3

Ⅰ. ①中⋯　Ⅱ. ①李⋯　Ⅲ. ①村落–旅游–研究–中国　Ⅳ. ①F592.3

中国版本图书馆 CIP 数据核字（2014）第 183777 号

责任编辑：林　剑／责任校对：邹慧卿
责任印制：徐晓晨／封面设计：耕者工作室

科 学 出 版 社 出版
北京东黄城根北街 16 号
邮政编码：100717
http://www.sciencep.com

北京教图印刷有限公司 印刷
科学出版社发行　各地新华书店经销
*
2014 年 8 月第　一　版　开本：B5（720×1000）
2017 年 4 月第二次印刷　印张：16 3/4
字数：336 000
定价：98.00 元
（如有印装质量问题，我社负责调换）

序

古村落是国内外研究的热点，历史文化名村作为古村落的典型代表，其可持续发展是一个复杂的命题。该书选题既贴近国际同领域研究的前沿，又切合我国历史文化名村发展的实际情况和需要解决的要害问题，视角独特，富有创新性和前沿性。

该书思路新颖，在学科面上有广度，深度上有拓展，所引述评析的学科面涉及经济、社会、管理、伦理、规划、旅游、数学、计算机等广泛领域，在此基础上创新历史文化名村旅游可持续发展理念和方法，八骏奔蹄，表现了作者的才识，很值得赞扬。

该书研究采用中观尺度，选取 7 个历史文化名村为研究对象，从困境入手，以属性剥离为切入点，按"整体–个案–整体"的框架展开研究，试图对历史文化名村的属性进行剥离和整合，探寻其矛盾的形成机理、表现形式与释放途径，以矛盾的求解达到属性整合的目的，并指出其可持续发展的突围之路，有很强的理论和实践价值。

该书结构体系非常严谨。首先，在分析古村落基础上阐述了其面临的问题和挑战，然后以历史文化名村为题材，提出旅游发展是解决聚落属性发展和遗产属性保护之间矛盾的桥梁，由此引出了旅游发展和遗产保护的矛盾以及旅游发展和聚落之间的矛盾；采用"市场吸引力–坚固性"双指标，利用模糊数学方法计算了历史文化名村的可持续旅游发展潜力，通过"M-R"状况矩阵对其要素组合状态进行了分类，指出理想型及良性转化可能性的存在，证明了旅游发展和遗产保护之间相互依存的关系。其次，提出旅游发展的层次性是历史文化名村聚落、遗产和旅游属性整体性的集中表现，依次构建了评价旅游可持续发展现状的指标体系，用因子分析法计算了 7 个历史文化名村的旅游可持续发展现状，并对现状和潜力进行组合，在"S-P"状况矩阵中按其组合状态将历史文化名村可持续发展分为强同步型、弱同步型、强错位型和弱错位型 4 种类型。强同步型及良性转化路径的存在，证明了聚落属性、遗产属性和旅游资源属性的整合是可行的。再次，提出旅游发展是解决历史文化名村面临的多重矛盾的突破口，勾画了"旅游发展模式层次——递进模型"，指出历史文化名村在向高级类型转变过程中需要明晰的主要目的和任务；用"P-E-D"指数辨别了不同"S-P"组合状态应采取的旅游发展模式，以此达到旅游的可持续发展，以解决历史文化名村不同阶段面临的主要矛盾，达到历史文化名村属性整合的目的。最后，提出合理的旅游发展模式是解决不同类型历史文化名村发展与保护矛盾的关键，在此基础上指出弱同步型应采用城镇化旅游发展模式，并结合传统民居这一古村落特殊的形态，指出了旅游可持续发展的突围之路。

该书是一本优秀的著作。

2014 年 7 月

目　　录

第一篇　古　村　落

第二篇　历史文化名村

第三篇　传统民居

第一篇

古 村 落

第一章　古村落的形成与分布

第一节　古村落概念

人们居住在一起，于是形成聚落（settlement）。

居住在一起的地方，可以是一间屋、一个村落、一个乡镇，更普遍的是一个城市；而聚落人口的数字也可大可小。《史记·五帝本纪》中记载："一年而所居成聚，二年成邑，三年成都。"其注释中称："聚，谓村落也。"可见村落是聚落的一种类型。《汉书·沟洫志》中说："或久无害，稍筑室宅，遂成聚落。"由此可推断，聚落开始可能是指人们所居住的房屋，并由个体延伸到群体，规模再由小到大，由房屋到"聚"，由"聚"到"邑"，再由"邑"到"都"。正如吴良镛先生所说："将建筑从房子的概念延至聚居的概念。"这里的"聚"指的是"村落"，可见在古代，"村落"与"聚落"的所指是一样的。

聚落具有不同的平面形态，它受经济、社会、历史、地理诸类条件的制约。历史悠久的村落多呈团聚型，开发较晚的区域移民村落往往呈散漫型。城市型聚落也因各地条件不同而存在多种平面形态。聚落的主要经济活动方向决定着聚落的性质。乡村聚落经济活动的基本内容是农业，习惯上称为乡村。城市聚落经济活动内容繁多，各种经济活动变量间的关系，反映出城市的功能特征和性质。

"村落成为农村聚落的简称，成为长期生活、聚居、繁衍在一个边缘清楚的固定地域的农业人群所组成的空间单元，是农村政治、经济、文化生活的宽广舞台。"就规模而言，乡村聚落的规模远比不上城市聚落，但是它却是一个相对独立而完整的农民生活的聚落。"所谓聚落即人们聚集的地方，小则家庭、村庄，大则乡镇、城市。"

因此我们认为，村落是一种以农业为经济活动主要形式的聚落，农业人口占绝大多数，少数部分从事手工业或零售业，它的主要功能是居住，包含着建筑群体及其周边相关的自然环境。

我国古村落犹如点点繁星洒落在祖国各地，它们数量多、分布广、个性鲜明，被称为"传统文化的明珠""民间收藏的国宝"等，其人与自然高度和谐的人居环境，近年来逐步受到世人的瞩目。然而随着时代的前进，一部分村落淹没在城市化的浪潮中，已经成为城市的重要组成部分；另一部分村落则保留了原有的风貌，它们的建筑传统、历史文脉、环境构成也都得到不同程度的继承，我们可以称这些村落为"传统村落"或"古村落"。它是传统聚落的一种类型，具有较为完整或可整治的历史风貌。它代表了这一地区的历史发展脉络，拥有集中反映地区特色的建筑群，是这一地区历史的见证者。它包含了一定比例的真实历史轨迹，携带着真实的历史信息。它不仅包括有形文化的建筑群，还包括蕴涵其中的无形文化和场所精神。

一、概念之争

目前对古村落在概念和内涵方面还没有明确统一，许多学者和学术机构从不同的角度对古村落进行定义，在概念内涵和选择标准上有所不同。

中国古村落保护与发展委员会从学术角度对古村落进行了定义，认为所谓的古村落是指那些已经有五六百年以上历史的村寨。这些村寨大多由一个庞大的家族组成。村寨里有家族创业始祖的传说，有家族兴盛衰败的记载，有祖传的遗训族规。这些村寨在选址方面遵循古代堪舆学的理论，讲究"择吉而居"，建筑布局大多以"天人合一"为基本思路，一般有河山作为自然屏障，便于生存、发展、繁衍，所以风景都比较好。另外，这些古村落建筑风格独特，有较高的文物、民俗、人文观赏价值和审美价值。

从研究内容范围上，冯淑华认为古村落是一种历史遗存，距今应该有上百年乃至千年的历史。从广义上说，古村落是指"至今保留的古代民居建筑群落的总称"；从狭义上说，古村落是指"历史年代久远，遗留至今的，具有科学研究价值和历史研究价值，且需要保护或已经受到保护的古代民居建筑群落"。它涵盖了三层意思：一是历经岁月沧桑不断延续和演绎遗留下来的古代民居建筑，并至今仍为现代百姓延用和居住；二是具有历史传统特色的古民居、古街、古巷、古道、宗祠、寺庙等，在景观上与现代民居有很大反差，是一种特殊的区域文化景观；三是从深层面看，古村是封建思想、文化、宗法礼制及族权观念交融的外化表象，对研究我国封建社会具有特殊意义。因此，从学术研究、价值观念和社会意义上都应给予保护。

刘沛林认为村落是人类聚集、生产、生活和繁衍的最初形式，一直处于演进发展之中。进入现代社会以后，在一些演进较为缓慢的特定地域，仍有幸保存着各个特定历史时期的一些村落，而且村落的环境、建筑、历史文脉、传统氛围均保存较好。古村落的平面形态、功能构成、建筑风格、文化氛围，以及数量、规模、质量等，都受制于特定的历史地理环境背景。

在古村落的选择标准上，清华大学建筑学院陈志华教授总结的古村落六个特点：①年代久远；②科学成就很高；③与自然融为一体；④村落规划出色；⑤有书院和村塾；⑥有公共园林。按照这样的标准能够符合入选的古村落数量将很少，因此该标准规定的过严。

二、概念辨析

在实际生活中，人们往往把古村落与历史文化名镇（村）、古镇、古民居、传统聚落等概念混同。这些概念在内涵上既有相同之处，又有差异，为了更好地定义古村落的概念，下面对古村落与古民居、古镇、传统聚落的概念进行辨析。

1. 历史文化名镇（村）

2003 年，建设部和国家文物局在联合公布第一批中国历史文化名镇（村）（表1-1）时，定义了历史文化村镇的概念，即"保存文物特别丰富并且有重大历史价值或者革命纪念意义，能较完整地反映一些历史时期的传统风貌和地方民族特色的镇（村）"。可以认为历史文化村镇包括两部分，即历史文化名镇和历史文化名村。从历史文化名村的概念及公布的我国第一批中国历史文化名村来看，它们都是我国古村落中保存最好，具有很高研究保护价值的代表。因此可以认为历史文化名镇（村）是对古村落和古镇的一种荣誉称号和保护措施。

表1-1　第一批中国历史文化名镇（村）名单

历史文化名镇	历史文化名村
1. 山西省灵石县静升镇	1. 北京市门头沟区斋堂镇爨底下村
2. 江苏省昆山市周庄镇	2. 山西省临县碛口镇西湾村
3. 江苏省吴江市同里镇	3. 浙江省武义县俞源乡俞源村
4. 江苏省苏州市吴中区角直镇	4. 浙江省武义县武阳镇郭洞村
5. 浙江省嘉善县西塘镇	5. 安徽省黟县西递镇西递村
6. 浙江省桐乡市乌镇	6. 安徽省黟县宏村镇宏村
7. 福建省上杭县古田镇	7. 江西省乐安县牛田镇流坑村
8. 重庆市合川县涞滩镇	8. 福建省南靖县书洋镇田螺坑村
9. 重庆市石柱县西沱镇	9. 湖南省岳阳县张谷英镇张谷英村
10. 重庆市潼南县双江镇	10. 广东省佛山市三水区乐平镇大旗头村
	11. 广东省深圳市龙岗区大鹏镇鹏城村
	12. 陕西省韩城市西庄镇党家村

2. 古镇

交通格局上的终端性往往是古村落不同于古镇的一个特点，古镇一般是一定区域内生产、商业、交通的中心，有时还是政治和军事中心，而古村落则一般是消费型的生活中心。另外，古镇往往是杂居聚落，姓氏比较多，而古村落往往聚族而居。在规模上古镇一般比古村落要大，人口多，人口流动性大，商业气息较浓。古镇是动态的、充满活力的生活空间；而古代村落的营建往往受宗族观念的影响，以家祠、族祠为中心聚族而居比较封闭。但古村落和古镇在某些方面不是很好区别，有的学者也将古镇列为古村落的研究范围。

3. 古民居

古民居是古村落最基本最重要的组成部分。古民居和古村落的区别在于个体和集体的关系，一个古村落内必须有一定数量的古民居，古村落除了古民居外往往还有一些其他建筑景观。

4. 传统聚落

传统聚落是历史时期形成的具有古老性、科学性、独特性以及民族风格的集镇或村落。传统聚落应该包括古镇、古城和古村落等。古村落只是传统聚落的一种。古村落的外延比传统聚落要小。

根据相关学者的定义和对相关概念的辨析，从旅游资源研究和开发的角度出发，本书认为古村落应该是具有百年以上的建村历史，并且保存相当数量的民国以前的民居建筑群以及其他建筑，具有较高的研究价值，能够进行旅游开发的传统乡村聚落。对研究范围的界定，由于古村落和古镇具体区分的难度较大，在古村落内容研究范围上可能也包含一定的古镇。

三、古村落特点

古村落是遗存的一种珍贵的历史文化遗产的活教材。综合来看它们具有以下特点。

1. 强烈的地缘和血缘特点

古村落作为自给自足独立的生活、生产单元始终保持着小农经营、世代累居的特点。它们形成了两种主要的群体关系：以血缘关系和婚姻连接成的血缘群体和左邻右舍守望相助的地缘群体。古村落大多由一个庞大的家族组成，以宗族为村落核心，村寨里有家族的记载和传说，有古老的遗训族规。以婺源县为例，汪口以俞姓为主，两河之口建有"俞氏宗祠"；李坑则是一个以李姓聚居为主的古村落。这两重关系使村落中人口流动率降到最小，活动范围受地域限制，各自保持独立的社会圈子，富有强烈的地缘性。这种特点一方面由于农民的传统意识根深蒂固，使城市文明难以快速渗透到广大农村；另一方面，却无意中使古村落尚未受到外来文化冲击，保留了相当的民族性。

2. 选址讲究

作为一种传统的人类聚居空间，由于我国大部分古村落是同族而居，深受东方哲学关于"天人合一"等思想观念的影响。①在村落选址方面，古村落的设计者遵循古代堪舆学的理论，讲究择吉而居。②在环境布局方面，运用"天人合一"的哲学思想，一般有河山作为自然屏障，依山傍水、靠近水源，因而表现出独特的充满生机与活力的聚居空间特点，便于生存、发展、繁衍，所以风景都比较好。③在村落形态功能规划方面严谨和谐，大部分村落的水系、街巷，井然有序，民舍、庭院、礼制中心、文化中心、休闲中心等，错落有致。④在建筑与施工上，因地制宜，依山就势，巧夺天工，注重物质与精神的双重需求。因此不论是村落选址、规划、布局还是单体建筑的设计、构筑，都表现出较好的环境意识和审美能力，突出一种人与自然和谐相处、融为一体的环境氛围。

3. 物质形态原型保持较好

古村落在其长期发展中，也会随着环境逐渐变化，影响因素主要是自然条件、地理位置，特别是经济政治状况。不同经济发展阶段对环境有着不同程度的影响。但在当时较高的经济基础上，会有很多物质结构的良好反映。不仅有典型的文物古迹，而且民居、公共活动中心、村落总体布局均完整地保持着某一时期或几个时期积淀下的特征。例如，徽州"富而张儒，仕而护贾"，因此建造的民居、祠堂、书院无不精美绝伦，成为徽州文化的缩影。目前虽然因经济、地理、文化、技术方面的变革使这些古村镇失去了原来的繁荣，但地理环境的封闭，缺乏对外交流却使它们未受到大中城市那样的强烈冲击，在自然衰落中保持了物质形态的原型。

4. 年代久远，有着丰富历史信息

古村落的建村时间一般都较长，最少百年以上，多的有上千年历史。被列入世界文化遗产名录的安徽西递、宏村分别始建于北宋年间和南宋年间。许多古村都以一个宗族聚居而成为一个相对封闭的社会单元，一般是一村一姓或一姓多

村。由于聚族而居，因此宗族文化突出，重视教育，大部分村寨里有家族创业始祖的传说，有家族兴盛衰败的记载，有祖传的遗训族规。同时每个宗族各有其自身严格的宗法，留存下来丰富的历史信息。

5. 反映了生活的真实性和民俗传承性

古村落是一个生活场所，这与文物有着非常大的区别。它的价值在于它有一定的传统生活内容，保持着传统生活氛围，是历史文化的活见证。生活的真实包括了日常生活方式、风土人情、宗教信仰、礼仪等非物质要素的实证性。古村落的现有村民至今还保存有相当一部分传统的风俗习惯。婚丧嫁娶、禁忌、信仰、服饰等方面在古村落都有一定的延续。

古村落具有悠久历史所积淀的文化内涵，它们可做如下分类：文字、语言传统，如书画、掌故、戏剧等；行为传统，如风土人情、宗教、节庆礼仪等。在一些地方又具有民族特色，越有民族性便越有国际性，是我们值得珍视的财富。

6. 地域特色

古村落具有鲜明的地方建筑特色和风格。例如，徽派古村落就有白粉墙、马头墙、小青瓦、木构架的特色。

第二节　古村落的形成

分析古村落的形成渊源，可以发现古村落的形成和发展都有一个从无到有，不断发展的历史过程，都经历了一个建设、发展、辉煌、衰变的过程。各种自然因素、社会因素及人文因素对古村落的发展形成影响很大。每一个古村落的形成必然是当地社会、经济、文化以及地理、气候等诸多因素综合作用的结果。

一、古村落形成原因

(一) 历史渊源

古村落的形成与我国历史变迁和朝代更迭有很大关系。对我国古村落的形成有重要影响的历史原因有：一是民族迁徙；二是移民政策。

1. 民族迁徙

历史上我国的经济、政治中心一直处于黄河流域，形成了较为发达的中原文明。而南方地区相对来说经济发展落后，经济开发历史相对较晚，这些却为北来移民准备了广阔的发展空间。中原地区虽然社会经济发达，但战争等灾害频繁，由于多次剧烈的社会动荡和变换，造成了大量的民族向南迁徙。古村落的形成就与这种民族迁徙有很大的关系，民族的迁徙主要由于战乱纠纷或求隐的目的而形成，这种迁徙多有世家大族的集体行动。

在我国历史上因战乱或灾荒等原因，主要有三次大规模持续的中原汉人南迁活动。西晋末年的"永嘉之乱"，掀起了中原人口南迁的第一次高潮，迁移地区主要是徽南、江浙、湘赣等地区；历时八载，战祸遍及黄河中下游地区的唐中期"安史之乱"，引发了中原汉人的第二次大规模南迁浪潮，其移民前锋已达到岭南；北宋"靖康之难"到忽必烈入主中原的150年间，为我国历史上中原汉人第三次大规模南迁浪潮，其移民已进入南岭腹地的闽、粤、赣的深山之中，并形成了独具特色的客家民系。汉族人口的南移，带去了先进的中原文化和建筑技术，与当地文化不断融合。在历史的发展进程中，汉族和当地少数民族，既有相对独立发展演变的过程，更有相互间迁移融合的过程。特别是在南岭山区，有效生存空间的有限，加上南岭山区腹地的客家人、湘赣系汉人、瑶民等民系民族的向内或向外的频繁迁移，构成了极为复杂的人文社会环境，使古村落的形成、发展和演变，呈现出五彩纷呈的特点。以上迁徙促进了中原文化向南的传播，也是许多古村落发展形成的渊源。

2. 移民政策

明朝的移民以及明清的屯兵政策，也是古村落产生的一个原因。明朝建立初期，为巩固政权，恢复和发展生产力，朱元璋采取了许多措施，包括重要的奖励移民措施。其移民政策就是将农民由人多地少的地区转移到地广人稀的地区，出现了"湖广填四川"和"山西大槐树"等移民事件。此外，明清两代还大规模实行屯军政策，明朝在云贵地区屯田驻军，军屯星罗棋布，当地官兵和当地居民联姻出现了军屯、民屯和商屯。在此种情况下，军营亦兵亦民，也出现了许多堡寨等村落形式。

（二）思想文化原因

思想和文化是一种巨大的社会影响力，它会对社会经济各方面产生重大的影响。研究古村落的形成必须研究各种思想文化对其的影响。影响古村落的文化因素主要有宗族礼制、风水观念等。

1. 宗族礼制观念

宗族制度盛行，是中国古代社会的重要特征之一。在这样的背景下，一般聚族而居。由于宗族关系在古代礼俗社会中占有重要地位，这种由血缘派生的"空间"关系，数千年来一直影响着中国传统村落的形态。村落的布局首先强调的是宗祠位置的布局。整个村落的布局便习惯地以宗祠（或族长房）为中心展开，在平面形态上形成一种由内向外自然生长的村落格局。许多少数民族村落的布局，也充分体现出宗族血缘的凝聚力。因此，宗族礼制是古村落形成的一个重要原因。

2. "天人合一"的风水哲学观念

我国古村落无一不受到风水的理想环境模式的影响。作为一种思想观念，风水对中国古代村落的选址和布局，产生了深刻而普遍的影响，是左右中国古代村落格局最显著的力量。古代村落、屋舍的建造，均讲究风水。虽然风水带有迷信色彩，但其有许多不可忽视的合理成分。近些年来通过研究，按照风水学所选择的基地，无论从物质环境或景观角度方面看都与人们所希冀的理想环境不谋而合。因此，风水观念对古村落的形成和发展有较大的影响。

（三）经济原因

古村落中的居民从事什么样的生产活动，经济生活如何，会对古村落的形成产生很大影响。因此，经济因素也是影响古村落形成的一个重要原因。经济因素对古村落的形成主要是对古村落的发育程度和规划、建筑取向产生影响，同时也影响着人们的思维定势。民以食为天，面对生存的困难，古村落努力寻求可能的生存方式，并力图借助仕途而发展，基本是以"耕可以致富，读可以荣身"为治村的主线。朱晓明归纳了四种类型（表1-2）的生产方式对古村落的布局和建筑形态所产生的影响。例如，晋商和徽商的村落形成都与经济原因有很大的关系。

表1-2　古村落的经济类型与特点

类型	特点	代表村落
耕织结合型	自给自足型农牧业和自给型家庭副业的结合	浙江省诸葛村
以商助耕型	自给型农业与商业的结合	陕西省韩城党家村
手工助耕型	商业型的手工业和自给型农业结合	浙江省东阳村
商业织耕型	自给型农业和商业型农业结合	江西省流坑

（四）自然地理原因

自然环境和社会文化环境都影响着古村落以及古民居的构筑形态，而自然环境是影响其形态的物质层面，它包括气候、地形及天然材料等因素。传统古村落的构筑形态受自然环境的影响很大，它的不断改进是为了更好地与特定的自然环境相适应。所以古村落内的各种构筑形态都能反映出其所在地的自然环境特征，同时传统民居构筑形态与自然环境的适应，也成为其营建和设计的一条重要准则。自然因素对于传统民居构筑形态影响最为明显的是气候、地形和材料等方面。不同的自然地理环境对古村落的形态布局和建筑色彩影响很大。

二、古村落的发展兴衰规律

我国古村落的发展过程中都有一个比较相似的发展阶段，具有以下发展兴衰规律。

1. 起步阶段，选择佳地聚族而居

受各种原因影响，相当多的村落都是由文化程度较高的家族，在村落选址时先看风水的好坏，一般选择依山傍水的风水佳地、交通要道居住或易守难攻的安全地方，并按照风水观念和宗族观念建设家园。例如，北京川底下村先祖于明朝永乐年间随山西向北京移民之举，由山西洪桐县迁移至此，该村全都姓韩，为韩氏家族聚居之地，该村的选址就较重视风水。

2. 发展与繁荣阶段，经商入仕建设家园

古村落在其发展过程中，由于生存的压力，整个家族都比较重视经商或教育，以此来改变自家的家园。重视耕读和儒道教化，追求读书、科举之路和儒道伦理精神养身齐家，村民的文化素质得以提高、人才辈出。强化宗族血缘的维系，全村族群结合一起，福祸与共，建立了和谐团结的群体关系，并以强烈的家族和乡土观念推进了家园的建设和经营。许多经商或入仕后致富的成员回家建设自己的庄园。例如，山西的许多大院都是在族人经商富裕后建设的。徽商的兴盛，形成了当地杰出的"新安文化"。一些入仕的族人也纷纷修建自家的庄园，使整个村落走向了繁荣。

3. 衰退阶段，社会变革走向衰退

在发展的过程中，如果社会出现变革或环境条件改变，古村落便会走向衰退、停滞不前。例如，清朝后期和民国期间，由于激烈的社会变革和一些技术引进，造成了古村经济逐渐衰退而失去昔日的辉煌，一些古村落走向没落。

三、古村落留存的原因

古村落经历千百年的风吹洗礼和社会变革，能够保存下来，主要有以下原因。

1. 自然地理环境的封闭性

多数古村落地处偏远的地区，交通不便，信息不灵，与外界交流交往甚少，经济社会文化处于一种自我循环之中。现存的古村落多为明清时期遗留下来的，主要分布在近代以来交通闭塞、经济落后的山区。封闭的自然环境是古村落保存下来的一个原因。

2. 正确的选址与自然资源禀赋较好

我国的许多古村落能够保存下来的原因，除了交通闭塞的原因外，村落选址一般是在自然资源条件较好的地方。例如，皖南徽州的古村落，素以山水竞秀而称奇。

3. 宗法制度较严

维持古村落多年的生活方式变化很少而比较稳定的重要原因，是乡土的制度保证。乡土制度在古村落中，往往表现为宗法制度，它们相当于地方法庭和村规民约，家规宗族制度是他们的"宪法"，且一般执法都非常严厉。例如，浦江郑宅村的创始人郑绮在南宋建炎初年时留下遗训"吾子孙若有不同食共饮者天将罚之"，倡导合族同居共食。他的后人恪守郑绮遗训，历经15世同炊共饮，并曾经创下3000多人共聚一堂共同吃饭的纪录。

4. 文化的认同

古村落一般都有自己的村落文化，村民对这种文化的认同能延续百年、千年。它们文化的"先进性"与"文明性"，不是世人的标准，而是自己的标准。这种文化就和生儿育女一样一代代繁衍、承续这种文化的认同，它几乎渗透在村落人们的一切生产行为、生活行为、社交行为中。文化的认同对古村落的留存有很大帮助。

5. 殷实的经济基础和先进的建筑营造技术

在相当一些古村落中由于重视教育和经商，出现了大量的官员和富商。这些读书做官者和经商致富者为了光宗耀祖，返乡后都大兴土木，竭尽奢华，捐官捐爵，以彰显门庭，不断建设他们的村庄。他们采用先进的建筑营造技术，使一些古民居保存时间更加长久。

第三节　中国古村落分布与分类

一、中国古村落分布特点和分布规律

古村落景观是一种传统的人类聚落景观与自然景观相结合的复杂综合体。古村落历经千百年变迁，是依然具有浓郁地域特色的历史传统村落，有着强烈的自身文化特色和底蕴，是现代与历史相互交融的重要途道。中国是一个幅员辽阔、历史悠久、传统文化百花齐放的农业大国，因此我国古村落数量众多，分布广泛，其分布特点大致如下。

1. 古代经济文化相对繁荣的商贾云集之地

中国自古以"安居"为生活之本，经济文化发达、交通便利之地使人们生活衣食无忧，从而开始更加注重人居环境、居所构建、村落布局的品位，因而繁荣一时的古村落文化便就此形成，但后经时间推移，近现代交通的逐渐偏移，原本的繁华之地成为地处偏僻的小村镇，由于缺乏与外界社会的交流，因而保留较完整的村貌、民风、布局等，也就成为反映历史传统文脉的古村落。徽州地区的宏村、西递，江西的流坑古村便是如此，因商贾而兴盛，因交通偏移而得以保存其原貌。

2. 区域环境相对偏僻的山区腹地

许多古村落至今仍保存完整，是依赖于其少人问津的地理位置和不便的交通，才鲜受外界社会变迁干扰而一直沿承着自身的发展方式和传统，保留其自古以来的村容、村貌、民俗、民风等。例如，湖南岳阳县的张谷英村、陕西韩城党家村和浙江省马塘村等都是随着近年来的开发，才得以被外界所了解。

3. 少数民族聚集地

我国地域辽阔，少数民族数目众多，因多处于偏远地区，一些少数民族村寨多保留原有民族的特色和文化传统，具有独特的民族风俗，体现了鲜明的民族特色。

我国传统古村落遍布全国，根据目前所查的文献中，还没有一个相对准确的数字，经过中国古村落保护与发展委员会的初步调查，按照他们制定的条件，保存比较完好的中国古村落大约有上百个。以省份标准区分，这些古村落主要分布在安徽、浙江、江西、广东、湖南、江苏、广西、贵州、云南等地。按照地区是以皖南、浙东、晋中、赣东、湘南、闽南、粤北等地最为集中。例如，安徽皖南地区，历史上以徽商而闻名，经济发达，因此保存下来较多的古村落，其数量在全国为最多，浙江楠溪江地区也保存了较多的古村落。皖南地区、楠溪江地区和江西要源地区是我国三大古村落群分布之地。2003 年和 2005 年，建设部和国家文物局先后将 18 个省份的 36 座古村落录入中国历史文化名镇（村）目录。各省份还有很多古村落被列为省级历史文化名村。

从分布总体特征规律上看主要是南方多、北方少；山区多、平原少；经济落后地区多、发达地区少；少数民族地区多，汉族地区少。朱晓明等将其特点具体归纳大致如下：分布在历史经济、交通相对发达，但近代以来交通闭塞、经济落后的山区，周围环境优美、便于防守的地区，名臣、硕儒、巨贾的后裔集聚地，地势险要处，各少数民族聚居区；与商品经济振兴的市镇并存。

二、中国古村落的分类

我国古村落分布范围较广，既有共性的特点又有独特的个性，按照不同的标准，我国古村落可以分为以下类型。

1. 按照民居类型分类

民居是组成古村落的基本单位，其类型的不同使古村落的形态等产生了一些差异，按照民居类型划分，古村落可以分为庭院式、单幢式、集聚式等古村落形式（表1-3）。

表 1-3　按照民居类型的古村落分类

主要类型	细分类型	特点	分布区域	代表
庭院式	合院式	民居呈方形或矩形，各幢民居是分离的	我国北方	川底村小店河
	厅井式	组成方形院落的各幢住房相互连接、屋面搭接，紧紧包围中间的小院落，院落又叫天井	我国中南部，如安徽、江西等地	皖南、徽州古村落等
	融合式	介于上述两种之间的过渡形式	我国长江流域，介于南北之间的地区	

主要类型	细分类型	特点	分布区域	代表
单幢式	干阑式	下部架空的民居形式	南方气候炎热潮湿的少数民族地区	傣族村落
	窑洞式	穴居式民居	我国黄土高原地区	康百万大院
	碉堡式	形似碉堡的民居	四川等地藏族聚居地区	
集聚式	土楼式	属于大型民居，呈现为四、五层的楼房式，体量巨大为圆形或方形	福建、赣南、广东等地	福建永定土楼

2. 按照文化背景和历史区域的分类

区域历史文化的不同也是古村落分类的一个标准，按照古村落所处的历史文化背景和历史区域的划分，大体上可以归纳为以下八类（表1-4）。

表1-4　按照文化背景和历史区域的古村落分类

分类	特点	分布区域	代表村落
大家风范的徽派古村落	徽派风格自然古朴，隐僻典雅。不矫饰，不做作，自然大方，顺乎形势，与大自然保持和谐，以大自然为皈依；不趋时势，不赶时髦，不务时兴。笃守古制，信守传统，推崇儒教	安徽、江西	西递
朴实无华的西北古村落	院落的封闭性很强，屋身低矮，屋顶坡度低缓，还有相当多的建筑使用平顶。很少使用砖瓦，多用土坯或夯土墙，木装修更简单。有些地区还有窑洞建筑，除靠崖凿窑外，还有地坑窑、平地窑。风格质朴敦厚	陕西	党家村
小巧精致的江南古村落	风格以朴素恬淡为主。表现为借景为虚，造景为实的建筑风格，强调空间的开敞明晰，又要求充实的文化氛围。建筑上着意于修饰乡村外景。修建道路、桥梁、书院、牌坊、祠堂、风水楼阁等，力图使环境达到完善、优美的境界，虽然规模较小，内容稍简，但是具体入微。在艺术风格上别具一番纯朴、敦厚的乡土气息	浙江、江苏	诸葛村、芙蓉村
富贵大气的山西大院建筑群	气势威严、高大华贵、粗犷中不失细腻，平面而又立体的表现形式，彰显出四平八稳的姿态，处处是以礼为本的建筑特色	山西	常家大院

续表

分类	特点	分布区域	代表村落
个性鲜明的岭南古村落	鲜明的地方特色和个性，蕴涵着丰富的文化内涵。注重其实用功能外，更注重其自身的空间形式、艺术风格、民族传统以及与周围环境的协调	福建、广东	福建土楼
另类浪漫的西南古村落	巴蜀文化博大精深，既有浪漫奔放的艺术风格，又蕴藏着人类无穷的想象力。依山傍水的建筑与当地的少数民族风俗紧密联系在一起，有着无穷无尽的文化气息，显露出豪迈中轻巧的一面	四川、重庆	黄龙溪龚滩
各领风骚的少数民族古村落	壮、傣、瑶、苗等民族聚居的区域内的古村建筑各有其民族的特色，如傣族的干栏式，苗族的吊脚楼等。与北方四合院相比，云南最负盛名的"一颗印"建筑，在建筑风格和特色上有很大的区别，建筑形式不受约束和自然紧密地联系在一起，极富地理特征	云南、西藏	和顺
清秀灵逸的湘黔古村落	组群比较密集，村落中大型组群（大住宅、会馆、寺庙、祠堂等）较多，而且带有楼房；小型建筑（一般住宅、店铺）自由灵活，屋顶坡度陡峻，翼角高翘，装修精致富丽，雕刻彩绘很多。总体风格是秀丽轻巧	湖南、贵州	张谷英村

3. 其他分类

按照地形条件可以分为平原型、山区型、窑洞式、水网地区古村落。按照民族分为汉族和少数民族古村落；按照是否同姓分为同姓聚住型和多姓混聚古村落；根据防卫特点可分为围堡式和自然式等。

三、典型分析

1. 西北古村落群

西北古村落群主体分布在陕西、甘肃一带，代表古村落主要有党家村（图1-1）等。该区域内，院落特征一般呈封闭性，建筑风格上，古村落民居屋身较为低矮，多数建筑使用平顶，一少部分为坡屋顶，其坡度也较小且低缓，材料不像北方地区多使用砖瓦，而是多采用泥土烧制的土坯或者夯土墙，以木质窗框或门框加以简单装饰。此外在陕西北部延安地区的代表性建筑窑洞，除靠崖凿窑外，还有平地发圈窑、地坑窑，墙体敦厚，风格独特，质朴浓郁，极具陕北黄土高原特色。

图1-1 党家村

2. 北方大院式古村落群

北方古村落群主要分布在山西、北京周边一带。代表性古村落主要有山西的常家大院、乔家大院、王家大院（图1-2），还有北京的爨底下村、灵水村等，现存古建筑一般以明清时期遗留下来的居多。北方建筑结构多以采用砖瓦结构为主，配以木质门窗，气势磅礴、高大威严、风格粗犷，具有北方居民的豪放却又不失细腻，耐人寻味。

图1-2 王家大院

3. 徽派古村落群

地理区域主要分布在安徽、江西一带，其中以皖南地区最为集中。代表性古村落有宏村、西递、婺源（图1-3）等。徽派建筑白墙黛瓦，主要以木结构为主，饰以精美木雕及壁画，整体风格自然古朴，透着一种小家碧玉的隐涩与典雅，在艺术价值方面也是别具一番淳朴、致雅的乡土气息。徽派古村落中同时还保留徽派商人的信守和传统，推崇儒教的人文情怀，且注重山水与古村落景观的结合，保持与自然生态环境的融合，将环境视为村落的背景基调。

图1-3　江西婺源古村落

4. 江南水乡古村落群

该类古村落主要集中分布在雨量充沛、河网密布的浙江、江苏两省。代表性古村落为乌镇（图1-4）、周庄、同里等。它们历史悠久，多盛于明清时期，富商巨贾云集一时，文化积淀深厚、格局独特，风格以朴素恬淡为主；水系交通发达，水网交错，依水筑屋是其主要特征；空间上突出开敞明晰，疏密有致的水乡风貌；规模不大，但是内容丰富，传统文化丰富多样，功能齐全，是中国历史上理想、富足、诗意的人居场所。

图1-4　乌镇

5. 西南古村落

该类古村落主要分布在四川、重庆等地，代表古村落有黄龙溪（图1-5）、洛带（图1-6）、袭滩等。巴蜀文化属华夏文化分支，博大精深、绵长久远，既浪漫奔放又神秘灿烂。例如，清代风格的黄龙溪古镇，木质吊脚楼建筑木柱青瓦飞檐翘角、镂刻精美；街道青石铺路，曲径通幽，茶楼广设，无不透着古朴宁静的四川古村落文化魅力。

图1-5 黄龙溪

图1-6 洛带

6. 湘黔古村落群

湘黔古村落群主要分布地为湖南、贵州等地，代表古村落有凤凰城（沱江镇）和青岩镇（图1-7）等。该古村落群交错密布，多集群组成，古建筑设计巧妙、技艺精湛，建筑风格秀丽轻巧，灵活细致，形式及材料上多以木质吊脚楼为主，屋顶翼角高翘，雕刻精美、彩绘形式多样。

图 1-7　贵阳市青岩古镇

7. 岭南古村落群

该类古村落分布区域为福建、广东等地，代表性古村落有永定（图 1-8）和赤坎。岭南古村落地域特色鲜明，文化内涵丰富多样，村落建筑布局风格独特，有南北排列成行的"梳式"布局，青砖黛瓦、银耳山墙的窄门高屋形式古典建筑村落，反映了岭南乡土气息的美丽画卷；也有建筑样式上有"东方古城堡"之称的客家土楼形式，外墙用糯米、石灰、蛋清和泥土混合而成，内部是用黄木和杉木的木质结构，规模宏大、结构奇巧。

图 1-8　福建永定土楼

8. 南诏古村落群

该类古村落主要分布在我国云南一带，代表古村落有丽江古城（图1-9）、和顺等。南诏古村落群内建筑风格多样，极具民族特色，有苗族的吊脚楼民居建筑和傣族的干栏式建筑等，风格形式多样、特色鲜明，还有云南彝族普遍采用的"一颗印"传统民居建筑，正方如印的外观分别由入口门墙、正房、厢房围合而成，风格恢弘大气，极富地域特征。

图1-9　云南丽江古镇

第二章 古村落旅游资源与价值体系

第一节 古村落旅游概述

一、古村落旅游的定义

古村落旅游是乡村旅游的一种类型，是指以遗留至今的古代乡村聚落文化、建筑文化、传统民间艺术、传统民风民俗等古文化为核心的旅游吸引物，设计和开展观光、科学考察、研修、休闲等类型的旅游活动。

二、古村落旅游资源的归类

2003 年颁布的《旅游资源调查、分类和评价》国家标准内，设有"特色社区"这一旅游资源基本类型，其代码是 FDC，属于旅游资源分类中第七个主类"建筑与设施"（代码 F）中的第四个亚类"居住地与社区"（代码 FD），其释义是"建筑风貌或环境特色鲜明的居住区"，因此古村落应该归为特色社区这一基本类型内。按照国家标准，规定旅游资源单体只包括独立型旅游资源单体和由同一类型的独立单体结合在一起的"集合型旅游资源单体"。但本书认为古村落既不是一个独立型旅游资源单体，也不是一个"集合型旅游资源单体"。因为古村落是一个具有特色的生活社区，是一个完整的文化单元，它包括民居建筑景观、公共建筑、民俗活动及历史名人等许多内容，这些都可以按照国家标准归为不同的旅游资源单体，因此古村落应该是一个综合性或复合型的旅游资源单体，它们之间出现了"嵌套现象"，在"特色社区"这一基本类型中嵌套着与其同属一个亚类或不同亚类的其他旅游资源基本类型。因此通过对一些古村落旅游资源的调查，根据对旅游资源的定义以及国家标准分类标准，发现不同的古村落旅游资源包括的旅游资源基本类型或多或少，归纳一下，主要包含在四大主类，10 个亚类中的至少 22 个基本类型（表 2-1）。

表 2-1 《旅游资源调查、分类和评价》中古村落旅游资源的主要类型

主类	亚类	基本类型
生物景观 C	树木 CA	独树 CAC
建筑与设施 F	综合人文旅游地 FA	园林游憩区域 FAD
	单体活动场馆 FB	祭拜场馆 FBB
	景观建筑与附属型建筑 FC	建筑小品 FCK
	居住地与社区 FD	传统与乡土建筑 FDA；特色街巷 FDB；特色社区 FDC；名人故居与历史纪念建筑 FDD；书院 FDE；特色店铺 FDG
	交通建筑 FF	桥 FFA
	水工建筑 FG	水井 FGB
旅游商品 G	地方旅游商品 GA	传统手工产品与工艺品 GAE
人文活动 H	人事记录 HA	人物 HAA；事件 HAB
	民间习俗 HC	地方风俗与民间礼仪 HCA；民间节庆 HCB；民间演艺 HCC；宗教活动 HCE；庙会与民间集会 HCF；饮食习俗 HCG；特色服饰 HGH

三、古村落旅游在乡村旅游中的地位及作用

与千村一面的现代乡村相比，古村落是封建社会时期生活在乡村的文化精英及普通村民所营造的，其选址、建筑的空间布局、建筑形式、村落景观的营造等，都强烈体现了建筑文化、艺术文化、民俗文化、历史文化等地域文化，具有典型的地域特征。古村落旅游是现代游客到古村落中体验传统的村落文化，感受祖国文化的悠久、深厚、多样、灿烂，古村落在满足游客探幽寻奇的同时，还对游客具有爱国爱乡的教育功能。

延存至今的古村落依然是乡村聚落，是现代乡村的一部分。古村落旅游也是乡村旅游的主要构成之一。古村落凭借其独特的地域文化丰富了乡村旅游的形式、文化内容和内涵，是乡村旅游发展不可或缺的一支主要力量。

四、我国古村落旅游发展的原因

在 20 世纪 90 年代中期以后，越来越多条件优越和价值高的古村落都进行了旅游开发，发展旅游一方面使人们重新认识了古村落的价值，推动古村落的保

护；另一方面也使古村落寻找到一条切实可行的发展之路。古村落旅游得以蓬勃发展的原因主要有以下五方面。

1. 借助于乡村旅游发展的大背景

随着我国经济的快速发展，城镇化进程加快，乡村日益成为"城市人"的旅游新宠。在这种巨大需求下，我国乡村旅游在 20 世纪 80 年代末迅速兴起，发展迅速。在全国大力发展乡村旅游的背景下，古村落作为遗存至今的乡村聚落，是乡村的一种独特类型，具有很高的观赏价值，自然成为乡村旅游的一枝独秀。

2. 学术界和新闻界的讨论和宣传

古村落能遗存至今大多是由于处于现代交通闭塞之处，与外界交往甚少。许多古村落都由于学术界的研究而被新闻媒体传播，从而被普通公众认识。例如，浙江省诸葛村是因为 1993 年 10 月 13 日，全国第七次诸葛亮学术研讨会在诸葛村举行，兰溪市的徐国平、陈星两位先生，向学术研讨会提交的《诸葛村落布局与八卦八阵图关系考略》一文，认为诸葛村的布局是"完整的九宫八卦图形"。这一观点，引起学术界和媒体的广泛关注。诸葛村也于 1996 年 11 月 20 日被列为全国重点文物保护单位，成为旅游热点。

3. 资源的独特

我国古村落是在几千年的文明积累中形成并保存下来的。它真实反映了当时的社会状况，具有较高的历史价值、审美价值、科考价值等，使得今人能透过这些保存下来的物质和文化遗产了解当时社会的乡村生活，符合今人访古探幽寻奇的心理需求和文化需求。

4. 政府的推动

在我国旅游业的发展中，政府是主导力量，这在古村落旅游发展中也不例外。乡村是我国经济的薄弱点，如何推动乡村社会发展成为中央和地方各级政府的大事。而发展旅游业不仅能给地方增收，而且其广泛的产业关联效应能激活地方经济活力。古村落因其自身的资源优势、巨大的旅游市场需求自然受到政府的青睐。在中央提出把旅游业作为新的经济增长点的背景下，各地政府纷纷将有特色的古村落推出，大力发展古村落旅游。

5. 示范效应

通过旅游业而发展起来的古村落，成为其他古村落的示范者，推动了全国各地古村落的旅游开发热潮。

第二节　古村落旅游资源的构成

古村落是一个特殊的旅游客体，与一般旅游资源相比，具有其自身特有的性质。因此从旅游资源角度出发，古村落旅游资源就是以古村落的各种建筑实体为载体，包括存在于古村落这种空间内的能够吸引旅游者的一切人类物质和精神文化的成果。其旅游资源构成主要有以下方面。

一、古村落建筑文化

我国古代建筑文化博大精深，多姿多彩，在我国旅游资源中占有重要地位。而我国古村落的建筑文化以其类型多样，成为我国古代建筑文化最重要的组成部分，同时也是构成古村落旅游资源的主体。中国的传统聚落大多立意构思巧妙，从自然现象的概况中寻求象征吉祥的抽象概念，创造出有激发力、想象力的乡土环境的独特意境，充分体现了中国古代耕读社会文化的形态特征。古村落各种建筑在建筑文化方面追求"天人合一"，讲究风水，尊重封建礼制，经过了长期的与环境、社会、文化的适应，在建筑特色上全国各地各不相同，多种多样。因此我国古村落建筑文化具有很大的旅游吸引力。总的来说，我国古村落建筑文化作为古村落旅游资源的主要构成，主要通过显性的物化古文化景观和附属在古文化景观上的建筑文化内涵来体现。

（一）村落的规划布局

在中国古代，城市在规划布局方面严格按照统一的规划思想来规划，有着统一的规划模式。但我国古村落空间布局和形态因不受统一的形制约束，规划布局表现出相对的灵活多样，富于变化。然而古村落的空间布局和形态并不是随意而杂乱的，也具有较高的规划水平。受中国传统的天人合一的风水思想和趋吉、防御安全思想等影响，传统村寨布局中多与自然环境巧妙融合为一个有机整体，形态各异，有天然自然之美。我国许多古村落在空间塑造上强调顺应自然、因山就势、保土理水、因材施工、培植养气、珍惜土地与水脉等原则，保护自然生态格局与活力。常借岗、坡等地势条件，巧用地势分散布局，组织自由开放的环境空间。村寨、宅居、路巷依山就势，人们在行进或仰视俯瞰，或从近到远，随视点的移动，能够步移景异，千变万化，无处不是环境设计的典范，成为吸引游客的重要方面。从我国古村落的规划布局中可以体会到我国博大精深的建筑规划文化、宗族礼制文化和防卫文化。这也是成为吸引游客的重要方面。

1. 风水建筑文化

从我国古村落的选址规划布局特点来看，几乎所有的古村落都深受风水文化观念的影响，强调生态与自然和谐的天人合一。正是这样，我国古村落与周围环境协调一致，古村落像一颗璀璨的明珠镶嵌在美丽的大环境中，并铸成了村落景观多样性，对游客具有较大的吸引力。因此风水建筑文化是古村落旅游资源的组成部分。风水观念在建筑文化上对古村落的影响主要体现从村落的选址、立意规划布局和对民居建筑的影响。在风水观念的影响下，许多村落在选址上"枕山、环水、面屏"，不仅符合中国传统文化中负阴抱阳、背山面水的风水观念，更重要的是创造了一个与山、水、天、地融为一体，注重生活环境艺术质量，自然和谐的人居环境。此外许多村落由于不能选择到十全十美的风水佳地，还往往通过建造人工景观来弥补风水缺陷。由于采用风水观念的趋吉思想，部分村落布局立意新颖，村落规划呈现为"象形"布局，形成了一些富有特色的形态村落，如宏村"牛形"村落布局形式等，对游客具有极大吸引力（表2-2）。

表2-2　我国一些古村落的象形布局特征

地区	村名	是否有风水观念	"象形"布局特征
浙江	俞源村	有	太极图
浙江	郭洞村	有	内经图
江西	流坑村	有	太极
福建	振成楼	有	八卦楼
浙江	芙蓉村	有	七星八斗
江西	延村	有	火字
浙江	诸葛村	有	九宫八卦布局
湖南	张谷英村	有	巨龙戏珠格
浙江	苍坡村	有	文房四宝

2. 宗族礼制建筑文化

古村落的空间规划布局和形态除受到自然环境和风水思想的影响外，还深受宗法观念、宗族礼制等文化心理等因素的影响。在规划上体现了一种宗族和封建礼制文化，也构成了对游客的吸引。首先是以宗族宗教精神信仰为核心的空间布局。这种"核心"在以聚族而居为主体的古村落中表现为宗祠。在民族村寨中形成以民间宗教为核心的古村落中表现为寺庙。它们不仅是村民心理场的中心，而是村落布局的焦点和醒目标志。在封建礼制方面，古村落民居的建筑高度、院落组合、居住空间都深受其影响：一是体现礼制的秩序，封建统治者规定了严格的建筑礼制法则，必须严格执行不得逾越；二是体现仁学的原则，许多民居强调长幼、尊卑的秩序。例如，大多数民居内部都采用严格的中轴对称布局，维护着"男女有别，长幼有序"的封建等级观念。

3. 防御建筑文化

防御意识作为一种心理积淀以"潜意识"的形式左右着中国几千年的聚落形态与空间布局。"住防合一"早已成为中国传统聚落的一个主要特征。因此在我国一些地区形成了以高墙厚筑为设防的堡寨聚落，如福建土楼、四川藏区碉堡、山西贵州等地的堡、屯、大院等古村落，它是古代先民抵御外侵内乱而营建的特殊聚落。在安全防御等规划思想影响下，在古村内形成了许多防御景观和防御性的特色民居，前者如寨墙等，后者如土楼、碉堡等。这些防御景观体现了防御文化具有很高的旅游吸引力。

（二）建筑景观

民间建筑因与风土密切相关，随着地理、物候而婉转多姿，显现出很大的丰富性和鲜明的区域个性。古建筑景观特别是古民居是构成古村落的基础和文化的载体。具有一定规模的古民居建筑群以及其他附属古建筑构成了明显的不同于其周围基质的景观空间，形成一个独立的地理单元，构成了古村落独特的景观效应。因此对游客来说，古建筑景观是最大吸引物，是构成古村落旅游资源的主体。总的来说，由于历史、文化、经济、自然条件的不同，我国各地古村落遗存的古建筑的类型复杂多样，可以归纳为三类：古民居、公共建筑和附属景观。

1. 古民居

古村落旅游资源开发的主体主要是古民居。古民居的稀缺性及其与现代民居在景观上的强烈差异性，吸引着旅游者的目光。由于古民居受地理特征、天气特点、区域文化、经济发展程度、价值取向和审美趣味等因素的共同影响，不同地域的民居特色有着鲜明的地方特色。我国古村落中的古民居主要有以下特点。

a. 类型多样

按照空间组合形式我国古民居主要分为六大类：庭院类、单幢类、集聚类、移居类、密集类和特殊类。根据我国多数古村落调查，民居大部分属于前两类；在六大类下面又可以细分12个亚类，并按照区域差异可以归纳为60多种具有独特形制特色的古代传统民居。从建筑特色看有，多院落组合、规模宏大、装饰豪华的晋中豪华型，雕梁画栋描金绘彩的皖南商业型，白墙黛瓦朴实素雅的浙江耕读型，城堡式和围拢式的闽粤赣地区的客家防御型，端正大方的北方四合院型。

从古民居的建筑历史长短以及现存古民居情况，主要可以分为明代民居、清代民居，民国建筑民居等，在其下面又可以根据民居建筑特点再细分。元代民居在我国仅发现一个，总的来说，明清民居之间具有一定差异，明代民居建筑特点相对简朴，清代民居建筑时间越晚越豪华，但在同一个古村落内明清民居之间的差异对普通游客来说不好辨别。

此外，民居的主人由于职业差别，在古村落内部，民居形态也出现了一些分化，与普通民居相比显示出与众不同的风格，主要有地主住宅、官宦住宅、商人住宅、儒家住宅、军阀住宅等，它们是古村落民居的精华，这些建筑观赏价值较高（表2-3）。

表2-3　古村落部分特殊民居的特点

类别	特点
官宦特色住宅	官邸府第是古村落中官宦宦途得意或舍老还乡之时，总要在故里营造府第以耀祖光宗。为突出主人显赫的身份，一般显示出堂皇的气势。这些官宅对大门的布局、朝向尤为重视
商宅特色住宅	商宅是村落商人致富后不惜重金在家乡修祠堂建楼房，互相攀比炫耀。建筑形式和规模都表现出乡村村落少见的富贵之气。这类居民造型考究，规模庞大。商宅以皖南徽商和山西晋商商宅最有特色
儒家特色住宅	自古我国农村中就有耕读之风。为了摆脱农耕之苦，只有寒窗苦读，中举入仕或做一个有文化的地主。这些人以儒家修身齐家，在他们的住宅中处处表现儒家之风。这类住宅多为轴线对称式，住宅注重封建礼制和礼仪之道，在内部多有书院和书斋等，建筑装饰也表现出寓教于乐的思想

b. 古民居建筑技艺水平较高

民居建筑是一种空间造型设计。古民居是以间架为基本空间计量单位，形成不同体量的单体建筑和群体建筑、特殊的豪宅大门，并使民居在空间分割与利用、居住和体闲、空间与地形方面布局协调。在民居具体结构和构造方面可以分为承重结构、屋面构造、围护结构以及地基等方面的差异。不同的建造技艺形成不同的民居特色。对民居空间造型的不同观赏感受主要通过由古民居的尺度、颜色与质地来反映。总之，形式构成上可以以民居的建筑美学欣赏分解为民居与周围环境关系、自身建筑空间、材料运用、结构形式及细部构造处理几个由大到小的环节来欣赏。

c. 深受封建礼制和风水文化影响

由于封建礼制的严格规定，古民居的建造严格按照礼制要求建设，很少违背的；同时古民居受趋吉的风水思想影响也较大，处处都得以体现。

2. 公共建筑

古代乡村在建筑营造活动中，是把礼制建筑放在优先地位的。因此，古村落除了大量的古民居外还有许多公共建筑，大部分属于封建礼制公共建筑。封建礼制建筑起着维系、规范、教化乡民作用的建筑，其选址摆在乡村所有建筑中的第一位，体量也是乡村建筑中最大的，数量上超过其他公共建筑，质量上超过住宅。封建礼制景观主要有宗祠、牌坊、名宦祠、乡贤祠、忠烈庙、先师庙等，由于各地环境文化差异，封建礼制景观在全国各个地方各不相同。总的来说，南方地区多于北方。

a. 宗祠

我国先民崇敬祖先，有着"求神不如敬祖"的理念。不管生活再穷再苦，作为祖先崇拜的祠堂必不可少，而且必定建造得精巧华丽、富丽堂皇。古村落中的祠堂往往都是处于村落的核心地带，并且是全村族人的精神中心。宗祠在长江以南古村落景观中特别常见。祠堂分为家祠、宗祠、神祠三种类型。后来一般又发展成私塾学堂，家族聚集议事、进行娱乐庆典的地方。例如，福建闽西培田村以千米古街为界，西侧即靠山一侧并列着二十几座祠堂，其建筑之精、数量之多堪称中国之最。

b. 牌坊

牌坊也称牌楼。伦理纲常在建筑上的体现是多方面的，牌坊是传播礼制思想的重要纪念建筑。通常用作纪念某人或某事，不惜重金兴建了大量牌坊，以示族群中那些忠臣、孝子、义夫、节妇，以嘉功前人、效法后世。有时也作为村落的大门或标志安放在村落的入口或中心地带，通常采用石料或木材做成，规模大小视空间形态而定。牌坊主要类型有功名坊、功德坊、节孝坊等。牌坊在皖南古村落中最多，构成古村落比较独特的景观。著名的牌坊，如安徽徽州棠樾牌坊等。

c. 书院

书院也是一种封建礼制建筑，其目的主要为村落中的族人子弟读书和讲学。书院建筑格式多样，一般建筑规模较大，在一些村落由于经济原因，建不起专门的书院，祠堂往往也作为书院。

d. 寺庙

在民间村落自建的寺庙不同于官庙，它不仅有佛庙、道观，还包括大量供奉各路神仙的庙堂和神皂，或供佛祖观音，或拜土地龙神，也有各种祭祀行业宗神的寺庙。因而其建筑不拘形式规模大小，风格异彩纷呈，有独到的艺术魅力。

e. 塔

塔最初是佛教专门的建筑，但流入民间之后，其价值和作用产生了转化。古村落中塔往往是调节风水的"风水塔"，景观构成上起到点景、借景作用的"景观塔"，以及为纪念名人或大事记的"纪念塔"。此外，在以耕读为主要内容的古村落，根据民间传说中的魁星主宰文运而建造"文风塔"。由于塔的功能价值的不同，产生出各种造型丰富，用材考究，做工精致的塔式建筑。塔在少数民族村落也多见。

3. 附属景观

附属景观在每个村落各不相同，或有或无，较常见的有以下几种。

a. 广场景观

在许多古村落，在其内部或村口规划有广场，对村民而言，广场的意义是丰富的，或祭祀，或聚会，或看戏，或交易等。它是一个村落政治、经济、文化及日常交往的中心。

b. 水塘和水口景观

在南方地区，非常重视对水的运用，开设水塘和水口，从文化意义而言，具有储气运，聚财富的寓意；从景观角度讲，具有传统园林的构景特点；从生态角度讲，能调节村落小气候。因此水塘的标志作用除了水体本身之外，还具有一种历史联想和文化含义的环境标志。例如，皖南黟县宏村中心部分的半圆形水塘"月塘"，成为宏村的重要标志，也是留给外来人印象最深刻的地方。

c. 古树景观

由于古村落历史悠久，不少村内都有一些古树，也成为古村落的一种景观和标志。例如，广东、福建、广西等地的村落喜欢以大榕树作为村口的标志；湘南等地的村落，习惯以古樟树作为村口的标志；浙江、安徽部分地区的村落，常以大槐树或银杏树作为村口的标志。

d. 戏台

我国是一个戏剧发展比较普遍的国家，地方戏种很多，在封建社会戏剧是乡民主要的娱乐方式。村落中戏台周围是村民聚集最热闹、最繁华的地带。通常由戏台及前后广场空地组成。戏台建筑一般轻盈高挑、雕梁画栋，显得华丽而热闹，其造型与生活情趣相结合，富有生气和人情味。

e. 古桥

古村落中的桥可谓一大景观建筑，不仅有江南水乡的石拱桥；还有山地村落中的木桥、索桥；更有在多雨地区用以遮风避雨的廊桥、屋桥等，它们不仅是联系两岸的交通设施，有时还是调节风水的重要建筑。过街楼在江南村落中常见，利用高空又不阻碍交通，使楼两边的房屋连成一家。造型上也使单调狭窄的巷道产生变化，增加空间层次。

f. 防御建筑

从防卫和安全的角度出发，许多古村落在整个村落周围建起寨墙、寨门，构成了独特的景观。这种景观在战乱地区，如山西、福建沿海和少数民族村落（藏族、侗族）等较为常见。

此外，还有古井、商业街巷、店铺和乡村园林等建筑景观，各地村落景观各不相同，多少不一。

（三）建筑装饰文化

建筑装饰是依附于建筑实体而存在的一种艺术表现形式，是建筑主体造型艺术的发展和深化。在对古民居等古建筑的欣赏中，陈设和装饰也处处散发出浓郁的传统文化气息，使每位观赏者仿佛置身于久远的历史文化长廊。其装饰文化也处处显示着我国博大精深的建筑文化，也是古村落旅游的一个重要的吸引方面。我国装饰文化主要在建筑单体中，采用常用的建筑装饰手段，如木雕、砖雕、石雕、灰塑、泥塑、彩画、漆画或字画摆设等，通过文学艺术造型来体现。一是主要体现在散布于每幢民居的门楼、门罩、门扇、窗扇、柱基、梁枋、栏杆上的雕刻艺术作品。其造型生动、精美绝伦，民居装饰的题材内容在于追求吉庆瑞祥，祈望富贵如意，既为古建筑添色增辉，又具有较高的审美价值和历史文化价值。雕刻艺术作品的图案多以花鸟、动物、人物为题材，内容丰富，寓意深刻，是中国古代历史文化的点滴缩影。二是屋内的陈设，主要是悬挂在厅堂上的楹联、匾额、格言以及家具等，它以简洁的文字语言、生动的艺术手法、朴素而精辟的哲理，表达了主人在特定历史环境中的追求、向往及对人生的深刻体味，还有对自己和子孙后代的劝谕、告诫。这样的楹联、格言随处可见。此外，这些楹联、雕刻蕴含着古民居主人祖祖辈辈的理想，表达了他们的希望和信仰，体现出强烈的传统文化氛围，大大提高了古民居等建筑的观赏价值。

二、民俗风情文化

目前，在我国古村落旅游资源的认识及开发方面，多重视有形的文物建筑，忽略了无形的人文资源。古村落之所以有价值，不仅仅在于其留下的独特的地面文物建筑，而还因为它所包含的丰富的原汁原味的中国乡村民俗文化和伦理宗教资源。民俗文化也是古村落旅游资源的重要组成部分。

村落民俗文化是根植于本地本族，依赖本地本族存在的民间文化，它是村民心理的折射、习俗的汇集、愿望的表达和智慧的凝结。因此，村落文化有着浓郁的乡土气息和鲜明的个性特征，主要有地域性、自发性、传承性、适应性等特征。相对于其他现代村落，古村落保存了更加真实的民俗文化特征。根据民俗文化在旅游活动中所处的地位和作用，以及民俗文化的各种表现形态，可分为节日文化、游艺文化、礼仪文化、生活文化、工艺文化、制度文化、信仰文化等。总之，古村落的民俗风情文化主要通过饮食、服装、戏剧、婚俗、礼仪、民歌、节日茶文化、传统制造加工、传统家具、民间神话传说、民俗等具体表现出来。

三、名人文化和历史事件

由于古村落建村历史时间较长，重视文化教育和商业，因此在古村落的发展过程中，会或多或少地出现一些历史名人，这些历史名人都会由于其影响力，给古村落的历史增添较大的光彩。根据名人影响力的大小，可以分为世界级名人、国家级名人、区域级名人和地方级名人，例如，孔子和毛泽东，由于其巨大的历史影响力，曲阜孔府和毛泽东故居都成为闻名于世的旅游胜地。因此，我国许多古村落的历史名人也是古村落旅游资源的有机组成部分，对古村落的旅游影响力和提升知名度有很大作用。浙江省诸葛村是诸葛亮的后人聚族而居的村落，因此诸葛亮的名人效应也有力地宣传了该村，其村内祭祀诸葛亮的祠堂是村内的标志性建筑。

此外，在一定范围内发生在村落内部的各种历史事件，对提高古村落的知名度和旅游文化内涵也有较大的作用。

第三节　古村落旅游资源特征与价值

一、古村落旅游资源的特征

1. 区域性

古村落有显著的区域性文化特征，每一个古村落都是在漫长历史的背景下，于特定的环境中逐渐形成的。这些环境包括了自然环境、地理环境、社会文化、政治条件、经济生活等多种因素。从微观的角度来看，可以认为每一个古村落都存在于"独一无二"的环境中，其文化因应对环境而必然产生独特的适应，在这个角度，可以说每一个古村落都具有独特的文化内涵。但在一定的区域内，各个古村落不论是形式上还是机能上，往往又表现出整体风格和样式的统一性和规律性。一定数量的古村落，在一种充分个性化的基础上，自发地，各自以较高的表现力和多样的表现手法，相互增益，共同营造出有特色的区域文化特征，这种情况是古村落的一个重要文化特征。这一点可以说明古村落的区域性。例如，徽州古村落和浙江楠溪江流域的古村落就表现出这种区域特征。因此，古村落旅游资源表现出明显的区域特征。

2. 多样性

我国国土面积大，南北差异较大，加上民族众多，不同古村落由于在整体环境、建筑艺术、衣着服饰、日常生活等外在表现形式存在着差别，而使得不同地区的古村落显示出各自不同的特点，对旅游者有着不同的旅游吸引力。同时，古村落内多姿多彩的建筑景观作为古村落旅游资源的重要物质载体，是我国保存最多的古代建筑形式。因此，多样性也是我国古村落旅游资源的一个特征。

3. 珍惜性

由于社会的发展和历史的变革，从全国范围来说，作为重要传统乡村历史文化信息载体的古村落，与已经现代化的乡村聚落比较，这些古村落数量非常少，特别是完整形态的古村落更是凤毛麟角，并还不断地遭受现代化变革冲击，数量在不断减少且不断受到破坏。因此能够保存下来的古村落非常稀少，并与周围的现代化乡村形成鲜明的反差，以其独特建筑景观、雕塑装饰等成为我国历史文化的瑰宝，成为所在地的重要亮点和深厚文化的体现，对旅游者具有很大的吸引力。因此，古村落旅游资源具有珍惜性的特征。

二、古村落旅游资源的价值

古村落是具有独特格局风貌和深厚文化内涵的人类聚居地。它们的存在反映了人类历史上非常重要的一种经济和文化现象，具有极高的特色价值。通过分析古村落旅游资源的价值功用，有助于对古村落旅游资源价值的认识，为更好地开发古村落提供借鉴。

1. 研究和体验历史传统文化的佳地

中国古村落数量多，分布范围广，被称为"乡村文化的活化石""民俗艺术的博物馆"。乡土文化在古村落中表现的内容异常丰富多彩，如乡土建筑、民俗艺术、雕刻艺术，戏剧、音乐、舞蹈等。乡土建筑是每一个古村落存在的具有标志性的物质文化载体，各种雕刻又是乡土建筑的有机组成部分。音乐、戏剧、舞蹈则属于口头文化和非物质文化遗产形式。因此，可以从古村落里感受和体验有趣的民间传统文化。

同时，古村落的发展是一部农村社会历史文明发展的活化石。古村落的发展史是体现中国农村经济、宗法社会及伦理精神两大因素支撑下农村社会发展的缩影。每一个古村落都直接地反映出古村落自身及这一地区各个历史时期人类的衣、食、住、行等生活状况和经济体制、生产力、生产关系等社会状况，以及该地区的传统哲学思想、道德伦理观念等深层次文化内涵，因而它是民族文化与地域文化的典型体现和物化写照。因此，它又为研究人类文化发展提供了重要的史料依据，具有高度的历史文化价值。

对传统文化的找寻正在成为日益重要的旅游动机。古村落留存了真实的历史文化信息，包含了厚重深沉的人文精神。它们生生不息地传达出中国传统文化的张力和华夏民族积蓄的东方情感的伟力。因此，古村落可以完美地体现中国地域传统文化。随着现代文明社会的发展，我们的社会变得越来越发达，我们生活在一种现代文明社会中，在不知不觉中，古老的历史传统文化离我们远去。虽然现代的社会文明有许多优越地方，但同时也要看到社会发展存在着许多问题，如环境破坏、人际关系淡薄等。因此，我们可以从古村落旅游中，体验到古村落与自然和谐统一的传统自然哲学，体验到维系村落发展的传统历史文化。

2. 研究中国乡土建筑文化的宝贵实物

我国古代建筑有着悠久的历史，在数千年的发展过程中，形成了自己独特的体系，成为世界建筑园林中一束硕大而绚丽的奇葩。我国古村落保存下来的各种建筑从建筑分类范畴方面属于一种乡土建筑文化。我国古村落的传统建筑较之于极重礼制的历代官式建筑，在适应地理环境、适应当地风土人情习俗、满足生存需要诸方面显示出无比的机巧、智慧，极富地方特色和灵动才气。

中国古村落和古建筑的空间布局形式多种多样，是难得的艺术遗产。每一种村落布局都代表着一种独特的乡土建筑文化形式。从建筑艺术来讲，各个文化区域不同的建筑风格就呈现出不同的建筑艺术形式。保持了完整形态的古村落，其选址、布局，都体现出人与自然和谐的思想，反映了古村落对精神、物质的追求，构成了独特的人文景观风貌，并具有鲜明的地方建筑特色和风格。各种样式的古村落民居，它们在采光、通风、御寒、防潮、防水、防震、防风、防虫、防盗等方面各有独到的设计，构思布局独特巧妙，各种建筑规制中更是蕴含着丰富鲜活的营造理论、设计方法。

总之，遍布于全国各地的古村落，对我国传统建筑文化的保存、延续和发展，发挥了重要的作用，同时在中国城乡规划和建筑艺术史上具有重要的价值，是建筑学研究和欣赏的宝贵实物。

3. 对外展示中国"天人合一"传统文化的重要窗口

"天人合一"是一种典型的中国文化观，蕴藏着丰富的哲理，代表中国优秀的传统文化。其实质是指导人们合理利用自然环境，正视人类在自然界及宇宙间的位置，正确处理好人类与自然的关系，从而与两者协调并共荣共生。由此可见，"天人合一"不仅是一种环境观，而且贯穿于中国传统的哲学、艺术、文化领域，深刻影响了中国的历史和文明。中国传统建筑作为继承中国古老灿烂历史文化的物质载体，在具有富于美感的建筑形式的同时，也反映了中国古老的哲学思想。其中，儒家的宗法思想和老子的"天人合一"思想对建筑的空间及形式影响很大。因为在我国历史上，宗教并未占据统治地位，因此相对于西方建筑更具有人本主义思想。中国传统建筑具有庄重风雅和独具风格的美学神韵，蕴涵博大精深的文化哲理，中国建筑艺术表达着中国人的人生观、宇宙观、环境观、审美心理和审美感受。

古村落在规划建设和日常生活中都体现出一种"天人合一"的思想。古村落与周围的自然环境，构成一个天人合一、自然与人文融于一体的完美整体，展示着天人合一的自然文化观。古村落作为我国保存古乡土建筑文化类型最多的一种旅游资源，是对国外游客展示中国传统天人合一文化的一个窗口。

4. 极高的旅游开发价值

每一个保存至今的古村落，因其承载不同的历史和文化，都有着类似于"孤本"的独特价值，成为具有垄断性和可创新性的人类生态旅游资源，古村落越来越显现出其作为旅游资源的潜力。因此古村落以其丰富历史信息遗存，优秀的规划布局和民居建筑特色，包含较多的乡土文化类型，成为已被现代化了乡村村落包围的一个个"孤岛"，给生活在现代化社会中的人们以巨大社会反差，吸引了众多的游人，古村落已经成为一种宝贵的旅游资源，具有极高的旅游开发价值。

第四节　古村落旅游景观的意象与欣赏

古村落是一种重要的文化景观，是我国劳动人民把自己的文化活动叠加在自然景观之上创造的建筑文化景观。文化景观通常被认为是文化地理学研究的核心内容。聚落布局与形态是文化景观的重要内容。而"意象"一词作为一个研究聚落空间形象的概念，它从感觉形式出发研究对某地的感知。中国的古村落极富"可识别性"和"可印象性"特点，对古村落景观意象进行研究可以为古村落旅游形象设计和改造提供帮助，同时也可以使旅游者更好地感受理解古村落文化。

一、古村落的旅游景观基本意象

我国古村落景观所具有的基本意象可概括为以下几个方面。

1. 山水意象

我国古村落从选址到布局都强调与自然山水融为一体，因而表现出明显的山水风光特色。中国传统哲学讲究"天人合一"的整体有机思想，把人看做是大自然的一部分，因此人类居住的环境就特别注重因借自然山水。

2. 生态意象

中国古人对理想居住环境的追求包含对生态环境的追求。中国古村落绝大多数都具有枕山面水、坐北朝南、土层深厚、植被茂盛等特点，有着显著的生态学价值。例如"枕山"既可抵挡冬季北来的寒风，又可避免洪涝之灾，还能借助地势作用获得开阔的视野，良好的植被，既有利于涵养水源、保持水土，又可调节小气候和丰富村落景观。总之，中国绝大多数古村落环境都表现出鲜明的生态意象。

3. 宗族意象

中国古代社会是一个典型的以血缘关系为纽带的社会，表现出强烈的宗族意识。村落空间布局多表现为以宗祠等祭祀建筑为几何中心的"心理场"中心展开布局。宗祠成为村落景观的醒目标志。多数古村落都有着印象深刻的宗族意象。

4. 趋吉意象

人类生存环境首先讲究的是一种趋吉避凶的理想环境。因此，中国传统村落与传统城市一样，特别注意选择和营造一个趋吉避凶的人居环境。中国古村落趋吉避凶意象的最主要表现是风水模式的普遍运用。风水模式所表现的趋吉意象有着独特的景观价值。

二、古村落旅游景观意象欣赏

古村落主要由民居建筑组成，还包括一些公共建筑，如宗祠等。因此，聚落景观的欣赏主要从宏观上和整体上进行识别，主要欣赏那些特征性强，具有可识别性，特别是具有标志性意义的景观。聚落景观识别中最具标志性的要素就是民居建筑。聚落景观的欣赏大致可以从如下方面进行。

1. 景观视觉

古村落特殊的建筑外观是人们视觉所触及的富有吸引力的第一景观像，景观像及其过渡空间表现出明显的景观视觉差异，成为古村旅游资源重要的吸引物。

2. 景观结构的可观赏性

首先，建筑技术的可观赏性是古村旅游资源的一大要素，如建筑材质的选用、巧妙的力学、采光、防火等技术。其次，装饰艺术的可观赏性，古人在完成民居物质居住功能的基础上走向艺术审美。他们一般采用雕刻、绘画、彩绘等艺术手法装点居室，以人物、故事、戏曲、花鸟、植物等组成寓意深远的图案，表达人们欢庆、吉祥、期望等意愿，它是古村旅游观赏资源的主要依据。再次，景观本身渗透出的古韵气息，成为古村旅游独特的资源。古村为历史时期保留下来的古民居建筑群，一般都较完整地保留了某一个时代或几个时期的历史风貌。这些古老的景观渗透出古村特有的古韵气息。最后，凝结于景观之中的是古代"天人合一"的建筑理念及封建思想、宗法制度和族权观念，古村景观是这些思想外化的直接载体。我国古村落景观虽然从共性的角度存在着不少同构的意象，但这些古村落由于所处的区域位置不同，所受自然条件、地方文化、风土环境等因素的影响各异，因而在空间意象上表现出各自的地方风格（表2-4）。

表2-4 我国部分地区的古村落景观意象

地区	景观意象
江南水乡村落	小桥、流水、人家
皖南山区古村落	山深人不觉，全村同在画中居
闽粤赣等地客家古村落	土楼安其居，风水助其祥
云南南部傣族村落	芭蕉、竹楼和缅寺
西北窑洞村落	人融于自然
湘西西地区古村落	厚置、宜丽的马头墙，丰富的天际线
山西晋中地区	规模宏大、装饰豪华的皇家气势大院
北方地区	端庄秀丽的四合院

第三章　古村落保护与开发

第一节　古村落保护与发展的概念

论述古村落构成要素的目的，是为了阐述我们应该延续古村落的什么内容，应该保护古村落的什么内容，应该发展古村落的哪些内容。

一、古村落更新

古村落的保护与发展，可以借鉴城市更新的概念。"更新"（renewal）一词出现在规划领域是同"城市"（urban）连在一起的，第二次世界大战以后，"城市更新"作为专有名词才开始在城市研究领域。为恢复城市生机，欧美各国率先展开大规模的"城市更新"运动，并由此建立了一门新兴社会工程学科——"城市更新学"。该学科旨在研究如何改善旧城区问题和解决城市问题，它包含内容如下：一是社会经济的更新；二是工程技术的更新。1958年8月，有关"城市更新"的第一次研究会在荷兰海牙召开，并对"城市更新"作了以下说明：生活于都市的人，对于自己所住的建筑物、周围的环境或上班、上学、购物、游乐及其他的生活有各种不同的希望与不满。对于自己所住的房屋的修理改造、街道、公园、绿地和不良住宅的清除等环境的改善，尤其对于土地利用的形态或地区制度的完善，大规模公用事业的建设，可以要求尽早地实施，以便形成舒适的生活、怡人的市容等。

20世纪60年代之前，由于城市经济基础较差，社会不稳定，城市更新的重点是城市的重建和改建。进入90年代，城市更新的内容主要是保护历史文化名城。我国引入"城市更新"这一概念是在20世纪90年代，之前我国也在进行着城市更新的工作，那时我们称为"旧城改造"。之后"更新"一词被转用在文物建筑和传统村落的保护上，更新的方式包括重建、改造、修复和维护。

重建是将建筑物拆除重新建设合适的建筑物。此种方式最为激进，耗费最大，而且阻力较大，进行缓慢，除无其他方式不可断然采用。改造就是将建筑物的全部或部分予以修理、改建或更新设备，使其能继续使用，这种改造方式能迅速完成，同时也可减轻原住户安置的困扰，不需耗费巨大的资金，是一种较为缓和的方式，适用于现已凋落，但仍可以复原而无需重建的地区或建筑物，其特点为：减缓旧区继续凋落的同时，进一步改善其环境。修复主要是指将以前存在而现在不存在的建筑物或地区予以重建。这种方式较为缓和，但耗费很高。维护就是针对尚能正常使用的建筑物或地区，避免其继续恶化所采取的措施。这种方式是最为缓和，耗费也最低的办法，是预防性的措施。显然，在当前建设社会主义新农村的新政策下，对古村落的最具保护性特征的措施是改造，而称之为"更新"是最为合适的。那么，什么是"古村落的更新"？

古村落更新是传统村落发展过程中的必然要求，是古村落得以延续的必要保障，也是一定社会与经济条件下的必然产物。基于对自然的崇拜与依靠，村民总是在尊重自然的前提下对自己的生存环境进行更新与改造，使人与自然达到和谐共处。新陈代谢是事物发展的规律，古村落也一直处在诞生、成长、衰退、更新的一个动态过程中，保护更新设计应是一种指导性的变化。古村落的更新设计应是形态和功能上的变化，兼顾物质与精神的需求，同时古村落背负着两种功能，一种是提供给村民的居住功能；另一种是提高村民生活质量的功能。

一方面，随着古村落的经济结构的落后，导致传统村落的活力下降，建筑破损，最终出现"空心村"的现象；另一方面，随着历史的演进，古村落原有的物质外壳与新的生活内容之间的冲突日益明显，出现城市住宅区的翻版，组成了一个个面貌相同的村落，而传统文化所赋予它们的差异特色逐渐消失殆尽，古村落出现了"千村一面"的现象。这两方面导致传统村落必须更新。

二、古村落的保护

保护的概念已经从建筑文物的保存向整个建筑群体及其周边环境的保护方向转化，保护的含义已扩展为历史文化环境的保护和自然生态环境的保护两个方面。对古村落而言，保护还包含对其不合理部分的整治。

保护历史文化环境需要保持古村落长久以来积聚的文化传统。反映到形体上，就是遵从古村落的原始格局和建筑特征，找出对古村落保护发展有利的资源，并使得这些资源得以保护和利用。

保护自然生态环境是古村落自然环境在现代工农业的侵蚀下逐渐衰退的情况下提出的，人类已经意识到自己是自然的一部分，人与自然的关系是进退与共的。在古村落的保护更新中应最大限度地保护传统村落的生态结构，保持人与自然的和谐关系，促进自然环境新陈代谢的良性循环。

保护主要指对古村落中具有历史文化价值的建筑的修缮和改造，并适当调整古村落的产业结构，使其朝适应现代经济的方向发展。保护的内容如下：修正古村落的结构模式，调整古村落的功能布局；合理布置各类公共设施；整理古村落的空间形态和景观效果；调整古村落的产业结构，增加古村落的就业。

三、古村落的发展

古村落的发展是指充分利用地方优势、地方资源，促进地方经济水平和生活水平的提高。合理地调配和利用资源，提高资源的利用率，对古村落的不可再生资源进行保护的同时，要对古村落的可再生资源进行合理的利用。这也成为古村落保护与发展的关键。

近几年，房地产业的兴起在某种程度上推动了土地资源的开发，但一些建设性的破坏现象层出不穷，如随意拆除文物建筑、无视土地性质的不合理开发、建筑密度不符合规范、绿化环境的破坏等，这些现象必须引起重视，土地的开发利用决不能以牺牲人居环境为代价。保护与发展是一项十分重要，内容又极其复杂的综合规划、管理和设计的课题。主要应关注保护与开发如何协调，保护为发展奠定了物质基础，发展是为了保护的可持续进行，良好的保护也能够保障可持续的发展。就传统村落而言，最根本的发展问题是生产方式和产业结构的转变问题。

对古村落的保护不同于对文物建筑的保护，古村落的保护不仅意味着保存和更新现存的村落形态、街巷空间和建筑风貌，而且要注意保护原有的文化习俗和行为活动。对于文物建筑，历史的真实性是保护的最高原则，但不可用于古村落的保护。要注意保护村落历史上形成的风貌，保护村落历史文化的延续性。要开展系统的保护、修复、更新和改造，加强古村落面向旅游业开发的综合功能、景观布局。古村落可以作为旅游资源是我们都看到并在不断努力发掘的对象。旅游业可以成为传统村落的支柱产业，旅游收入也就能带来全村居民生活水平的提高。

四、古村落的完整与平衡

"处理古村落的发展与保护的矛盾，把握个体的存在形式，存在优势与存在价值成了最基本的需求，而发展则是存在或曰生存的最基本形式。"在保护与发展的具体运作中，往往容易出现只注重经济效益和强调局部空间形态的问题，而忽略了古村落整体肌理的掌控，因此，古村落的保护更新的内容还应包括完整与平衡。

完整与平衡的主要内容是古村落整体格局和功能的完整，建筑环境的完整，新与旧在整体上的平衡，经济效益与环境效益的双向平衡。

古村落的整体格局是随着历史的沉积而逐步形成的，它往往是浑然天成没有人工痕迹，却又恰如其分地满足了村民的生活需要，也体现了这个传统村落的个性和特点。因此，在进行古村落保护与发展的过程中应遵循原有的格局和结构，找出古村落的原有肌理，以达到古村落新生肌理与原有肌理的完整。

第二节 古村落保护与开发的内容与原则

一、古村落保护的主要内容

古村落文物古迹众多，传统文化内容形式多样，地域人文风格迥异，需保护内容要充分考虑其内，其保护内容大致可以分为以下几个方面。

1. 保护古村落极具特色的整体格局及空间风貌

古村落的存在是与其自身及周边的整体环境密不可分的。保护其整体格局及环境风貌，就是保护古村落本身，而历史文化遗产环境具有更加重要的地位，它的存在就是历史无言的描述，失之，那么一切将无从谈起。同时，与重要历史有关的地形地貌、山水田园、一花一木都要尽可能加以保护，使其保持原样。

2. 保护古老传统的街巷脉络和形态

重点保护古村落内的历史街巷的整体格局、道路骨架、平面布局、方位轴线关系、水系河道等。

3. 保护具有文物价值的古建筑物、古文化遗址

古建筑物包括古民居、祠堂、牌坊、古商铺、寺庙、学堂以及依附其表面的雕刻艺术（石雕、木雕、砖雕等）、绘画艺术等。如果说古村落是一本书，其里边的古建、古遗址等就是里边的字，原住民就是书写这部书的作者，共同构成了古村落这个神奇且富有内涵的传统著作，是古村落的核心所在，它们反映了当地与众不同的文化与特色，是区别于其他地方的标志。因此，它们都是古村落保护的重点。在进行古村落建筑保护时要注意当地建筑风格的连续性，保持其基本的建筑格局、材料、颜色、空间布局，以及与周围环境格调的一致。对新增建筑，要良好地控制其建造的尺度规模、材质色调、样式风格、高度体量，尽量与周围建筑和谐统一，切忌追求高尺度、大体量的建筑突兀于古村落整体环境中。

4. 保护具有特色的地貌、历史遗迹、古树名木

古村落多处在环境秀丽，山水资源丰富之地，周边自然地貌形式多样，一些古人遗迹，如诗词题做、古道等是古村落整体资源的特色之一，也是旅游开发的重要吸引点。古村落历史悠久，一般都有一些珍贵的古木，有些被赋予传说、故事的神秘色彩，有些外形奇特，对其应加强管理与养护，好好保护这珍稀的历史遗产。

5. 保护具有地方特色的传统产业、民风民俗

古村落经过千百年历史的积淀，往往受不同地域、不同民族等因素的影响，形成了自己的一套民俗文化，其中主要包括古村落的传统产业、民俗民风（如地方方言、宗教信仰、节庆礼仪、传统戏曲、传统工艺等几大方面）。只有保护好良好的古村落民俗才能使古村落文化得以传承。

二、古村落景观保护与开发的原则

古村落旅游资源的文化遗产性、地域性、集体性、生活性等特征决定了它与一般的旅游资源有所区别，因此在开发古村落旅游资源时应采取区别于一般性旅游资源的开发原则。

1. 保护和利用相结合的原则

目前大多数开发旅游的古村落存在重开发轻保护的现象，只看到资源的经济价值，一味地追求经济效益、追求政府业绩而出现短期开发行为，使自然资源和文化资源遭到严重损毁。旅游开发是遗产传承与发扬的最佳途径，是对遗产积极主动有效保护的最好手段，但一定要坚持保护优先、合理开发的原则，在保护的基础上合理利用，在利用过程中强化保护。

2. 原真性原则

原真性是指游客旅游体验后产生的对旅游吸引地或其某一方面的感受。在体验经济时代，游客尤为关注旅游地的真实性。古村落旅游以充分展现地方景观、特色民俗风物、历史文化为内容旅游开发，一定要充分体现地方特色，保持浓郁的原汁原味，同时还应保持村落的动态发展。

3. 整体性原则

古村落是一个完整的最基本的居住单元，是以居住为主要功能，以家族为纽

带的聚落，塔、祠堂、牌坊、社屋、廊亭、民居以及其所处的自然环境，都是村落构成的最主要的要素，因此古村落的开发首先要从保护它的整体环境以及构成古村落环境各个要素的外貌特征入手。

4. 可持续发展原则

可持续发展的核心思想是既符合当代人的发展需要，又不损害后代的利益。可持续发展要求旅游与自然文化和人类生存环境成为一个整体，以不破坏其赖以生存的自然资源、文化资源及其他资源为前提，并能对自然人文生态环境保护，给予资金政策等全方位支持，从而促进旅游资源的持续利用。

5. 个性原则

旅游资源的开发，应突出个性，充分揭示和发展其自身特色，把各项旅游资源有机地结合起来，形成一个突出的主题，树立当地的旅游形象。

6. 村民参与原则

在村落旅游的开发过程中，要让当地村民参与到旅游服务中去，这样既可增强地方特有的文化气氛，提高旅游产品的吸引力，又可减少开发的阻力，当地村民真正从旅游发展中受益，改善当地居民的生活，提高农民自觉保护资源的积极性。

7. 政府扶持原则

在旅游业起步阶段，政府负责做好村落外部的基础设施建设；政府通过税收、价格等优惠政策引导旅游业健康发展。

8. 科学规划原则

开发前制定科学的旅游发展规划。科学的规划是旅游发展的依据，可以防止盲目开发与破坏性建设，有利于旅游业的持续发展。

三、古村落保护与开发具体措施

1. 建立核心保护区

古村落属于我国传统聚落景观，多由一庞大家族随地形环境因素扩延而来，最终形成古村落景观，其核心区位一般历史最为悠久。古建筑、古街区巷道、村落布局等最能反映古村落历史发展和文化传承，在进行古村落保护时应利用古村落景观这一特征，建立古村落核心重点保护区域，制定严格的保护制度政策，确保核心区域内文化景观风貌的传承和延续。可以通过对区域内历史遗迹的建档管理，划分管理权限等制度，尽可能防止古村落文化景观被破坏。同时可适当放宽对历史文化景观不明显缓冲区域的保护政策，但也要注意与村落整体风貌的和谐统一，此外还可以在古村落周边建立适当规模的新村，安置古村落内不断增长的村落人口，新村内还可以设置餐饮住宿、服务中心等功能建筑服务古村落旅游者。

2. 积极维护古村落社会功能

只有具有社会服务功能的古村落，才能称之为健康的、"活着的"古村落，一座古村落评价其活力机能的标准便是其为村民提供社会服务能力，而保证古村落健康发展的社会机能最关键的因素，便是居住在其中的古村落居民，他们是古村落不断延绵更新的最主要动力，没有居民的古村落只能是一座空壳，光凭政府的支撑给养，也只能最终衰败萧条。

因此，古村落保护应重视和鼓励原住民生活和留置在古村落中，尤其是那些规模大、民居多的古村落，妥善安置村民还要注重保护当地居民的原生产生活方式；此外，还要重视其生活水平及生活设施的改善。古村落由于年代久远，生活设施简陋，不利于村民的生活和安置，当地政府应制定相应措施，缓解村民的生活困扰问题，如给排水管道的安装、电信网络、生活垃圾处理等基本设施的解决。原住民生活其本身就是古村落内容的重要部分，只有留住古村落原住民，才能留住古村落的未来和发展。

3. 建立古村落民间博物馆

古村落旅游业的开发，使越来越多的人接触并了解到古村落，但是古村落居民由于文化程度和对古村落文物遗产的认识度都不高，以及古村落文物保护制度的不健全，也使得一些外地淘金者到古村落中有机可乘，大肆搜罗民间文物和古董，使得当地居民手中有价值、有特色的历史文物的流失，一些重大事件的相关文物的丢失，也会使古村落文化由来说服力和可信度的降低和贬值。而因此引发的直接后果就有可能导致文化来源模糊化，甚至来历不明，阻碍历史文化的延续，动摇古村落文化的根基。可行的解决方法是由政府或家庭组织建立民间博物馆，向游客收取适当价格的参观门票，这样一方面既可以避免传统文物的流失和传统历史文脉的传承，另一方面又可以带来可观的经济效益。

而更好的途径是由政府或村集体组织建立古村落民间博物馆，由国家或当地相关部门向文物持有者给予适当的补偿，收集文物并由政府或当地村集体统一管理，建立古村落民间历史文物博物馆。这不但避免了家庭式结构的弊端，还能形成一定的规模，会更具有吸引力和号召力。

4. 加强对古树名木的保护管理

我国还没有专门的关于古树名木保护的法律，地方政府或有关部门可根据我国《中华人民共和国环境保护法》和《中华人民共和国森林法》来制定地方保护制度，设置专业养护和管理部门制定保护和管理措施。另外，还可以为古树名木建档，全面系统地了解古树名木的资源生长及分布状况，确定各个古树名木的管理单位，对还没有管理单位的古树名木划分到相关单位或个人管理及养护；还要划定古树名木的保护范围，设置保护标识牌等，并时刻注意其生长和保护状况，进行动态监督和管理。

5. 为古村落建档

由于我国历代官府对古村落的文档记载的疏缺，现今，需要有关部门和政府更积极地弥补古村落档案缺失的遗憾，对现存符合古村落或中国历史文化名村条件的村子进行深入调查，对还没有正规或完整统一备案的古村落做统一全面记录。这方面工作可通过现存古建遗迹、传统文化的发掘村以及村中长者关于古村落陈述等多方搜集资料，为其修书立志供后期发展及后人参考研究，避免古村落历史资料的无证可查，无史可见的尴尬局面，也为今后古村落的合理开发奠定基础。

第三节　古村落保护与开发的形势

一、古村落保护与开发的困境

1. 古村落物质空间与现代生活方式的矛盾

随着时代的不断进步，居民的生活观念和生活方式都发生急剧的变化，原有的基础设施、室内布局与外部环境已经不能满足日益增长的现代生活需要，也不适应现代产业经济发展的需要。现代交通工具的使用给古村落原生道路产生较大的破坏，古村落居民新建设的房屋多用新的建筑材料，割断了传统风貌的延续。

2. 古村落环境容量的有限性与人口不断增加的矛盾

古村落以农业为主的特征以及生产力的相对落后使得人口增长成为一个比较突出的问题。自然村落相对有限的空间、有限的容量与不断增加的居住人口的矛盾日益突出，加上外出打工的众多流动人口，拥挤、污染、嘈杂直接影响了传统村落特有的环境品味与居民日常生活。

3. 古村落社会使命与经济基础的矛盾

古村落作为文化遗产，其存在的意义更多的是社会使命，承担传播文明的重任；但由于资金不足，古民居保护与维修缺少资金，很多都是任其破落。而且古村里的人对现代文明的向往与古村外的人对历史文明的厚爱产生碰撞。

4. 古村落原生态与商业化、空心化的矛盾

古村落是一个充满生命活力的有机体，人、地、物、事是统一的整体，相互依存，但在旅游发展中大量非本土商品的进入、外地人员的入住和本地人员的流出，使古村落出现一种趋向：空心化和文化异化。异地文化入侵会逐步破坏古村落生态平衡机制，进而影响古村落的原生态和文化魅力。这种矛盾在很多古村落都有加剧的趋势。

5. 古村落文化价值观与经济价值观的矛盾

文化价值观强调遗产的文化价值和旅游发展的文化制约，经济价值观则强调遗产的资源价值和经济利润的最大化追求，观念的不同直接引发"所有权与经营权分离""四权分离与制衡"的争论，旅游发展造成的破坏与贫穷造成的破落构成了争论双方各自的立足点。

二、古村落发展存在的其他问题

1. 自然因素的影响

我国古村落的建筑多是以木料砖瓦为其主要建筑材料，随着岁月的流逝，单体建筑的木料自身腐烂、白蚁侵蚀，又缺乏科学有效的修护，受损情况严重，建筑色彩褪变也很严重，有些房屋已经残破不堪，甚至倒塌损毁。气候变化会造成古村落的水系原型逐渐萎缩，对村落造成一定的影响。

2. 文化冲突的影响

随着时代的进步、文化交流的加速，代表地方文化的古村落，面临着现代文化的挑战。古村落村民的生活方式、服饰都日益现代化。

农村和城市之间的"围城效应"造成古村落村民向往城市，在房屋改造的过程中，自觉不自觉地模仿城市建筑风格，而且现代建筑设计模式下居住条件的舒适性优于传统建筑，导致城市化的空间结构和住宅形式逐渐蚕食古村落。目前，我国的小城镇建设热潮进一步对古村落的传统形态形成威胁。

工业化打破了古村落封闭的自然经济格局，大量村民离开故土，进入城市，从而造成古村落的空心化，无人居住的老房子，年久失修，逐渐败落。工业化的"圈地运动"也破坏了古村落所依托的自然环境。

3. 旅游开发的影响

旅游业的"双刃剑"性质，在给古村落带来良好经济效益的同时，也给其带来了部分的负面影响。有些古村落在未作规划的情况下，就急功近利地进行掠夺式开发，对生态资源与人文环境造成了极大的破坏。迅猛发展的旅游业加速了古村落的衰败，特别是周末及黄金周期间游客过量，远远超过古村落的环境容量，但是很多地方只着眼于眼前利益，并没有采取限制游客流量的措施，造成古村落生态环境和社会环境的双重污染。古村落过度商业化现象严重，挨家挨户的商铺和摆在路边的小摊，使得村落的历史真实性丧失，与古村落宁静的氛围极不协调，标牌标识也有碍观瞻，"人人皆商"的商业氛围带给游客的也不再是纯朴民风的美好体验。

三、古村落保护形势

1. 古村落保护的必要性

古村落的历史与人类社会和人类文化是密切相关的，它承载、体现着人类缓慢发展演变而来的全部历史和精髓，具有历史、欣赏、文化、艺术、经济等价值。它是人类对过去历史的见证者和阐述者，它传达给我们的信息绝不仅是古建筑的拼合，而是更深厚的民族历史和文化。古村落是历史留给所有后人的珍贵财富，我们无权破坏这一历史财产以及剥夺后人瞻仰、观赏、研究的权利。中国古建筑学家和文物学家罗哲文曾说过，古村落先民用风水学理论，遵循顺应自然，"天人合一"的思想，选吉址而建村，那里被记载下古村落创业始祖的传说和古老的族谱宗规等。

目前，在面积仅为我国国土面积 1/73 的英国，被明确保护的历史文化遗产就有 500 多万处；而我国国土辽阔被明确保护的历史文化遗产仅不到 10 万处。因此，我国对于文化遗产保护力度亟待加强，对古村落的保护也应加大力度，尤其是那些地处偏僻，尚未被破坏，村民保护意识淡薄，缺乏保护措施、制度的古村落。我国有几千年的农耕文明，古村落是华夏文明的发源地，保护古村落就是保护中国几千年历史的中华文明。古村落是几千年来人与自然抗衡、磨合的作品，不仅要注意古村落文化和历史遗产的保护，还要考虑到其周边的自然环境也是其重要组成部分。

古村落保护是一个整体、系统的综合性工程，在制定未来建设规划时，都应以古村落环境、文化保护为前提，合理优化资源结构，科学引导发展速度、节奏、布局和规模等。但保护也要注意方式方法，不能限制古村落的发展和活力，死板的保护就是保守，应该让其在不丢失自身文化特色的同时，自由地"活"在其所处的环境之中。

2. 古村落保护的紧迫性

近些年，古村落保护知识宣传普及环节薄弱、相关法律制度也不完善，旅游业开发对古村落的影响，我国新农村建设战略部署的实施以及广大农村城镇化进程速度的加快等多方面原因，都加剧了古村落保护工作的严峻形势，加大了古村落景观保护的难度和压力，并给保护工作提出新一轮的挑战。

由于古村落村民的文化水平普遍不高，对开发及规划发展方面缺乏相应的技术指导和咨询，导致随波逐流只求得短期利益的恶性开发，使得古村落文化景观遗产有的遭受部分损毁，有的新旧杂糅，搞得非古非今，有的甚至遭到毁灭性破坏和打击，再也难以恢复原貌。一些古村落由于缺乏维护资金且村民保护意识淡薄，致使传统古建年久失修，任其自生自灭，还有一些常年无人居住的传统古民居因产权归属问题而几近坍塌荒废，成颓败之势。

我国正处在快速发展阶段，生存环境恶化和环境污染问题不可避免，其对古村落的负面影响也不能小觑。一些古村落之前优美生态的自然环境如今也变得污水横流，垃圾遍布，丧失原有村落内及周边环境的清新秀丽之美。古村落景观和文化具有稀缺性、脆弱性和不可再生性，传承至今已是来之不易，其保护工作已迫在眉睫，稍有不慎便有可能导致古村落命运的夭折。我们要汲取过去其他古城镇改造的经验教训，为避免重蹈覆辙和今后古村落景观和文化的传承和延续，要尽快着手保护好古村落这一人文遗产，这也是各级政府、有关部门和后代世人不可推卸的责任和义务。

第四节　古村落保护与开发方法

一、国外古村落保护与开发的方法

1. 日本

日本的传统建筑与中国传统建筑具有许多共同特点，例如，低层的木结构建筑组成的院落，材料的耐水、耐潮、耐火等总体性能差，等等。研究日本历史地段保护的方法与思想，学习其成功的经验和失败的教训，对于推动我国的村落遗产保护大有裨益。

日本历史地段保护中一个独特的观点是"保留能看到的范围"。在日本的文物保护法中，对于划定地段的保护范围有这样的规定："保存范围是指在被保存地区的主要道路上行走的人们能看到的范围，而对建筑物内部是不太考虑的。"建筑物的外侧、外表古色古香，景观得到了保护；而内部的生活空间基本上能够满足现代生活的要求，使得居民的生活与历史地段保护之间尖锐的、根本性的矛盾得以较好的解决。

日本的历史文化遗产保护工作，特别强调取得当地居民的协助支持和明确居民的权利与义务。由于日本的土地和建筑均属私人所有，私有财产得到法律的绝对保护，所以取得居民的同意和协助是划定保存地区、决定保护对象的前提。同时，居民明确了自己的权利和义务后，也会更加积极地参与保护。

日本政府非常注重对民众古迹保护观念的宣传教育，激发民众的历史遗产保护意识和民族自豪感。

2. 德国

德国的村落更新规划是在政府的资助、村民的积极参与下，从经济、生态、美学、历史文化诸方面着眼，为改善农村的生产条件和生活质量，美化农村环境，加强村民对家园感的认同，保障村落健康持续发展提供了良好的工作框架。

古村落的重点保护对象是建筑单体以及"历史整合地区"。遗产保护机构确定列为遗产的建筑单体，保护则由产权所有者完成，遗产保护机构可以为历史建筑的重建或保护提供咨询服务或有效的建议。

3. 法国

法国每年接待超过1000万游客，历史文化遗产在法国是非常重要的旅游资源。法国的历史文化遗产分为动产（艺术品等）和不动产（建筑和自然）两大类。

国家立法是法国历史文化遗产保护制度的核心。现在，法国人已经不再仅仅局限于对作为国家象征或者历史见证的那些特殊的历史建筑遗产的修复，而是更加致力于对历史地段内的居民生活环境的改善以及对于历史文化遗产的再利用，从而保持历史文化遗产的活力并使其价值在新的时代得到提升。

上述这些国家都根据各自国家的国情，建立了一套完善的历史遗产保护模式。他们的经验主要有以下四个方面。

（1）注重公众参与。政府通过各种传媒宣传地区历史，激发公众对传统的认识与自觉的保护意识，以使保护与开发得到公众的支持。同时，居民往往也不满足于对规划提出修改意见，要求直接参与规划的全部过程，希望由自己来决策如何利用政府的补贴和金融机构的资金。公众参与已经成为历史遗产更新的主要方式之一。

（2）强调法制化。各国都注重制定详细的法律法规。由于社会制度的原因，土地私人所有，政府不得实行强制行政管理，所以古村落建设主要以各种法律、条例和准则为依据。

（3）重视规划设计。这些国家的政府都十分重视规划设计，并且多层次、多方面配合规划设计工作。此外，还形成一套改进规划的程序。

（4）相对稳定的资金来源。国家、地方、民间能够多方筹集资金用于古建筑的保护。

二、国内古村落开发与保护途径

对于古村落的保护，目前国内主要有以下几种观点。

1. 绝对保护观

部分专家学者出于对历史文化遗产的热爱，追求纯粹的原生态，认为历史古迹的价值就在于它无法再生，因此主张对古村落采取绝对的保护。

2. 自然发展观

这种观点认为任何事物的生长、发展、消亡，都有其自身的规律和轨迹，古村落就是一座活着的历史博物馆，应该采取放任的态度，任其自由发展，因为现在的状态就是未来的历史。

3. 开发保护观

这种观点认为旅游开发是保护古村落的最好途径，合理适度的旅游开发对古村落保护起到了积极的作用。

古村落的古老聚居方式已经不能满足现代居住方式的多元化需求，毋庸置疑的是古村落保护发展的重点内容之一；但由于各古村落所处的地理位置、经济条件、社会结构等不同，保护的方式也应有所侧重。按照吴良镛先生在《北京旧称与菊儿胡同》中的定义，保护的主要方式包含以下三种。

（1）改造、改建或再开发（redevelopment），指比较完整地剔除现有环境中的某些方面，目的是为了开拓空间，增加新的内容以提高环境质量。在市场经济条件下，旧城物质环境的改造实际上是一种房地产开发行为。

（2）整治（rehabilitation），指对现有环境进行合理的调节利用，一般只作局部的调整或小的改动。

（3）维护（conservation），则指保持现有的格局和形式，一般不许进行改动。

总结以上的更新内容，在现阶段，我国古村落保护的主要方式包括保护与发展、完整与平衡。

第四章 古村落与文化遗产旅游

第一节 文化遗产保护利用研究

一、国际经验的借鉴研究

我国学者通过对国外经验和教训的剖析归纳，对我国的遗产保护提供参考和借鉴，取得了相当多的研究成果。

王志芳等对美国保护线性遗产区域时所采用的一种范围较大的保护措施——遗产廊道的概念、选择标准、保护的法律保障和管理体系以及遗产廊道保护规划应着重强调的内容进行了介绍，并分析了其对我国文化遗产保护的启示作用。陈淳等从国际文物保护的视野汲取了一些国家的成功经验，结合我国的现状对现存的一些矛盾和问题作了比较和探讨，认为健全法制和加强公众教育是完善我国文化遗产保护工作的关键。王林对中国、英国、法国和日本在历史文化遗产保护的立法体系、行政管理体系和资金保障制度三方面的异同进行了比较，指出中国历史文化遗产保护制度建设需要注重解决的几个问题。邵勇等对法国历史文化遗产保护制度发展过程进行了剖析。王大悟对巴拿马旅游、保护、科研一体化的旅游发展行动计划（TCR）进行了述评。王世仁对澳大利亚文物古迹保护准则——《巴拉宪章》进行了介绍并与我国的保护方法进行了对比解释。贺从容对澳大利亚建筑师和建筑遗产保护进行了译介。刘临安对意大利建筑文化遗产保护进行了概括介绍。焦怡雪对英国致力于历史文化遗产保护的民间团体进行了介绍，认为我国目前需要加强公众的参与。赵中枢对英国英格兰遗产保护规划如何编制进行了译介；张松从法律、政策和公众参与三个方面对日本历史环境保护的理论与实践进行了介绍分析。

二、对文化遗产的价值、功能及特性的研究

郑易生提出自然文化遗产具有存在价值、潜在的经济价值和现实的经济价

值，与之对应存在三种利益群体即全社会成员、地区居民和开发经营集团，并分析了其相互间的关系和存在的问题及认识误区。郑孝燮提出自然文化遗产的个性保护应包括性格、品格、风格的保护，并指出生态环境与文态环境是一对有机联系在一起的支撑或轮子，不能顾此失彼，而且文态环境保护的核心则应是保护、保留、整治、恢复以建筑为主导的环境美的秩序。王宁提出非物质遗产高度的个性化、传承的经验性和浓缩的民族性决定了其具有不可取代的唯一性的价值。张成渝以八达岭风景名胜区为例从遗产和自然环境的关系分析了文化遗产的地质学价值。鲍展斌和陈立旭探讨和论述了历史文化遗产的功能和价值。

三、对文化遗产保护的原则、保护历程的研究

阮仪三等总结了世界及我国文化遗产的保护历程，认为保护的广度和深度不断扩展和深化，保护内容不断增添和丰富，提出原真性原则对中国文化遗产保护具有很大的意义和重要性，认为文化遗产保护面临的最大敌人是各种片面和错误的认识观念；剖析了当前文物古迹的修缮、重建和新建仿古建筑中存在的片面认识和问题，认为遗产保护必须符合"原真性、整体性、可读性和可持续性"四个方面的要求。张成渝等对世界遗产保护中"真实性"和"完整性"两个重要概念加以论述解析，并阐述了这两个原则在我国的实践和发展。朱兵对文化遗产保护与我国的实践的研究。陈立旭对我国现代历史文化遗产保护历程中三个发展阶段的研究。

四、对文化遗产的保护和利用问题研究

王景慧对历史文化遗产保护文物、文化保护区和历史文化名城三个层次的价值及保护方法等问题进行了研究；张松针对遗产保护面临的问题和挑战，从可持续发展、文化多样性、无形遗产保护、公众意识与地方性保护等方面阐述了21世纪世界遗产保护的发展方向；吕舟对面向新世纪的中国文化遗产保护问题进行了研究；曲金良等对我国的海洋文化遗产、三峡音乐遗产、原住民族传统知识遗产及乡土建筑遗产的保护进行了研究；张建世等对西部开发与文化遗产保护问题进行了研究；赵温霞等以周口店北京人遗址为例对遗产资源开发利用过程中的环境地质因素及其环境保护等具有共性的问题进行了研究；章建刚对遗产产业可持续发展的基础和思维模式进行了研究，认为作为一种文化产业，遗产产业有其可持续发展的问题和特定的经济伦理学基础，其可持续发展模式应实现技术性可持续、经营性可持续和解释学可持续；陈建明等对博物馆与无形文化遗产保护问题

进行了研究。

五、文化遗产的旅游发展问题研究

谢朝武等分析了我国文化遗产旅游存在的问题，对国内外文化遗产旅游研究进展进行了回顾和评述，并以此为基础提出了文化遗产旅游研究的系统内容和研究方法；认为文化遗产资源及其特性研究为研究系统的基础，文化遗产旅游产品研究及文化遗产的保护为研究核心，而以两者为基点进而扩散到旅游开发体系、行业管理体系、社区参与体系等子系统的研究。阮仪三等对历史文化名城资源的合理利用和旅游发展进行了研究，认为应从挖掘历史名城文化信息着手，进行时效保护和有效利用，提出了恢复原始功能、价值重现与提升、文化沿革利用和发展演绎利用四种资源利用模式，并在此基础上构建了名城旅游资源发展规划体系。陶伟对中国世界遗产的可持续旅游发展问题进行了研究，认为发展遗产旅游应正确处理开发与保护、经济与文化、数量和质量三大关系，并对我国遗产地旅游可持续发展提出了建议与对策。吴必虎等运用空间结构、计量地理学理论及地理信息系统、问卷调查等技术手段对中国世界遗产地旅游开发的巨大需求进行了研究，进而论证了在我国对世界遗产地加强保护的必要性。魏小安等对遗产保护、开发与旅游发展相互关系中的现实问题、市场化和地方化发展走势及有关问题的解决方案进行了研究，提出了资源公共化、运作市场化、部门管理功能化、综合管理属地化及福利大众化的五化思想。阮仪三等研究认为遗产的特殊性要求对旅游发展做出限制和规定，按遗产保护为先、旅游发展并行的原则，制定科学合理的规划，寻求发展的"双赢"，提出在遗产管理者和旅游经营者之间建立合作模式。谢凝高对遗产资源和旅游资源关系问题进行了研究。陶伟等对世界遗产地旅游研究进展的研究和"世界遗产地苏州"城市旅游空间结构进行了研究。范凌云等对文化遗产保护和旅游开发中存在的问题及相应的对策等内容进行了多方面研究。冯年臻等对清代文化遗产与辽宁旅游资源的开发进行了研究。李蕾蕾等对工业遗产旅游、遗址旅游、古城镇旅游、遗产型目的地遗产保护和旅游营销等方面进行了案例研究。

六、文化遗产经营管理的研究

王兴斌在比较分析自然文化遗产管理的国际模式基础上，根据旅游服务的特殊性提出了所有权、管理权、经营权和监督权"四权分离与制衡"的管理模式。徐嵩龄研究认为"四权分离与制衡"存在不合理性，认为遗产区内的"遗产的旅游展示类服务"具有公益性，应进行非营利性经营，遗产区外的非展示类旅游服务事务规模较大时，可以允许经营方式由非遗产单位进行营利性经营。庞爱卿等将激励理论用于自然文化遗产资源管理体制的改革研究，认为将自然文化遗产除归属权外的其他权能都交给地方政府是激励地方政府保护资源的最好方法，而地方政府对企业保护资源的激励约束则可体现在合同的长期性和对企业资源开发规划进行审批及环境保护资金的提取等方面。罗佳明对中国遗产可持续发展的组织体系建设进行了研究。张晓从景区开发经营权出发对遗产资源的产权进行了研究，认为遗产资源公有产权有存在的必要性，拥有开发经营权实际上拥有了遗产资源的使用权和占有权，这在实质上改变了遗产资源的公有产权性质，且可能进一步形成分割遗产资源的利益主体，会对我国的遗产资源产生非常不利的影响。杨锐对改进中国自然文化遗产管理的战略进行了研究，认为中国遗产管理存在认识、立法、体制、规划、技术、能力和环境七个方面的不到位问题，提出了四项战略。

七、文化遗产保护利用中先进技术的研究

随着人们对文化遗产认识的深化和科学技术尤其是信息技术的发展，文化遗产保护利用中先进技术的应用日益普遍，如可视化、虚拟现实、信息管理及网络等，这些技术有助于文化遗产的存档、管理、信息交流和保护。文化遗产数字化已成为国外历史遗产保护和发展的新方向和必然趋势，越来越多的人正从事于这方面的研究。发达国家多以国家政策主导、以公共资金启动文化遗产数字化的建设，我国这方面的研究起步较晚。1998年敦煌研究院与美国"梅隆基金会"签约合作建立"数字化虚拟洞窟"，2000年故宫博物院与日本凸版印刷株式会社签约合作进行"故宫文化遗产数字化应用研究"，秦始皇兵马俑也已由微软研究院等单位开始遗产数字化研究。杜嵘对虚拟遗产作了概括地介绍，以多学科的视野，从文物和历史遗产、古建筑、历史城市和历史地段三方面对虚拟遗产在历史遗产保护和发展中的应用进行了研究，并以南京明城墙为例对此作了探索分析。

可以看出，我国文化遗产保护利用的研究近年来发展较快，研究内容也相当广泛，也取得了相当大的研究成效，其研究内容多集中于城市发展、旅游发展与文化遗产保护，但相当一部分是一般的分析和论述，研究方法和研究的学科背景也比较单一。

第二节 古村落文化遗产旅游研究

一、国外古村落旅游研究进展

1. 旅游对古村落影响的研究

重点研究旅游发展对古村落社会、文化的影响。Wilkison 以爪哇传统渔村 Pangandaran 的旅游业发展为例，使用性别分析法，讨论了旅游发展对不同性别人群的就业模式、收入、家庭结构和功能、子女抚养等的影响，认为旅游的影响存在双面性，而且这种影响在当地社区以及不同社会经济阶层间变动较大。SO-Min Cheong 研究发现旅游业推动了韩国渔村公有渔场及合作企业的私有化。

2. 古村落旅游发展与文化原真性之间的关系

古村落旅游发展与保持其文化原真性之间的关系是旅游学者关注的一项重要内容，Medina 研究位于玛雅遗址附近的玛雅古村，应旅游之需而产生的文化商业化现象如何影响玛雅文化的传统形式。Kneafsey 通过对古村落的研究，试图探讨影响当地居民参与所谓"商品化动态"的因素，并指出，只有充分考虑旅游地的传统文化、其历史发展过程中的各种社会关系，才能更好地理解文化经济的运作。在墨西哥四个萨巴特克语的村落里，印度踏板织布业一向是作为本土化管理发展的正面典型，然而调查表明，存在于商人、独立织工及合同工之间的经济、社会差别正不断增大。研究显示，虽然本土化管理模式通常为一些当地生产者带来经济利益，然而社区整体会因此获益这一假设在此未有体现，相反，商人及独立生产者的经济获益在一定程度上加剧了社会经济的不平衡性。目的地社会在发展为旅游地后往往会不断重塑其文化以满足游客之需，然而这种改变往往受经济利益驱动或为生计所迫，而非必要的文化适应过程。巴西 Porto、Seguro 两个村落，原以农业为主，Grunewald 研究由此引发的相关问题；印尼 Flores 岛 Manggarai 村仅仅是近年来才开始向游客开放，当地居民凭借其几百年来与外国人交往的经验理解游客，为游客营造了一份他们寻求的理想的文化空间。这一研究揭示了不应简单地将旅游理解为对被动的文化产生影响，目的地社区主动采取一定的策略，不仅能够应对变化和革新，同时也可以延续和发展其传统文化。

3. 古村落旅游发展与宗教、种族信仰之间的关系

"旅游与宗教、种族信仰究竟是相斥还是可以协调的关系"一直为人们关

注。印度圣镇 Pushkar 的居民采用"调停性的抵抗"策略，运用排斥的、政治的、宗教的三种方式使旅游与地方文化这对"水火不容"的矛盾转化为社区居民从文化上可以接受的共存体，从而在宗教与旅游之间建立了一种和谐共存关系，为人们更好地理解西方旅游在宗教社区造成的影响提供框架。Malindi 是肯尼亚一个小海滨集镇，该地旅游发展的影响与社区种族冲突的激化和缓和有关，旅游作为一种催化剂，既促进了种族间的交往和竞争，也同时隐藏着危机和冲突，促使社区居民重新认识其种族特性。

4. 古村落旅游地旅游者行为及心理特征研究

古村落作为一类重要的旅游目的地类型，同时引起学术界研究其旅游者行为、心理特征的兴趣。Wickens 对希腊北部 Chalkidiki 的一个海滨村庄的 86 名英国度假者的调查发现，不同旅游者对同一目的地社区的体验方式存在差异，经定性分析，作者将其分为五类人群，每类人群对度假的选择、活动的类型以及对目的地社区的法均有其显著的特征。

5. 古村落旅游地居民感知研究

从旅游地社区居民的感知角度来研究旅游业对当地的各种正、负面影响，为旅游业的发展规划和决策提供信息，促进旅游业的健康发展。Geoffrey Wall 对印度尼西亚巴厘岛上八个村落的本土居民对旅游业的态度进行了调查研究，结果表明他们对旅游业通常持肯定态度，但缺乏对旅游业发展负面影响的正确认识；而且也发现对旅游业的态度会随着空间的变化而变化，那些越接近旅游地以及与旅游业越密切的人，持有越多的保留态度。Gevat tosum 使用个人访谈方式，对土耳其传统村镇居民感知进行了比较研究，结果显示土耳其居民对旅游产业持抵触态度，相对于其他地区，其正面感知较少。

6. 古村落旅游地社区问题研究

Marko koscak 以斯洛文尼亚的 Trebnje 地区为例，研究了传统乡村旅游与社区复兴整合发展问题。Cevat Tosum 认为土耳其传统村镇有必要建立旅游社区参与模式，使旅游更好地促进当地经济发展。

7. 古村落旅游地保护研究

Jose Maria Fuentes 等调查研究了西班牙中部最古老的酿酒区（Ribera De Duero）内几个村落地下建筑遗产——酒窖的保护研究。James William Jordam 对新英格兰北部 Vermont 度假村进行研究，指出当地人正面临发展乡村旅游业与保护传统文化的两难境地，当地人正试图通过"假冒民间文化"来保留传统文化的精华。

8. 古村落可持续发展研究

古村落因其历史久远，生态环境较为脆弱，关注其可持续发展成为学术界一大研究热点。20 世纪末，西班牙政府试图采用可持续发展和规划的方式使旅游发展更为合理化，以提高现有旅游地的质量，并将尚未开展旅游的地区发展为新兴的旅游目的地，以西班牙内陆村庄 Culella 为例的调查表明，由政府引导在新兴旅游地开发的旅游活动正朝着更为可持续发展的道路上迈进。在经历了对东、中欧前社会主义国家的好奇之后，这些地区旅游发展如果仍要保持其国际竞争力，则必须更加注重旅游产品质量、专业化服务技能等。英国一个三年计划项目组织，为斯洛伐克共和国 Roznava Okres 地区——一个衰落的矿业基地开展乡村旅游制定了计划，以促进该地旅游业发展，并为东欧其他国家发展乡村旅游提出有益的建议。

Burns 等利用非概率样本形式的原始证据，深入研究了 Cuellar 在执行西班牙政府制定的改善旅游地品质的可持续性计划时村民对此可持续发展计划的感知。Hazel Tucker 通过分析土耳其村落的旅游关系，讨论关于旅游业摧毁了自身吸引物这个似非而是的论点，并通过挑战旅游地必须保持真正的传统来迎合旅游者的期望的假设，提出文化旅游可持续动态观念。Nepal 认为燃料能源消耗是影响乡村旅游业可持续发展的一个重要因素。他对尼泊尔 Annapurna 地区乡村的旅游住宿设施所使用的燃料能源进行调查，这些地区的燃料主要是木头和火油，另外，再生能源和节能技术的运用在增长。

二、国内古村落旅游研究进展

对于古村落的关注，我国研究起步较晚，开始于 20 世纪 80 年代。而真正对古村落的研究，则始于 90 年代。许多学者从不同角度对古村落进行了研究，目前研究内容主要集中以下几个方面。

1. 古村落旅游的基础研究

古村落的基础研究包括古村落的定义、资源特点、资源价值等。曹国新认为文化古村落是指那些遗存至今的，较系统地保留着中国传统文化设置的村落，认为文化古村落具有古老性、血缘性、文化的区域性、孑遗性、休眠性、人文优美性，认为文化古村落是在特殊历史条件下形成，并遗存至今的，可以完美体现中国传统文化，具有垄断性和可创新性的人类生态旅游资源，提出应将其明确为独立的一种旅游资源来进行研究和开发。卢松等进一步从村落选址和设计、聚落形态、民居建筑、祠堂和牌坊、徽州古典园林、乡土文化、风土人情等方面对皖南古村落旅游资源特征展开了分析。

2. 古村落旅游资源保护研究

这是我国学者研究的重点，其研究思路主要是选择一个具体案例，对其现在保护中存在的问题进行分析，然后提出保护方法。例如，万国庆介绍了皖南古村落保护状况和保护经验，分析皖南古村落发展中存在的问题主要有开发压力、环境压力、防灾压力、旅游压力，并提出建立文化遗产保护档案、建立健全法规体系、成立民间保护组织及专项基金、建立文化展示体系、依法加强管理、严格制定遗产管理目标及计划等。

古村落以其对旅游者独特的吸引力，为旅游业所开发利用，从而纳入旅游资源的范畴，从其旅游资源的开发角度研究的越来越多。同时，许多古村落在旅游开发中的破坏也非常严重，古村落的保护和开发往往是密切联系的。业祖润等对北京川底下古村落保护与旅游开发进行了探讨；巫纪光等对传统古村镇旅游资源保护旅游开发面临的问题进行了探讨；冯淑华对古村旅游模式和客源市场进行了研究；吴承照等提出了古村落可持续发展的文化生态策略；胡道生以安徽黟县古村落为例对古村落旅游开发的初步研究；曹国新从旅游资源角度对文化古村落进行了研究；章锦河等对黟县宏村古村落旅游形象进行了设计研究；朱光亚讨论了古村镇保护规划若干问题；朱晓明从保护角度对古村落的价值进行了评判研究。

3. 古村落的价值特色和演变研究

古村落具有极高的文化、历史、地理、美学、建筑、旅游等学术价值，吸引了大量的学者研究，其中以研究建筑学、文物学和地理学的学者较多。彭一刚论述了自然社会因素对聚落形态的影响，系统分析了传统村镇聚落景观；陈志华对楠溪江古村落的特色价值及保护问题进行了研究；刘沛林等从景观角度对中国古村落景观的空间意象研究、识别与古村落规划特点等方面进行了研究；陆林等对徽州古村落的演化过程及其机理进行了研究；张轶群对传统古村落的人文精神进行了研究；张杰等以南阁村为例从文献学角度对古村落空间演变进行了研究；邓洪武等通过案例对江西、福建、安徽等地的古村落建筑特色进行了研究。

4. 古村落旅游资源价值评价研究

目前学术界对古村落综合价值量化评估模式系统的研究相对滞后，研究成果国内少见，且已有的研究限于古村落价值定性的描述与说明，定性描述评价简单明了，突出主要特征易为人们接受，但常存在着一定的文学夸张和片面性，在科学性上难免欠精确，难以对不同区域、不同类型的古村落进行精确的评价与对比。只有朱晓明运用定量分析的方法对古村落的评价进行了探讨，如何衡量古村落的综合价值还没有一套较完整的指标体系，古村落综合价值的研究是旅游研究的重要内容之一，其目的在于能正确地、客观地以可度量的标准为基础，判定古村落的历史价值、当前状况与发展潜力，为古村落的保护与开发提供依据。缺乏严谨科学的评估体系和定量分析方法，缺乏理论基础的研究，不利于古村落旅游的可持续发展，对古村落宝贵历史文化遗产的保护也构成巨大威胁。然而古村落综合价值评价是一个多层次、多目标的评价问题，评价涉及的内容较多，评价指标受考评者知识水平、认识能力和个人偏好的直接影响，很难完全排除人为因素带来的偏差，客观上就要求分层次进行综合评价，因而古村落综合价值评价是一个多层次的模糊综合评价问题。

5. 古村落旅游开发研究

古村落的适度旅游开发一方面能使传统文化得到更好的继承与发扬；另一方面又能促进古村落经济和社会结构的有效转型，推动古村落的可持续健康发展。旅游开发将影响古村落旅游的发展成败，因此，是我国学者较为关注的一个研究方向。他们主要是选择具体案例对其开发现状、开发原则、开发战略等进行研究，以及现有开发模式的比较研究等。例如，卢松等对世界文化遗产西递、宏村旅游资源进行了分析，并提出了其旅游开发的原则、总体定位和开发方向。齐学栋（2006）认为古村落或传统民居旅游开发模式有两种：一是内生性开发；二是外部介入性开发。他从经济社会学的角度对古民居开发中的一些认识进行了评析，提出开发中要注意社会资本的应用。黄郁成等从休闲旅游开发角度，认为古村落旅游开发主要资源凭借为古村落建筑、古村落的古朴环境、与古村落相适应的村民的恬淡生活状态、与古村落环境相适应的旅游活动编排四个方面的因素。

6. 古村落旅游影响感知研究

旅游影响感知研究思想来自于国外，主要是采取定性与定量相结合的方法，解释旅游对目的地的经济、社会、环境的影响及居民对这种影响的感知，并从中寻找制约旅游业发展的一些因素，为旅游发展决策提供信息支持。从目前我国学者对古村落旅游影响研究来看，古村落居民对旅游影响的感知以正面为主。例如，卢松等在大量实地调研的基础上，分别从自然环境、生活环境、人文环境、社会治安环境、就业环境、对旅游业发展态度等方面，尝试进行西递旅游地居民的环境感知研究。研究表明现阶段西递村民对旅游影响所持的态度以热爱者和有矛盾的支持者为主，对旅游影响持有较强的正面感知，而对其带来的负面影响虽有一定感知，但较为微弱。

7. 古村落可持续旅游发展研究

可持续发展其实质就是要追求经济、社会、生态环境的协调发展。我国学者遵循可持续发展的内容和原则，以具体古村落为个案研究对象，探寻其存在的妨碍旅游可持续发展的问题，并提出解决这些问题的具体措施。例如，刘昌雪在可持续发展原则的指导下，对皖南古村落旅游发展中的一些限制性因素进行了分析和总结，并提出可持续发展策略。刘莉等分析了皖南乡村旅游可持续发展的问题，并提出一些措施：成立皖南乡村旅游区域联合体，加大宣传力度，实行参与机制和收入再分配的调整机制，加强乡村旅游的规范化管理等。章尚正等以世界文化遗产地宏村为例，通过问卷调查，指出皖南古村落的和谐旅游发展存在四大矛盾，并提出解决对策。梁玉华等对天龙屯堡的旅游发展模式在促进旅游持续性发展中所具有的利弊进行了分析。

8. 有关古村落旅游的其他研究

有关古村落旅游的其他研究主要包括景区管理及管理体制的研究，古村落旅游流及客源市场研究。孙静等以西递和宏村为例，提出古村落视觉管理的原则和方法。土咏等以西递、宏村为例，对古村落型旅游地管理体制进行分析。冯淑华从旅游者知识层次、客源的地理分布两方面对古村落旅游客源市场进行分析，并对国际、国内游客的行为模式展开研究。

国内外对古村落的研究在研究内容上有相同点，主要包括古村落保护问题、古村落旅游影响感知、古村落旅游可持续发展等几个方面。但国外学者注重从社区的角度、在调查的基础上运用各种理论来解决各种问题，而国内学者更注重讨论古村落保护与旅游开发等问题。在古村落旅游可持续发展问题研究方面，绝大多数国内和国外研究者都是对某一个具体的古村落对象进行研究；但国外研究的角度和方法比国内更多，而且国外研究者注重寻求可持续发展的某种理念或技术方法，而国内研究者更注重研究某处古村落旅游可持续发展中出现的问题，然后提出具体的解决措施。

三、小结

（1）国内外关于文化遗产旅游的研究大多局限于具体地方的个案情况，或者仅就文化遗产保护与开发体系的子因素进行阐述，对整个体系进行综合审视的系统性、理论性的研究较为鲜见。同时，已有的研究成果在理论指导上具有明显的地域局限性，这些都无法适应我国旅游业迅猛发展的势头。随着我国旅游业在资源上的结构性转型的演进，文化遗产的保护与开发问题也更加受到关注和重视。文化遗产的旅游实践运作的发展正呼唤更具现实性、系统性的理论研究成果的出现。

（2）遗产保护和旅游发展之间存在一种怎么样的关系，在现实中如何协调处理这种关系，两者能否取得双赢，如何有效合理地开展文化遗产旅游等问题一直是学术界关注的研究课题，已经成为国内外关注的焦点。但是遗产资源的不可复制性决定了遗产旅游发展中进行遗产保护的重要性，因此应正确处理遗产资源开发与遗产保护的关系。

（3）学者对遗产保护与旅游发展之间关系研究的同时，大多忽视了聚落属性的发展，太多的实践证明遗产保护与旅游发展协调并没有带来聚落属性的发展，也就是并没有达到历史文化名村的可持续发展。因此，对于古村落，探讨处理好遗产保护与旅游发展之间的关系必须建立在带动聚落属性发展的背景之下，这样才能顺应我国新农村建设的时代潮流。

（4）我国诸多学者对古村落的研究从文物学和建筑学角度研究较多；从旅游角度研究的也不少，主要集中在旅游资源的体验性描述和如何开发研究和保护上；在评价方面对古村落的概述性评价较多，对古村落的定性定量评价较少；案例研究较多，且多以皖南古村落、楠溪江古村落、福建客家古村的研究较多。因此，目前对古村落旅游资源仍缺少专门系统的研究，大尺度的研究更缺少。以历史文化名村（历史文化名村是古村落的高级群体）作为研究对象的文献资料中，历史文化名村在保护与发展中存在两难处境，究其原因仍是没有理清内在属性的矛盾统一关系或解决矛盾的方式不对，缺乏内在矛盾的深入剖析。

第五章　古村落旅游开发的模式与方法

第一节　古村落旅游开发的影响与对策

一、古村落旅游开发存在的问题

1. 旅游开发对古村落环境的影响

旅游开发在一定程度上造成对古村落自然环境和人文环境的破坏，古村落最初只是服务于几百人的小型村落结构，旅游开发造成大量游客涌入，使原本的自身维持体系遭到打击和影响，在环境方面，大量游客可能会带来村子难以负担的游客垃圾、用水紧张，以及空气和噪声污染等。此外，古村落旅游热带来的外地人对古村落文物的购买欲，导致古村落居民拆卖古建筑门窗、窗横、砖木石镶、斗拱等构件，严重干扰了古村落保护与旅游开发的良性发展环境。

2. 对历史建筑风貌的破坏

在整体景观方面，停车场、商业街、旅馆等旅游设施的兴建，新建筑采用建筑材料、结构、工艺、建筑高度以及建筑风格的不同，会破坏村子原有的村落格局和景观风貌，打破原有建筑风格的统一，使其慢慢丧失其原本静谧的村落乡土文化氛围；过大的游客数量会超出古村落自身的游客容量，使一些古民居、祠堂、古道、桥等难承重负，加速其损毁进程。

3. 对古村落传统文化的影响

法国的罗贝尔·朗卡尔曾指出："旅游使传统或民间的舞蹈丧失了神圣性和象征性，而变成粗俗的肚皮舞，不顾及其时间和环境等背景因素。"旅游业的开发使得古村落内一些传统文化和工艺在一定程度上被挖掘和传承，但其受利益驱动下，也使得传统文化的变质和被媚俗化来取悦游客、吸引游客，成为一种获取利益的方式和村民的谋生手段，失去了其本身的原生态的文化内涵和意义，变成了纯粹的商品。有些古村落旅游开发者为吸引游客，增加卖点，不惜改变原有文化风貌，对一些珍贵资源进行蓄意破坏，甚至自行创造"伪文化"的仪式背景等，用变味的文化传统来蒙骗旅游者。

4. 对原住民的影响

古村落景观文化展现给旅游者的同时，游客也将现代社会风气等呈献给古村落原住民的眼前。一些潮流音乐、时髦服装、生活习惯等频频出现也给当地居民带来影响，使他们抛弃传统风俗服饰、传统民歌和生活方式等，使得原有古村落原住民纯粹、质朴格调丧失的同时，大量游客的进入也占据了原住民原有的生活空间，原有的宁静、安逸被打破，使古村落变得喧闹、嘈杂，原有的生活气息氛围也不复存在。

二、古村落旅游开发原则

1. 以保护为前提的开发原则

古村落作为一种历史遗留下来的不可再生资源，具有一定的稀缺性和脆弱性，只有对其妥善保护和开发才能得以延续生存，旅游开发应遵循保护优先为原则，不能追求一时短时利益而弃古村落历史文化、环境氛围于不顾。在不损害古村落环境格局、文化传统、原住民生产生活的基础上使社会效益、经济效益和环境效益相协调，造福古村落的后续发展及促进当地区域经济力量的提升。

2. 特色性开发原则

我国古村落分布广泛，种类繁多，传统文化、民俗风情多种多样，旅游开发也应重视不同区域、不同村落的地域特色、建筑风格、生产生活习俗、宗教民族文化等特色，注重其千百年来历史积淀出的文化特色，制定相应的旅游开发策略，如对于各种旅游产品的开发、民俗文化表演、特色手工艺开发等。

3. 政府主导村落自治原则

由当地政府部门把持当地古村落保护与旅游开发大的政策和总体方向，防止盲目开发和破坏性建设的发生，同时小的决策权可下放给古村落村委会等可因地制宜地根据自身情况和特点制定符合本村发展的策略方案。

4. 动态化原则

古村落是个不断演化和发展的多体系构成的综合体，必然呈现动态发展的特征，随着古村落生产生活方式的不断变化，其审美观念、社会结构、景观结构的更新以及主客观条件的演变，对其开发定位和旅游开发策略也不能是一成不变的，应顺应其发展趋势和动态演化进程，制定的开发模式应具有一定的超前性以适应古村落未来发展的实施及运作。

5. 市场需求原则

虽然在一定时期内古村落的文化价值、艺术价值、科研价值等是相对稳定的，但其旅游市场需求是受市场导向以及古村落旅游在旅游开发项目中所占市场份额变化所影响的，不仅要考虑到旅游开发所带来的社会效益还要考虑其开发商的经济效益，而经济效益又是驱动古村落旅游业的重要力量。在不影响古村落健康持续发展的前提下，合理把握旅游开发力度和所带来的效益关系，打造一个保护为先，发展与效益并重的良好旅游开发模式。

三、古村落旅游开发的效益

古村落以其独特的建筑风貌、深厚的文化积淀、淳朴的民风民俗以及特有的古韵氛围成为当今极富吸引力的旅游资源。古村落旅游顺应了都市人渴望回归自然、回归淳朴的精神需求。古村落的旅游开发除了带来负面影响，还有更多的正面效益，包括良好的经济、社会、环境效益三个方面。

1. 经济效益

由于较长时间的封闭发展，古村落经济发展一般比较落后，旅游业投资少见效快的特点无疑是带领古村落脱贫致富的有效途径。旅游业的经济功能与经济效应使旅游业的发展对旅游地的经济影响较大，古村落旅游为乡村经济的发展带来益处，增加乡民的经济收入，提高生活水平，创造新的工作机会，调整产业结构，扩大乡村就业率，稳定乡村经济。旅游业强大的产业关联性又可带动村落其他产业的发展获取直接经济效益和市场效益。

2. 社会效益

促进旅游业的社会性和文化性特性可为弘扬地方文化提供契机和条件，使得民俗文化借助旅游而得以发掘、交流、传播、发扬光大，使得民族文化日臻完美。旅游还可以促进乡村基础设施建设改善交通状况，改善居民的生活条件，加强古村落居民与外界的交流丰富与活跃村民的文化生活促进古村落的发展。旅游有利于提升旅游地的社会知名度，培养民众的自豪感、归属感。

3. 环境效益

旅游还可促进自然及文化环境生态保护。当旅游地居民认识到良好的自然和文化环境可以通过旅游实现经济价值时，便会自觉提高其对环境的保护意识。

四、古村落旅游开发建议和对策

1. 保护制约开发，开发促进保护的和谐发展模式

一方面，旅游业等商业的开发可以带动当地经济水平的提高，良好的开发氛围还可以确保村落文化遗产保护与维护资金来源的充足；但过度的商业开发模式也会给古村落历史遗迹、原住民生活及传统文化带来伤害，影响其现有的村落结构，破坏古村落传统文化气息及建筑风貌的统一。另一方面，虽然商业开发可能会对古村落传统风貌存在潜在的破坏性影响，但是没有商业开发支撑的古村落，光凭其自身发展来维持古建修复、居民经济水平提高、知名度提高等存在着极大困难。因此，商业开发应注重对其开发力度的把控，以保护为基础，开发为辅导，结合当地情况制定出长远可行的开发方针，最大限度地降低对古村落原有风貌的影响和破坏。

2. 协调游客和原住民之间的矛盾和利益关系

原住民作为古村落文化中的一部分是其传统文化得以传承和延续的基础，原住民及其生活本身也是古村落"活"的见证，是古村落生命力与活力的象征。原住民的利益与古村落旅游开发的顺利发展息息相关。由于旅游开发导致大量游客的进入，势必会影响原住民的生活节奏、方式及利益等，因此尊重原住民的利益及生存发展权等，并通过当地有关部门协调好保护与旅游开发的权衡关系，协调处理好各方利益关系，有助于他们更好地、积极地参与到旅游开发中来，最终达到双赢。

3. 考虑旅游者心理诉求，提高古村落旅游吸引力

古村落旅游活动只有在满足旅游者在对其心理和感官上对其异地文化的憧憬和遐想的旅游需求时，才算一次成功的旅游过程。概括来讲，有两种力量可能会诱发旅游活动的发生，一是吸引力；二是外向力。吸引力是旅游地通过旅游地景观、环境、文化、人文习俗等产生的一种号召力和向心力，让潜在旅游者发生旅游活动的一种能力；外向力指的是旅游者由于对自身生活环境或工作环境不满意

而通过更换活动场所的一种希望调节情绪、寻求心理及心灵上放松的一种驱动力。古村落的旅游开发是适应时代和自身完善发展的，作为旅游目的地应尽量放大自己的优势资源和特点，提升自己的旅游吸引力和影响力。随着人们对精神世界的追求和渴望，以及人们潜意识中对古老、朴实、田园、自然、闲适生活的向往，古村落要维护和保存好自己古朴清新的原生状态，挖掘出传统内涵文化的优势，贴合旅游者对古村落精神向往的需求，并根据自身优势合理规划和管理，那么古村落的旅游市场潜力将逐渐释放。

4. 体现自身特色，加强对传统文化的挖掘与开发

古村落与城镇环境相比均属于人类生活的聚落环境，但是与人们日常生活的现代化城镇，甚至与现代新农村相比，古村落具有完全不同的聚落文化和景观，而游客的目的和兴趣也是寻求与众不同的感受而来，而这种目的和兴趣更多的是对不同文化的美好向往。从行为和文化角度来分析旅游，就是游客在古村落环境中所接触、体验以及游客被一切所能触动感受的环境氛围的过程。

在众多历史乡村古镇旅游中若想脱颖而出，古村落应根据自身优势整合资源，打造创新型特色旅游产品，制定相应的品牌文化和文化旅游定位，形成多元化、多层次的旅游产业结构，并根据古村落的发展和自身情况及时加以调整。同时加强对古村落传统文化的挖掘和利用，将旅游与文化紧密结合，推动对传统文化的体验感受，并加强体验型旅游产品的开发，丰富游客对古村落文化的体验经历，感受与现代社会截然不同的古老、原生、质朴的生活气息。

5. 注重对传统文化和传统建筑风貌的保护

古村落建筑不仅仅是指古民居、祠堂等古建筑物，它还包括古村落古朴致雅的环境及文物等，以及以上这些呈现出来的整体意向。对传统文化内涵的深度发掘就要注重对传统建筑风貌的保护，古村落传统建筑是历经千百年来古村落居民保留延续下来的，体现古村落文化特色最直观的重要标志，也展现了整个古村落文化的风格及当地原住民的传统生活状态，甚至处世态度等思想。以丽江古镇为例，旅游的过度开发严重影响和破坏了传统建筑风貌和纳西文化的传统形态；安徽宏村由于乡土古建筑和环境景观保护不力，遭到人为因素的破坏，在很大程度上丢失了其原有的传统风貌和文化。

传统风貌一旦遭到破坏很难再得以恢复，需要有关部门和政府制定相应的法律法规规范开发商和人们在游览观光过程中的行为以及村民自行使用中的行为方式等，积极维护古村落传统建筑风貌的维护。

第二节 古村落旅游开发方向与模式

一、古村落旅游开发方向

古村落旅游开发虽不能完全按市场导向和需求规划，但也应适当顺应旅游市场的发展和旅游者的心理需求，同时尊重村落原住居民的权利、意见以及古村落景观现状、地方文化、传统民俗的精神风貌来合理开发旅游产品。通过多样性开发古村落旅游产品，可增强旅游者对古村落的归属感受、体验感受，来提高古村落旅游的吸引力和知名度。多样性旅游产品的开发应强调当地居民的参与和优先安排就业，因为当地居民对旅游环境熟悉度高，对当地旅游业的自豪感强，且态度积极，热情度饱满更适合旅游服务业的要求，还可以帮助当地政府解决剩余劳动力和居民的经济收入。

根据旅游者对旅游地的心理需求和古村落自身优势两方面，可以从多层次、多方面设计形式多样的古村落旅游产品，如观光游览、休闲度假、主题文化等方面入手，具体如下。

1. 古村落生态观光游

生态旅游主要强调两方面内容：一是强调生态旅游是一种以自然资源为基础，回归大自然的活动，也就是生态旅游向游客提供了一种旅游生态产品；二是强调在生态旅游中，游客要承担一定的环境保护、社会发展的责任。

古村落坐落在山清水秀，自然风光优美，生态环境保护良好的地方，有"世外桃源"的美称，满足了都市游客回归自然的要求。同时，也要求游客在游览古村落的过程中，自觉维护当地的自然生态环境。

另外，以古村落历史文化建筑（古民居、古祠堂、古寺庙等）为核心，从古建筑艺术、结构设计、风格样式、建筑材料，建筑布局以及古建筑上的题材丰富壁画和精美雕刻（砖雕、木雕、石雕等）、匾额楹联方面着手，并结合古村落周边有青山碧水的优美自然环境打造古村落观光游。

2. 访古探幽游

可以让游客沿着古村落主要街道和特色古巷，踏着古老的石板路感受古村落最真实朴素的原生态美感。并在走走停停之间感受古民居的建筑文化以及生活在其中的村民的生活方式与饮食起居，感受古村落中最基本的人文景观，看村民眼中的古村落，品味其悠久浓厚的文化与历史的沧桑。

3. 民俗风情游

以当地民俗民风为旅游特色，游客可以享受当地特色小吃，或当地传统农家饭，参加节日庆典活动，观看当地各种戏曲、舞蹈、手工艺展示等文娱表演，观祭祖，以及逛庙会等地方民俗活动，或是听原住民亲身讲解古村落历史，或历史神话、传说等典故，可以深入领略和感受独特浓厚的乡土气息文化。

4. 乡村休闲度假游

度假旅游强调安全宁静、舒适和优美的自然环境以及异地文化的体验，是一种更深层次的旅游形式，按时间来说可能比其他形式目的旅游周期要稍长一些。该旅游产品主要针对城市居民节假日期间，寻求身心减压放松、消遣娱乐的需求，古村落淳朴的乡土民风，秀丽的田园山水，舒适安逸的生活氛围，无疑是长期在生活在都市快节奏的城市居民的好去处。在古村落中无论是参观欣赏古老建筑或是周边山水美景或是生活体验朴华无实的民野乡风，都能满足游客舒缓身心、休憩疗养的目的。

欧洲联盟（EU）和世界经济合作与发展组织（OECD，1994）将乡村旅游（rural tourism）定义为发生在乡村的旅游活动。其中"乡村性（rurality）是乡村旅游整体推销的核心和独特卖点"。因此乡村旅游是发生于乡村地区，建立在乡村世界的特殊面貌，经营规模小、空间开阔和可持续发展的基础之上的旅游类型。

我国的古村落大多拥有精致的村落组景、古朴的民居建筑、丰富的民俗文化、纯朴的民风、优美的山水田园风光。这些"土味十足"的乡村元素使得古村落成为都市人向往的旅游目的地。

5. 文化遗产游

Brian Garrod 和 Alan Fyall 认为遗产是"集中了我们继承的一切"，遗产旅游"能从历史建筑物、艺术品、美丽的风景中得到任何意义"。

世界遗产委员会规定的世界文化遗产的标准主要有以下六条。

（1）代表一种独特的艺术成就，一种创造性的天才杰作。

（2）能在一定时期内或世界某一文化区域内，对建筑艺术纪念物艺术城镇规划或景观设计方面的发展产生过重大影响。

（3）为一种已消逝的文明或文化传统提供一种独特的或至少是特殊的见证。

（4）可作为一种建筑，或建筑群，或景观的杰出范例，展示人类历史上一个（或几个）重要阶段。

（5）可作为传统的人类居住地区或使用地的杰出范例，代表一种（或几种）文化，尤其在不可逆转变化的影响下变得易于损坏。

（6）与具有特殊普遍意义的事件，或现行传统，或思想，或信仰，或文学艺术作品有直接或实质的联系。

我国古村落历史悠久，保存有大量的物质与非物质文化遗产。2000年黟县的西递、宏村就作为皖南古村落的杰出代表被列为世界文化遗产。古村落的遗产旅游性质决定了其在旅游开发和规划的过程中都要注重历史文化遗产的保护。

将古村落传统人文特色和历史文化作为主要展示部分，满足不同文化素养追求的游客对异地传统文化的求知欲和探索欲。古村落可根据自身文化及文化景观特色，开发历史文化展示专区，通过历史记载文献、照片或文物实体和导游解说等多方面向旅游者展示古村落的历史沿革、传统文化、民俗风情等，扩大旅游者对古村落文化遗产的视野宽度和知识深度。

6. 艺术之旅

以古村落优美的人居环境和自然环境为基础，组织开展艺术绘画写生或艺术风景人物摄影等艺术活动，不仅能让更多的人深入体验和欣赏古村落人文风景，且优美的绘画和摄影作品，还能为古村落起到很好的宣传作用。

二、古村落的旅游开发模式

不同村落开发模式因其主导模式的不同，其影响程度对古村落来说并不完全一致，因古村落旅游开发项目的投资较少、回报高，且见效快等特点，开发项目的落定一直备受关注，按照开发主导方划分，大致可以分为三种：外部介入式开发、内生式开发、内外部联合开发。

（一）外部介入式开发

根据外部介入的主体不同，这一模式又分为外来企业的商业承包开发模式和政府主导模式。

1. 外来企业的商业承包开发模式

由于古村落没有自行能力或资金等原因进行旅游开发，古村落与外来企业之间订立商业合同，并使古村落将旅游开发经营权和管理权在某一时期内交由企业承包，企业按协议补偿古村落一定的经济资金，在此期间自行承担商业风险，自负盈亏。这种所有权与经营权相分离的旅游开发模式，可以最大限度地调动企业追求最大化利益的动力，企业作为专门的旅游开发机构和市场主体，有较高的市场经营能力，在面对外部景区的市场竞争时也能最大化做好宣传工作和尽可能开发古村落旅游资源，提升旅游地自身竞争力。外来承包商虽然会在前期的宣传、策划以及古村落保护及旅游开发管理中消耗一部分资金，但是古村落的经济收入也是相当可观的，如门票、餐饮住宿、民俗表演、当地特产销售等，而古村落也能获得市场品牌口碑的传播，以有利于融资的便捷（企业投资和贷款相对容易），进而减少政府和村落开发的资金投入和开发风险。

但是企业是以盈利为主要目的，虽能够提供比较专业化、系统化的服务和管理，但是商业模式的市场化也易于使企业不顾古村落自身特色和历史景观的保护，以杀鸡取卵的方式，最大化短期利益，而缺乏前瞻性意识，导致古村落人文景观及周边自然环境的破坏。此外，企业对于投资回报率的关注，也不能保障村民利益，进而打击村民的积极性和参与热情。可见商业承包模式也有利弊两面，古村落在选择开发模式前也应充分考虑自身情况和此模式利弊情况。目前，安徽宏村和湖南张谷英村采取此种开发模式。

2. 当地政府的主导开发模式

政府主导的旅游开发模式，主要是由政府接管古村落保护和旅游开发及管理的一切工作以及财政收入与支出的管理工作。也就是说将古村落保护与开发纳为政府工作，其开发负责人一般为政府主要领导人，此开发模式在协调各方关系，社会资源整合利用，古村落旅游开发的宏观调节，促进景区发展等方面有一定的优势。虽然政府主导具有一定的宏观优势，但是相对于企业市场模式来说，灵活度稍欠缺，不能快速对旅游景区市场作出分析来调整古村落开发结构，且一些经济落后地区，政府资金无法满足前期古村落旅游开发及保护维修工作的正常支出，有心无力，无法达到预期的旅游开发效果。

这种外部介入式开发模式容易忽视村民及其基层组织的利益，并且容易出现难以理清的产权配置问题。这两个本质问题，极易导致开发成本增加，产生较高的利益主体间的交易成本的问题，从而使旅游开发难以达到预期的效果。安徽宏村是由中坤科工贸集团进行开发，由于开发商和当地民众利益分配问题没有协调好，一度曾经出现了许多不利于旅游发展的现象：宏村村民联名上访、上诉，拒绝让游客参观，及其他破坏宏村整体旅游形象的行为等。

（二）内生式开发

内生式开发是指古村落的村民或村委会作为直接利益主体自筹资金，自我开发、自我保护的开发模式，也叫村治模式。该模式一般由古村落村委会主导或村委会带头成立相关部门管理古村落景区保护与旅游开发实际工作，一般在村民中选举主要负责人负责具体运营和实施工作，这种所有权和经营权不分开的模式，能充分调动古村落居民的东道主精神的热情和干劲，做好服务古村落的基础工作。而且此模式的旅游收益全部归古村落集体所有，更有助于古村落保护工作的进行，提高当地经济生活水平和古村落居民的参与积极性。全国最大诸葛亮后裔聚居地——浙江省诸葛村就采用该模式，诸葛村作为全国重点文物保护单位，是浙江省旅游开发热点。1988 年，诸葛村为保护祖业自发集资按原貌修复四个小祠堂。1990 年村里召开老人会议事，决定集资维修大公堂，并成立理事会。1994 年，诸葛村进行初步旅游开发，当年门票收入 2 万元，至 2006 年门票收入已达 860 万元。诸葛旅游发展有限公司的经理即村支书认为实行"村治"有其必然性：一是政府投入保护的经费微乎其微；二是诸葛村村民对文物的保护较为自觉；三是村集体有资金后才能实施保护的职责。其模式在该古村落运用的优势是可以更好地、原汁原味地挖掘其精深的诸葛文化，来吸引广大游客，且旅游收益直接为诸葛村承办的诸葛旅游发展有限公司所有，村民既是公司的股东又是旅游开发的实际参与者，同时也是旅游开发的受益者，这种村委带头体制不仅利于旅游规划协调与古村落保护，还有益于全村经济和综合能力的发展。

虽然由古村落村委直接牵头承办存在很大优势，但由于古村落所有者缺乏管理与经营经验与系统的理念指导以及前期资金紧缺，往往旅游产品的开发档次不高，在市场竞争中处于弱势，由于缺乏专业指导，很难扩大其规模，走上专业化、正规化的旅游开发道路。

（三） 内外部联合开发

这种模式引入市场运作机制，古村落采取股份制的形式，村民以其所有的古建筑租赁或入股，同时吸收社会资金入股，参与古村落的保护、经营。吸引国有资产、国有控股公司、社会资金参与古村落的保护和开发，政府明确责任，将古村落保护纳入本地区国民经济和社会发展规划，并在每年的财政预算中安排专门资金用于古村落的保护，设立古村落保护管理机构。古村落应当保持原有的生活状态，适度发展旅游产业，防止无序和过度开发。

婺源的彩虹桥就是采用这一模式，所有权和经营权分离。当地政府将管辖范围内的旅游景点开发出来后，通过出让旅游开发经营权的方式，吸引投资商介入旅游开发。由投资商根据自身优势，结合市场需要对外融资，继续古村落的旅游开发进程，政府只在行业宏观层面上对开发商进行管理。这种模式既有利于融资，又兼顾了村民和基层组织的经济利益，另外由于政府适当的宏观调控，村落得到保护，可以说是多赢的结局。

第三节　古村落旅游可持续发展

一、旅游可持续发展概述

传统发展观认为，发展就是单纯的经济增长，是利用自然资源尽可能多地生产物质财富的活动。在这一发展观的指导下，人类进入了一个经济增长的黄金时期，通过对资源的掠夺性开发创造了前人所无法比拟的巨大物质财富，但与之相伴随的是社会和自然环境的不断恶化。这种局面迫使人类开始以理性思维来重新思考经济增长与环境、社会的关系，探寻新的发展观。1987 年以布伦特兰为首的世界环境与发展委员会发表了《我们共同的未来》，标志着"可持续发展"作为新的发展概念正式提出，并迅速被各国响应，应用到各个领域。根据报告中所作的权威解释，所谓"可持续性"是指"既满足当代人的需要，又不对后代人满足其需要的能力构成危害"。

可持续旅游发展的概念是可持续发展概念在旅游业中的延伸。1989 年 4 月，由众多国家参与的各国议会大会在荷兰海牙召开，会上第一次明确而正式地提出了可持续旅游发展的口号。1990 年在加拿大召开的 Globe'90 国际大会上，阐述了旅游可持续发展理论的主要框架和主要目标。1995 年 4 月，联合国教科文组织、环境规划署和世界旅游组织等在西班牙召开"旅游可持续发展世界会议"，通过了《旅游可持续发展宪章》及《旅游可持续发展行动计划》，提供了一套行为准则和各国推广可持续旅游的具体操作程序。

旅游可持续发展虽然得到了全世界的广泛认同，但至今为止对可持续旅游的概念还没有统一表述，但其内涵是一致的，都是要求在旅游业的发展过程中要实现地区经济、社会、自然的协调发展，实现人与自然、人与人之间的和谐。

二、古村落旅游可持续发展的概念及目标

（一）古村落旅游可持续发展的概念

发展旅游业是有效保护和利用古村落资源的途径之一。对于选择发展旅游业的古村落而言，其旅游是否保持可持续性，关系到古村落的未来。

根据旅游可持续发展概念的内涵，所谓古村落旅游可持续发展是指在保持和增强古村落未来发展能力的前提下，对古村落旅游资源进行适度、合理开发，以此不断满足当代旅游者和古村落居民的利益需求，实现对古村落文化及周边环境

的保护。

(二) 古村落旅游可持续发展的目标

1. 古村落资源的可持续性

古村落完好的古文化和良好的生态自然环境是古村落发展旅游业的基础。因此，在发展旅游业的过程中，要保护和修缮村落中的古宅、古桥、宗祠等古建筑；保护古村落的建筑空间体系；利用科学技术、管理技术等保护古村落所处地域自然生态的多样性、原生性，并使之不断得到改善。

2. 古村落旅游经济的可持续性

古村落通过发展旅游业所获得的收益要大于为发展旅游业而支付的各类成本；不妨碍自然和社会的可持续发展；古村落旅游经济要保持持续稳定的合理增长；古村落居民的收入要随着区域旅游经济的增长而增长；不断提高村民福祉。

3. 古村落社会的可持续发展

古村落在吸纳旅游者来访时，其各项社会职能维持正常运转，社会和谐；在与外来文化接触的过程中，能够在保持自己民族文化和地域文化的同时，吸收外来文化的优秀内容，推动自身文化的发展；古村落居民间贫富差距控制在合理的范围内；地方政府、旅游企业、古村落社区、旅游者之间和谐相处。

(三) 古村落旅游可持续发展的意义

1. 是保护古村落旅游资源永续利用的需要

古村落是在历史条件下形成并遗存至今的一种特殊而又极其脆弱的旅游资源，在现代文明和旅游发展负面影响的作用下，古村落的聚落景观和地域文化极易消亡。而古村落旅游可持续发展战略强调的是在保护的前提下对古村落进行合理的旅游开发，这符合对资源进行永续利用的原则。

2. 有利于古村落的可持续发展

当今，"三农"问题关系到我国社会主义现代化建设的全局，已经成为我国最重要的问题。而我国古村落大多分布在古代乡村经济文化相对发达，但近现代交通重心发生偏移之处；或分布在区域环境相对偏僻独立之处；或分布在小环境相对独立的地形险要之处。这些古村落往往交通区位条件不理想，现代经济较为落后，也因此保留了较为完整的文化遗产。乡村旅游已被实践证明是改变乡村经济结构、繁荣乡村经济的有效途径。古村落旅游的可持续发展可以带动农村经济的持续增长、农村居民收入的持续增加、居民生活质量和村落环境的持续改善、农村社会和经济结构的转变，最终推动古村落的可持续发展。

3. 有利于传统乡土文化的发扬光大

经过几千年的物质、文化的积累，中国形成了丰富多彩的乡村聚落群体。它们土生土长，具有民族民间文化的代表性，表现出了因地制宜、因本身特点而形成个性的独立自主性。这种文化地域性和文化个性是古村落实现旅游可持续发展所必须深入挖掘并开发的旅游产品。挖掘、开发的过程就是对传统文化不断深入理解的过程，将开发出的旅游产品推向旅游市场的过程就是为传统乡土文化寻找到了一个继续生存的出口，而旅游者享用这顿"旅游文化大餐"的过程就是体验传统乡土文化的过程，在这一系列过程中，乡土文化得到了发扬光大。

4. 对我国社会主义新农村建设提供了借鉴

我国古村落的结构和面貌是与地理环境、文化景观、经济基础、历史传统、社会习俗等多方面错综复杂的因素结合而成的，故此每个古村落都是一个鲜活的个体。而现在农村居民在长期城乡二元化体制的影响下形成的城市价值观，使乡村居民要求摆脱乡村身份、享受城市生活，这就使我国的许多乡村聚落丧失了乡村个性，变成"乡不乡、城不城"的没有文化个性的乡村聚落。

实行古村落旅游的可持续发展，必然要维持古村落的文化个性。那么这种表现、维持、建设的经验，就为社会主义新农村建设吸收乡土文化的精髓、建设有传统文化底蕴和时代精神的个性乡村聚落提供了借鉴。旅游活动的持续开展，也会使村民对乡土价值观进行再认识，对村民主动建设乡土文化产生积极的影响。

5. 有利于对村民和旅游者生态意识的培养

中国传统文化提倡"天人合一""以天道知人事""以人事观天道"的思维观。故此古村落在选址、规划、布局和建设的过程中都非常注重"天人合一"的境界，追求人与自然、人与人、人与社会之间的和谐。

古村落旅游实行可持续发展，必然要求要维持古村落"天人合一"的布局。生活在古村落的现代村民在或主动、或被动维持古村落"天人合一"的布局时，也就加强了他们的生态意识；而游客在参观、欣赏这种美丽的传统乡村聚落的过程中，也会或多或少地感受到传统朴素的生态观。

（四）古村落旅游可持续发展的途径分析

如图5-1所示，古村落旅游可持续发展的途径主要包括保护、发展及与之相适应的辅助机制。古村落中的古建筑、传统民风民俗等古文化是古村落旅游业的核心吸引物，这是古村落保护的核心任务；保护好周边自然环境也是不可忽视的，它构成古村落景区的一部分。与其他类型的旅游地相比，古村落在保护过程中，除了国家通过政策法规强行保护之外，古村落保护的中坚力量还在于古村落村民自身。因为古村落中的古宅大多属于村民个人所有，传统民风民俗等传统文化也需在村民中传承才能得到真正保护，所以，在古村落的保护中，必须形成自上而下和自下而上的双渠道保护模式。古村落旅游业的发展主要通过旅游开发和经营、管理来实现，即通过合理开发、有效和持续地利用资源，在不损害古村落未来发展能力的前提下，不断开发出满足市场需求的旅游产品，创造经济效益，促进当地社区发展；在古村落的旅游经营机制中，要建立符合市场经济的现代企业制度，以公平、公正的利益分配为基础和目标，从而解决古村落与政府、旅游企业之间的矛盾；通过承载力管理、质量管理等景区管理方法，不断提高古村落景区保护和发展能力，为旅游者提供高质量的旅游经历，有效调节旅游业与古村落中村民生产生活间的矛盾。另外，古村落旅游业要实现可持续发展还需与之相适应的辅助机制，主要包括：人力资源，人才是现代发展的关键因素，必须长期培养古村落发展旅游所需的保护、开发和管理人才；全球经济一体化下必然要求区域经济一体化，区域合作也是古村落旅游业发展的大势所趋，如何在区域合作中实现竞争能力的提升是古村落在长远发展旅游业中所必须考虑的；政府为古村落旅游业发展提供了政策、法律法规等宏观环境，对古村落旅游发展具有指导和保驾护航的作用，是实现古村落旅游可持续发展中的一支主要力量。

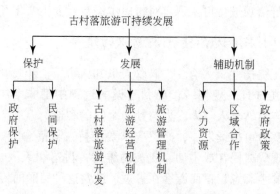

图5-1　古村落可持续发展的途径

第二篇

历史文化名村

第六章 中国历史文化名村概念类型与分布

第一节 历史文化名村评选与审批

一、历史文化名村的概念

自 2003 年开始，建设部、国家文物局从全国范围内评选一些保存文物特别丰富，并且具有重大历史价值或革命纪念意义，能完整地反映一定历史时期的传统风貌和地方特色的乡村，公布为"中国历史文化名村"。据《中国历史文化名镇（村）评选办法》的规定，我国历史文化名村是"建筑遗产、文物古迹和传统文化比较集中，能较完整地反映某一历史时期的传统风貌和地方特色、民族风情，具有较高的历史、文化、艺术和科学价值，辖区内存有清朝以前年代建造或在中国革命历史中有重大影响的成片历史传统建筑群，总建筑面积在 2500m² 以上的村"。这标志着我国历史文化名村的评选与保护制度的初步建立。

二、评选标准

历史文化名村的评选由建设部、国家文物局组织，每 1 ~ 2 年评选一次。参选村镇名单由全国各省（自治区、直辖市）申报，按照《中国历史文化名镇（村）评选办法》进行评选。到目前为止，"中国历史文化名村"评选共进行了三次，中国建筑设计研究院小城镇发展研究中心协办了评选组织工作。

《中国历史文化名镇（村）评选办法》将历史文化名村的评选条件与标准分为四部分：历史价值与风貌特色；原貌保存程度；现状具有一定规模；已编制了科学合理的村镇总体规划，设置了有效的管理机构，配备了专业人员，有专门的保护资金。具体规定如下。

（1）历史价值与风貌特色。历史文化名村应当具备下列条件之一。

在一定历史时期内对推动全国或某一地区的社会经济发展起过重要作用，具有全国或地区范围的影响；或系当地水陆交通中心，成为闻名遐迩的客流、货流、物流集散地；在一定历史时期内建设过重大工程，并对保障当地人民生命财产安全、保护和改善生态环境有过显著效益且延续至今；在革命历史上发生过重大事件，或曾为革命政权机关驻地而闻名于世；历史上发生过抗击外来侵略或经历过改变战局的重大战役，以及曾为著名战役军事指挥机关驻地；能体现我国传统的选址和规划布局经典理论，或反映经典营造法式和精湛的建造技艺；或能集中反映某一地区的特色和风情，民族特色传统建造技术。

建筑遗产、文物古迹和传统文化比较集中，能较完整地反映某一历史时期的传统风貌、地方特色、民族风情，具有较高的历史、文化、艺术和科学价值，现存有清代以前建造或在中国革命历史中有重大影响的成片历史传统建筑群、纪念物、遗址等，基本风貌保持完好。

（2）原貌保存程度。村内历史传统建筑群、建筑物及其建筑细部乃至周边环境基本上原貌保存完好；或因年代久远，原建筑群、建筑物及其周边环境虽曾倒塌破坏，但已按原貌整修恢复；或原建筑群及其周边环境虽部分倒塌破坏，但"骨架"尚存，部分建筑细部也保存完好，依据保存实物的结构、构造和样式可以整体修复原貌。

（3）现状具有一定规模。凡符合上述两项条件，且现存历史传统建筑的建筑面积须在 2500m² 以上。

（4）已编制了科学合理的村镇总体规划，设置了有效的管理机构，配备了专业人员，有专门的保护资金。

《中国历史文化名镇（村）评价指标体系》分价值特色和保护措施两部分。评价总分值为 100 分，价值特色占 70 分，保护措施占 30 分。价值特色部分包括历史久远度，文物价值（稀缺性），重要职能特色或历史事件名人影响度，历史建筑规模，历史传统建筑（群落）典型性，历史街巷规模，核心区风貌完整性、空间格局特色及功能，核心区历史真实性，核心区生活延续性，非物质文化遗产 10 项评价指标。保护措施部分包括规划编制、保护修复措施、保障机制 3 项评价指标（表 6-1）。

表6-1　中国历史文化名镇（村）评价指标体系（试行）

指标	指标分解及释义	分值升降方法 指标填写	最高 限分	实际 得分
一、价值特色			70	
1. 历史久远度	（1）现存历史建筑、文物保护单位最早修建年代	民初3分；明、清年代4分；元代及以前5分	5	
2. 文物价值（稀缺性）	（2）文物保护单位最高等级	县市级1分；省级3分；国家级5分	5	
3. 重要职能特色或历史事件名人影响度	（3）反映重要职能与特色的历史建筑保存完好情况（重要职能特色指历史上曾作为区域政治中心、军事要地、交通枢纽和物流集散地；或少数民族宗教圣地；或传统生产、工程设施建设地；或集中反映地区建筑文化和传统风貌）	一级3分；二级2分；三级1分。 一级：历史建筑（群）及其建筑细部乃至周边环境基本上原貌保存完好 二级：历史建筑（群）及其周边环境虽部分倒塌破坏，但"骨架"尚存，部分建筑细部也保存完好，依据保存实物的结构、构造和样式可以整体修复原貌	3	
	（4）重大历史事件发生地或名人生活居住地历史建筑保存完好情况	三级：因年代久远，历史建筑（群）及周边环境虽曾倒塌破坏，但已按原貌整修恢复	3	
4. 历史建筑与文物保护单位规模	（5）现存历史建筑与文物保护单位的建筑面积	名镇：5000m² 为 1 分，每增加2500m²增加1分 名村：2500m² 为 1 分，每增加1000m²增加1分	5	
5. 历史建筑（群）典型性	（6）保存有集中反映地方建筑特色的宅院府第、祠堂、驿站、书院、会馆等的数量	1处1分，每增加1处增加1分。 注：宅院府第每处建筑面积不小于300m²，其他面积不限	6	
6. 历史环境要素	（7）保存有体现村镇传统特色和典型特征的环境要素 [指城墙、城（堡、寨）门、牌坊、古塔、园林、古桥、古井、100 年以上的古树等] 数量	2处1分，每增加2处增加1分。 注：拥有50%保存完好的城墙为1分，每增加10%增加1分，以保存城墙的长度为基准衡量，出现明显断裂坍塌的分值减半	5	

续表

指标	指标分解及释义	分值升降方法 指标填写	最高限分	实际得分
7. 历史街巷（河道）规模	（8）保存有形态完整的、传统风貌连续的历史街巷（河道）数量	2 条 1 分，每增加 1 条增加 1 分。注：历史街巷或河道的走向、宽度均应保持原貌，且长度不应低于 50m，3 条及以上需有相交街巷，否则分值减半	6	
	（9）保存有形态完整、传统风貌连续的历史街巷（河道）总长度	200m 1 分，每增加 200m 增加 1 分。注：两侧或一侧有建筑的街巷（河道），历史建筑比例应为 60% 以上；对所有历史街巷（包括两侧均无建筑的街巷、河道），其路面（河岸）保持传统材料及铺砌方式的比例均应为 75% 以上	6	
8. 核心保护区风貌完整性、历史真实性、空间格局特色功能	（10）聚落与自然环境完整度	聚落自然环境完整优美 2 分，聚落自然环境一般 1 分	2	
	（11）空间格局及功能特色	聚落空间格局保持较为完整，传统功能尚在为 1 分；聚落空间格局保持十分完整或仍保存有明显特殊功能（消防、给排水、防盗、防御等）反映传统布局特色理论的 2 分；聚落空间格局既保持十分完整并且保存有明显特殊功能反映传统布局特色理论的 3 分	3	
	（12）核心保护区用地面积规模	注：核心保护区内历史建筑、文物保护单位建筑面积至少占 50% 以上，其中，名镇 5hm² 及以下 1 分，每增加 2hm² 增加 1 分；名村 2hm² 及以下 1 分，每增加 2hm² 增加 1 分	5	
	（13）核心保护区历史建筑、文物保护单位用地面积占核心保护区全部用地面积的比例	50% 及以下 1 分，每增加 10% 增加 1 分	5	

指标	指标分解及释义	分值升降方法 指标填写	最高 限分	实际 得分
9. 核心保护区生活延续性	（14）核心保护区中原住居民的比例	50%及以下1分，每增加10%增加1分。 注：每公顷用地面积常住人口不得小于50人，否则分值减半	5	
10. 非物质文化遗产	（15）拥有传统节日、传统手工艺和特色传统风俗类型，以及源于本地，并广为流传的诗词、传说、戏曲、歌赋的数量	2个1分，每增加2个增加1分	3	
	（16）非物质文化遗产等级	省级1分，国家级3分	3	
二、保护措施			30	
11. 保护规划	（17）保护规划编制与实施	已编制完成保护规划3分；规划已经批准、并按其实施的8分；没有按保护规划实施，造成新的破坏的此项不得分	8	
12. 保护修复措施	（18）对历史建筑、文物保护单位登记建档并挂牌保护的比例	50%及以下1分，每增加10%增加1分。其中，未在挂牌上标注简要信息的分值要减半（简要信息包括历史建筑、文物保护单位的名称位置、面积高度、形式风格、营造年代、建筑材料、修复情况、产权归属、保护责任者等情况）	10	
	（19）建立保护规划及修复建设公示栏情况	建立保护规划公示栏1分；建立保护规划、修复、建设公示栏的2分	2	
	（20）对居民和游客建立警醒意义的保护标志数量	2处1分，4处及以上2分，未设置核心保护区保护范围标志的分值减半	2	

续表

指标	指标分解及释义	分值升降方法 指标填写	最高 限分	实际 得分
13. 保障机制	（21）保护管理办法的制定	办法已制定1分；正式颁布为2分	2	
	（22）保护机构及人员	有保护管理人员1分；有专门保护管理机构的2分；已成立政府牵头多部门组成的保护协调机构3分	3	
	（23）每年用于保护维修资金占全年村镇建设资金	10%及以下1分，每增加10%增加1分。 注：资金使用范围内限于镇、村建成区范围内	3	
总计	其中：一、价值特色为　分；二、保护措施为　分		100	

三、审批手续

评选中国历史文化名村应在省（自治区、直辖市）人民政府公布的历史文化名村的基础上进行，由省级建设行政主管部门会同文物行政部门组织专家进行审查，符合条件的报建设部和国家文物局。建设部会同国家文物局将组成专家委员会，根据评价标准对各地区的材料进行评议，从中评选出符合条件的村，通过实地考察后，对认定的村提出评议意见，报建设部和国家文物局组成的部际联席会议审定。

其中，上报材料要求如下。

（1）中国历史文化名村申报表。

（2）申请报告。报告除概述申报村的地理位置、环境条件、村镇规模、水陆交通以及社会经济和建设等状况外，应着重说明其历史传统建筑群及其环境的历史年代、原貌保存情况、现状规模、空间分布以及价值特色等情况。

（3）经省级建设行政主管部门批准的保护规划，包括规划文本及位置图、现状图、规划图（比例尺1/500～1/2000，视保护区面积大小及保护规划深度的具体需要确定）。

（4）保护措施。包括对原貌保存、古建筑的修缮、环境整治等方面所制定的规章制度及具体办法。

（5）能反映传统建筑群风貌的照片集、VCD或多媒体光盘、电子幻灯片（PowerPoint）等。

第二节　中国历史文化名村分类与空间分布

一、中国历史文化名村名录

从 2003 年中国第一次进行国家级历史文化名村的评选活动，到 2010 年，全国已有五批共 169 个村落获此殊荣（表 6-2 ~ 表 6-6）。

表 6-2　国家第一批历史文化名村名单

村　名	村　名
1. 北京市门头沟区斋堂镇爨底下村	7. 江西省乐安县牛田镇流坑村
2. 山西省临县碛口镇西湾村	8. 福建省南靖县书洋镇田螺坑村
3. 浙江省武义县俞源乡俞源村	9. 湖南省岳阳县张谷英镇张谷英村
4. 浙江省武义县武阳镇郭洞村	10. 广东省佛山市三水区乐平镇大旗头村
5. 安徽省黟县西递镇西递村	11. 广东省深圳市龙岗区大鹏镇鹏城村
6. 安徽省黟县宏村镇宏村	12. 陕西省韩城市西庄镇党家村

表 6-3　国家第二批历史文化名村名单

村　名	村　名
1. 北京市门头沟区斋堂镇灵水村	13. 山东省章丘市官庄乡朱家峪村
2. 河北省怀来县鸡鸣驿乡鸡鸣驿村	14. 河南省平顶山市郏县堂街镇临沣寨（村）
3. 山西省阳城县北留镇皇城村	15. 湖北省武汉市黄陂区木兰乡大余湾村
4. 山西省介休市龙凤镇张壁村	16. 广东省东莞市茶山镇南社村
5. 山西省沁水县土沃乡西文兴村	17. 广东省开平市塘口镇自力村
6. 内蒙古土默特右旗美岱召镇美岱召村	18. 广东省佛山市顺德区北滘镇碧江村
7. 安徽省歙县徽城镇渔梁村	19. 四川省丹巴县梭坡乡莫洛村
8. 安徽省旌德县白地镇江村	20. 四川省攀枝花市仁和区平地镇迤沙拉村
9. 福建省连城县宣和乡培田村	21. 贵州省安顺市西秀区七眼桥镇云山屯村
10. 福建省武夷山市武夷乡下梅村	22. 云南省会泽县娜姑镇白雾村
11. 江西省吉安市青原区文陂乡渼陂村	23. 陕西省米脂县杨家沟镇杨家沟村
12. 江西省婺源县沱川乡理坑村	24. 新疆鄯善县吐峪沟乡麻扎村

表 6-4　国家第三批历史文化名村名单

村　名	村　名
1. 北京市门头沟区龙泉镇琉璃渠村	19. 福建省尤溪县洋中镇桂峰村
2. 河北省井陉县于家乡于家村	20. 江西省高安市新街镇贾家村
3. 河北省清苑县冉庄镇冉庄村	21. 江西省吉水县金滩镇燕坊村
4. 河北省邢台县路罗镇英谈村	22. 江西省婺源县江湾镇汪口村
5. 山西省平遥县岳壁乡梁村	23. 山东省荣成市宁津街道办事处东楮岛村
6. 山西省高平市原村乡良户村	24. 湖北省恩施市崔家坝镇滚龙坝村
7. 山西省阳城县北留镇郭峪村	25. 湖南省江永县夏层铺镇上甘棠村
8. 山西省阳泉市郊区义井镇小河村	26. 湖南省会同县高椅乡高椅村
9. 内蒙古包头市石拐区五当召镇五当召村	27. 湖南省永州市零陵区富家桥镇干岩头村
10. 江苏省苏州市吴中区东山镇陆巷村	28. 广东省广州市番禺区石楼镇大岭村
11. 江苏省苏州市吴中区西山镇明月湾村	29. 广东省东莞市石排镇塘尾村
12. 浙江省桐庐县江南镇深澳村	30. 广东省中山市南朗镇翠亨村
13. 浙江省永康市前仓镇厚吴村	31. 广西灵山县佛子镇大芦村
14. 安徽省黄山市徽州区潜口镇唐模村	32. 广西玉林市玉州区城北街道办事处高山村
15. 安徽省歙县郑村镇棠樾村	33. 贵州省锦屏县隆里乡隆里村
16. 安徽省黟县宏村镇屏山村	34. 贵州省黎平县肇兴乡肇兴寨村
17. 福建省晋江市金井镇福全村	35. 云南省云龙县诺邓镇诺邓村
18. 福建省武夷山市兴田镇城村	36. 青海省同仁县年都乎乡郭麻日村

表 6-5　国家第四批历史文化名村名单

村　名	村　名
1. 河北省涉县偏城镇偏城村	11. 安徽省黟县碧阳镇南屏村
2. 河北省蔚县涌泉庄乡北方城村	12. 福建省福安市溪潭镇廉村
3. 山西省汾西县僧念镇师家沟村	13. 福建省屏南县甘棠乡漈下村
4. 山西省临县碛口镇李家山村	14. 福建省清流县赖坊乡赖坊村
5. 山西省灵石县夏门镇夏门村	15. 江西省安义县石鼻镇罗田村
6. 山西省沁水县嘉峰镇窦庄村	16. 江西省浮梁县江村乡严台村
7. 山西省阳城县润城镇上庄村	17. 江西省赣县白鹭乡白鹭村
8. 浙江省龙游县石佛乡三门源村	18. 江西省吉安市富田镇陂下村
9. 安徽省黄山市徽州区呈坎镇呈坎村	19. 江西省婺源县思口镇延村
10. 安徽省泾县桃花潭镇查济村	20. 江西省宜丰县天宝乡天宝村

续表

村　名	村　名
21. 山东省即墨市丰城镇雄崖所村	29. 贵州省赤水市丙安乡丙安村
22. 河南省郏县李口乡张店村	30. 贵州省从江县往洞乡增冲村
23. 湖北省宣恩县沙道沟镇两河口村	31. 贵州省开阳县禾丰布依族苗族乡马头村
24. 广东省恩平市圣堂镇歇马村	32. 云南省石屏县宝秀镇郑营村
25. 广东省连南瑶族自治县三排镇南岗古排村	33. 云南省巍山县永建镇东莲花村
26. 广东省汕头市澄海区隆都镇前美村	34. 宁夏回族自治区中卫市香山乡南长滩村
27. 广西富川瑶族自治县朝东镇秀水村	35. 新疆哈密市回城乡阿勒屯村
28. 四川省汉川县雁门乡萝卜寨村	36. 贵州省石阡县国荣乡楼上古寨村

表 6-6　国家第五批历史文化名村名单

村　名	村　名
01. 北京市顺义区龙湾屯镇焦庄户村	21. 浙江省宁海县茶院乡许家山村
02. 天津市蓟县渔阳镇西井峪村	22. 浙江省金华市婺城镇汤溪镇寺平村
03. 河北省井陉县南障城镇大梁江村	23. 浙江省绍兴县稽东镇冢斜村
04. 山西省太原市晋源区晋源镇店头村	24. 安徽省休宁县商山乡黄村
05. 山西省阳泉市义井镇大阳泉村	25. 安徽省黟县碧阳镇关麓村
06. 山西省泽州县北义城镇西黄石村	26. 福建省长汀县三洲乡三洲村
07. 山西省高平市河西镇苏庄村	27. 福建省龙岩市新罗区适中镇中心村
08. 山西省沁水县郑村镇湘峪村	28. 福建省屏南县棠口乡漈头村
09. 山西省宁武县涔山乡王化沟村	29. 福建省连城县庙前镇芷溪村
10. 山西省太谷县北洸镇北洸村	30. 福建省长乐市航城街道琴江村
11. 山西省灵石县两渡镇冷泉村	31. 福建省泰宁县新桥乡大源村
12. 山西省万荣县高村乡阎景村	32. 福建省福州市马尾区亭江镇闽安村
13. 山西省新绛县泽掌镇光村	33. 江西省吉安市吉州区兴桥镇钓源村
14. 江苏省无锡市惠山区玉祁镇礼社村	34. 江西省金溪县双塘镇竹桥村
15. 浙江省建德市大慈岩镇新叶村	35. 江西省龙南县关西镇关西村
16. 浙江省永嘉县岩坦镇屿北村	36. 江西省婺源县浙源乡虹关村
17. 浙江省金华市金东区傅村镇山头下村	37. 江西省浮梁县勒功乡沧溪村
18. 浙江省仙居市白塔镇高迁村	38. 山东省淄博市周村区王村镇李家疃村
19. 浙江省庆元县松源镇大济村	39. 湖北省赤壁市赵李桥镇羊楼洞村
20. 浙江省乐清市仙溪镇南阁村	40. 湖北省宣恩县椒园镇庆阳坝村

村　名	村　名
41. 湖南省双牌县理家坪乡坦田村	52. 海南省定安县龙湖镇高林村
42. 湖南省祁阳县潘市镇龙溪村	53. 四川省阆中市天宫乡天宫院村
43. 湖南省永兴县高亭乡板梁村	54. 贵州省三都县都江镇怎雷村
44. 湖南省辰溪县上蒲溪瑶族乡五宝田村	55. 贵州省安顺市西秀区大西桥镇鲍屯村
45. 广东省仁化县石塘镇石塘村	56. 贵州省雷山县郎德镇上郎德村
46. 广东省梅州市梅县区水车镇茶山村	57. 贵州省务川县大坪镇龙潭村
47. 广东省佛冈县龙山镇上岳古围村	58. 云南省祥云县云南驿镇云南驿村
48. 广东省佛山市南海区西樵镇松塘村	59. 青海省玉树县仲达乡电达村
49. 广西南宁市江南区江西镇扬美村	60. 新疆哈密市五堡乡博斯坦村
50. 海南省三亚市崖城镇保平村	61. 新疆特克斯县喀拉达拉乡琼库什台村
51. 海南省文昌市会文镇十八行村	

二、中国历史文化名村空间分布

从地域分布上看，中国历史文化名村广泛分布于24个省（自治区、直辖市），以黑河—腾冲线为界，集中分布在中国中部和南部地区，即中国的华北地区、华东地区、中南地区、西北地区和西南地区，集中度高，但分布不均衡。从地域分布上来看，主要集中在华东地区（69个，占39%）、华北地区（37个，占22%）和中南地区（34个，占22%），而西北地区仅有9个，占5%。在省域分布上，历史文化名村主要集中在山西、江西、福建、广东和安徽，仅5个省份就有83个历史文化名村，占50%。而东北三省、甘肃和西藏没有历史文化名村的分布。中国历史文化名村空间分布不均还表现在类型特征上，当前历史文化名村以地域文化类古村落为主，共135个，占80%；民族村寨类古村落数量较少，仅34个，占20%。

从空间形态上看，历史文化名村的空间布局以三个集中区为中心向周边扩散，延伸为相对集中区和过渡扩散区（图6-1）。三个集中区即分布密度较高的山西、中东部的安徽和华南的广东；相对集中区即华北的河北、华东的浙江、中南部的江西；西部过渡扩散区，主要指贵州、广西、云南以及新疆的少数民族区域。

就与水系的关系而言，中国历史文化名村多沿河流分布。古人一般都选择沿着河流或者靠近河流选址建造生活的村落，一方面便于生活用水；另一方面便于

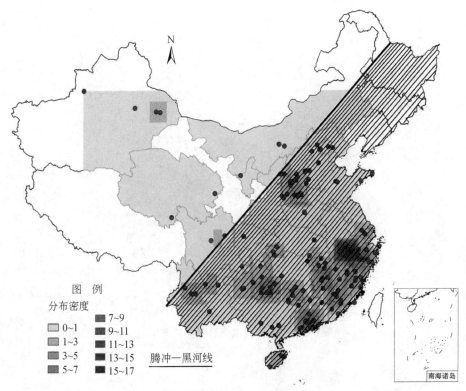

图 6-1　中国历史文化名村密度分布图

发展各类农业和畜牧业。例如，山西大部分历史文化名村都沿着黄河支流汾河和沁河分布；江西古村落依山傍水，沿赣江、抚河、信江、饶河和修河呈向心分布；福建古村落沿闽江流域分布；广州古村落紧依珠江及其支流分布；贵州民族村寨沿河分布在山水之间；云南民族村落沿澜沧江、金沙江呈南北向集中分布，由此形成了黄河流域、长江流域、贵州高原、珠江流域、澜沧江流域和闽江流域的六个历史文化名村组团区（图 6-2）。

　　从区域文化上看，中国历史文化名村集中的地方多是中国历史上各个朝代的经济文化要地，如山西古村落早在 500 年前的明清时代就是全国的经济中心；萌生于东晋的徽商，鼎盛时期拥有全国 4/7 的总资产，外出经商归来的商人，建造了徽文化特色的古村寨。同时，历史文化名村作为古代文明传承的载体，浓缩了中国的灿烂文化和悠久历史，如山西古村落代表的中原文化，浙江、江苏古村落代表的吴越文化，安徽古村落代表的徽文化，福建古村落代表的闽南文化，广东、广西古村落孕育的岭南文化以及四川、云南、贵州古村落孕育的多民族文化（图6-3），形成了六个文化聚集区。

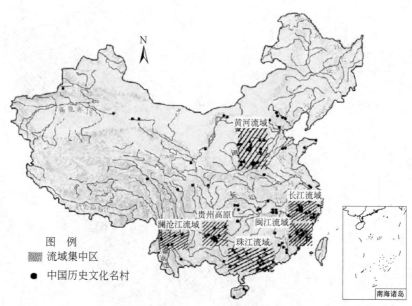

图6-2 中国历史文化名村流域集中图

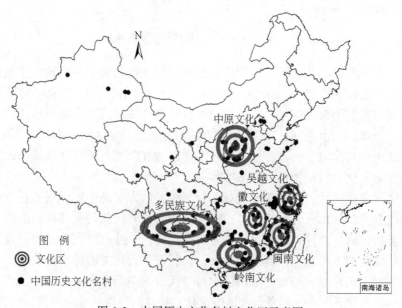

图6-3 中国历史文化名村文化区示意图

从现代的交通网络来看，大部分历史文化名村距离主要交通干线较远，不够便利，但是在历史上却多处于交通枢纽和咽喉部位，只是随着社会经济的发展，交通要道逐渐偏移，大多已经被其他交通方式所替代。例如，河北怀来鸡鸣驿村，拥有中国规模最大、功能最齐全、格局保存完整的古代驿站，曾是成吉思汗西征路上的交通枢纽，明代又成为宣化府进京城的第一大驿站，是中国陆上交通要塞。江西古村落的繁荣源于隋唐时期随着大运河的开通使江西成了沟通中原与岭南、闽南的交通干线，南宋时期江西则是江南地区东西交通的要冲，是经济文化流动汇聚之区。与此同时，福建、广东、云南的古村落由于沿河流聚集，也一度成为该区域水上交通的枢纽。然而随着水上交通的衰落，这些地区的经济地位一落千丈，但古村落却保存下来。

三、中国历史文化名村空间分布的成因

已评选出的中国历史文化名村多集中在经济发达的沿海地区，而传统意义上的粮农大省并没有充分发挥优越的乡村资源优势，在乡村产业转型方面有待进一步提升，古村落空间发展出现了不均衡状态。

1. 资源禀赋条件

古村落的资源禀赋包括建造年代、村落规模、原始风貌、建筑风格和历史意义等条件。黑河—腾冲线以东地区一直以来便是人口聚集区，由于优越的自然环境和生态条件以 43% 的土地养育了中国 95% 的人口，因此人口多、密度大。人类活动不仅起源早，且频繁多样，孕育的文化资源也丰富多彩，历史地位较为突出。而且，人口数量决定着村落的规模，与西北地区的古村落相比，中部和南部古村落资源种类和规模具有较大优势。同时，古村落历经朝代更迭和战乱波及，大多失去原始风貌，若要维持原貌亟需人力和财力，所以从人口分布和经济发达程度上讲，黑河—腾冲线以东地区古村落拥有足够实力来延续古村落的建筑风格和文化特色。基于此，资源禀赋条件是决定空间分布不均衡的重要原因。

2. 评选标准的局限

当前，中国历史文化名村的评选条件和评定标准依据建设部和国家文物局 2003 年 10 月 8 日发布的"中国历史文化名村/镇评选办法"，主要内容包括历史价值与风貌特色、原状保存程度和现状规模，并要求已编制了科学合理的村镇总体规划，设置了有效的管理机构，并配备专业人员和专门的保护资金。

解读当前的评定标准，认可"已按原貌整修恢复"的古村落，这为经济水平发达的地区提供了良好的评选依据；"拥有专门的保护资金"这一评选要求也为拥有雄厚财力的省份创造了优越的评选环境，然而，诸如此类的评选标准导向为经济落后的西部省份的评选之路设置了重重障碍；"清代以前建造或在中国革命历史中有重大影响"要求的制定，说明历史文化名村的评定或要求建造久远，或要求与近代革命发生联系为准，强调了其在社会历史过程中的纪念性，却忽略了村落遗产本身所具有的科学技术价值和民族文化价值，以至于评选出的传统民族类古村落数量远远低于地域文化类古村落。同时也忽略了中国农业在近现代大发展的事实，以至于中原农业大省历史文化名村评选数量较少，东北三个粮食大省均没有历史文化名村入选。

3. 经济腹地的发达程度

历史文化名村不均衡的空间分布特点也取决于所依托省份的经济水平差异。当前数量排名前五名的省份城市化率均达到40%以上，其中广东、浙江和福建作为中国东南部强省，城市化水平较高，经济发达，具有雄厚的经济基础和旅游意识，通过重金复原当地古村落，再以旅游业作为带动古村落发展的新经济增长点。安徽与山西当前经济发展程度虽不及东部沿海省份，但两省自明清时期便是全国经济要地，也有充足财力维护村落的完整和繁荣。而其他经济相对落后的省份，尽管古村落数量巨多，但是由于无财力保护和修复，村落多损毁或重建，评选出的历史文化名村的数量也相对滞后，如陕西、河南和宁夏等。同时产业结构决定着经济发达程度，排名前五位的省份的第一产业比例较低，第二产业比例均在50%以上，且第三产业均在30%以上，经济发展程度相对较高。而第一产业比例较高的省份，经济总量远远滞后。

交通通达度也影响着历史文化名村的分布。中国历史文化名村在历史上多位于交通要道，并依托优越的交通区位得到长足发展。历史文化名村作为文化传承的载体，易受外来文化的冲击，特别是当前城市化进程的高速发展。中等水平的交通通达度保持古村落可进入性的同时，特别是发展古村落旅游的需要，又避免过多的地区间交流对古村落造成的冲击。所以中国历史文化名村多分布在交通通达度0.29~0.65的地区，属于中等通达度水平区域（表6-7）。

尽管少数民族集中区的古村落资源禀赋极好，但该类地区多是经济相对贫困的地区，也是社会和文化交流相对滞后的地区，所以人口少、村落规模小、经济落后，在历史文化名村的评定中屈居弱势，使评选重点集中在少数民族比重极低的省份，如山西、江西、福建和广东等（表6-7）。

表 6-7　中国历史文化名村依托腹地经济发展水平

地区	数量/个	城市化率/%	人均 GDP/元	三次产业比例	交通通达度	少数民族比例/%
山西	23	49.7	26 519	6.2∶57.8∶37	0.49~0.59	1.25
江西	17	44.6	21 288	12.8∶55∶32.2	0.49~0.59	1
福建	16	52	39 584	9.5∶51.3∶39.2	0.29~0.48	1.67
广东	15	65	47 181	5.0∶50.4∶44.6	0.60~0.65	0.7
浙江	14	59	52 039	5.0∶51.9∶43.1	0.60~0.65	0.85
安徽	12	43	20 002	14.1∶52.1∶33.8	0.60~0.65	0.63
贵州	11	33.81	12 096	13.7∶39.2∶47.1	0.29~0.48	37.9
湖南	8	43.3	24 824	14.7∶46∶39.3	0.49~0.59	10.21
河北	7	45	28 713	12.7∶53∶34.3	0.49~0.59	4
湖北	5	47	27 633	13.6∶49.1∶37.3	0.49~0.59	4.34
云南	5	35.2	15 795	15.3∶44.7∶40.0	0.29~0.48	33.7
北京	4	83.3	78 507	0.9∶24.1∶75	0.66~0.93	4.3
山东	4	49	41 622	9.1∶54.3∶36.6	0.60~0.65	0.68
广西	4	39.2	19 568	17.6∶47.5∶34.9	0.49~0.59	38.1
四川	4	40.18	20 645	14.7∶50.7∶34.6	0.29~0.48	6.1
新疆	4	50	23 159	19.9∶46.8∶33.3	0.09~0.28	59.9
江苏	3	60.22	52 949	6.2∶53.2∶40.6	0.60~0.65	0.29
海南	3	50	23 888	26.3∶27.6∶46.1	0.29~0.48	16.67
内蒙古	2	54	48 121	9.5∶54.6∶35.9	0.09~0.28	20.44
河南	2	37.7	24 184	14.2∶57.7∶28.1	0.60~0.65	1.2
青海	2	44	24 237	10∶55.1∶34.9	0.09~0.28	46.98
陕西	2	46.5	26 569	9.9∶53.9∶36.2	0.29~0.48	0.6
天津	1	60	74 178	1.6∶53.1∶45.3	0.66~0.93	2.15
宁夏	1	47.5	26 288	9.8∶50.7∶39.5	0.49~0.59	35.42
黑龙江	0	46.7	26 751	12.7∶49.8∶37.5	0.29~0.48	5.7
吉林	0	54	31 303	12.2∶51.5∶36.3	0.49~0.59	9.03
辽宁	0	51	42 320	8.9∶54∶37.1	0.49~0.59	16
重庆	0	53	27 611	8.7∶55.2∶36.1	0.60~0.65	5.57
甘肃	0	30	15 560	14.5∶48.2∶37.3	0.29~0.48	9.43
西藏	0	23.8	17 517	13.4∶32.3∶54.3	0.09~0.28	95.9

4. 政策导向

根据中国 2003 年以来所评选出的五批历史文化名村来看，评选的范围具有较强的区域集中性。历史文化名村以地域文化类古村落为主体，集中于山西、江西、福建和广东四省，并分批次逐步向西南和西北地区的传统民族类古村落扩散，西南地区的数量日渐增多，西北地区略有增加。东北虽是产粮大省，但从 2003 年国家提出"振兴东北老工业基地"的战略开始，战略定位一直是以工业为龙头，所以东北地区的历史文化名村评选一直空白。

中国第一批 10 个历史文化名村只分布在中东部地区。2006 年国家住房与城乡保障部（简称住建部）在出台的《关于印发"建设事业'十一五'规划纲要"的通知》中要求各省要开展历史文化名镇（村）遗产资源的普查工作，进一步扩充评选范围。继而西部地区的云南、四川和贵州出台政策适时开展了历史文化名村遗产资源普查工作，并在第二批评选中有名村收录。

2007 年住建部下发了《县域村镇体系规划编制暂行办法》，督促全国各地区编制城镇（乡镇）体系规划，并加强对所在地区乡村遗产的保护，扩大历史文化名村的保护范围。中东部地区依托雄厚的经济基础和开放的发展思路，率先完成了"历史文化名村"评选标准要求，继而在 2008 年第四批和 2010 年第五批评选中收录了 85% 的名村。虽然政策导向考虑到了西北和西南落后地区传统民族村落，但由于经济基础等方面的原因，该区域历史文化名村数量增长程度仍远远低于中东部地区。所以不论是从地区发展的政策导向，还是历史文化名村评选的区域导向来看，都在一定程度上造成了当前历史文化名村分布不均衡的现状（图 6-4）。

从各个批次评选结果的空间分布上来看，中东部地区历史文化名村数量增长的速度快，规模大，远远高于西部少数民族地区。中国东北三省和西部地区的甘肃和西藏没有古村落满足国家级历史文化名村的评选要求，作为中国少数民族分布较为集中的区域，其古村落保护和开发情况严重滞后。广西、四川、青海和宁夏等经济相对落后的少数民族大省，国家级历史文化名村仅占总量的 6.5%，古村落保护开发意识相对滞后，应当以历史文化名村的评选为契机，以点带面地带动周边少数民族聚居区的发展，促进传统民族地区产业转型和经济发展。古村落属于历史文化遗产的一部分，历史文化名村是古村落的典型代表，又是一种独特的旅游资源。当前旅游业作为新农村建设的有效手段，就像开启古村落繁荣富强的一把钥匙，将会改变中国传统古村落的空间布局和景观格局，这是一个需要深入研究的课题。

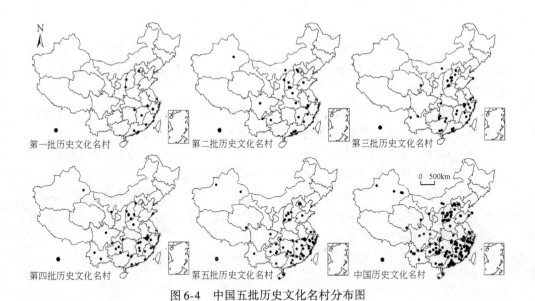

图6-4　中国五批历史文化名村分布图

四、中国历史文化名村类型及主要特色

已经评选出来的历史文化名村已经基本涵盖了"中国历史文化名镇（村）评选办法"中列举出来的五种历史价值与风貌特色类型，并具有较强的代表性。包括：全国或地区性经济中心、交通枢纽；重要历史工程建设地；革命圣地；重要历史战役发生地和反映我国传统的建造技术。其中有些历史文化名镇（村）甚至兼具多种历史文化价值及风貌特色，价值极高，堪称国宝。历史文化名村的价值特色，表现在文化、经贸、政治、军事、交通枢纽、生态环保、建筑遗产、民族特色等诸多方面。

（1）文化型。凡在一定历史时期内以文化教育著称，对推动当时全国或某一地区的社会发展起过重要作用。村内拥有诸如名人故居、书院、寺庙、祠堂、会馆、戏台等公建或发生过重大历史事件的场所，具有全国或地区范围影响且有史料记载为社会公认者。

（2）经贸型。在一定历史时期内拥有较大规模生产的商贸活动，商贾云集，市场繁荣，拥有过名牌精品美誉，经济效益显著，且对当时全国或地区范围的经济发展有积极促进作用者。

（3）交通枢纽型。在一定历史时期内系当地水陆交通中心，拥有驿站码头及其他交通设施，成为客流、货流、物流集散地而闻名遐迩，且以此带动区域经济、社会、文化发展者。

（4）生态环保型。历史上曾有过重大生态环保建设（如水利工程、防灾和环境保护工程等），在保障当地人民生命财产安全、保护和改善生态环境有过显著效益且延续至今者。

（5）革命历史型。在革命历史上发生过重大政治事件，如召开过改变政权或政局性的重要会议，曾为革命政权机关驻地而闻名于世者。

（6）军事型。凡系历史上抗击外来侵略或经历过改变战局重大战役的军事要地，起义始发场所，以及曾为著名战役军事指挥机关驻地者。

（7）建筑遗产型。典型运用我国传统的选址和规划布局理论并已形成一定规模格局，或建筑包含经典历史营造法式和精湛建造技艺以及拥有民族传统建筑小品或建筑环境装饰要素者。

（8）民族特色型。能集中反映某一地区民族特色和风情的传统建筑者。

第七章　中国历史文化名村保护与规划

第一节　国内外历史文化名村保护进程

一、国外历史文化遗产保护发展进程

国际社会很早就注意对包含丰富建筑遗产的众多历史村镇进行保护。1964年从事历史文物建筑工作的建筑师和技术人员国际会议通过的《威尼斯宪章》，就明确指出文物古迹"不仅包括单个建筑物，而且包括能够从中找出一种独特文明、一种有意义发展或见证一个历史事件的城市或乡村环境"。1975年国际古迹遗址理事会通过的《关于保护历史性小城镇的决议》，正式提出保护历史小城镇的概念。1976年联合国教科文组织通过的《关于历史地区的保护及其当代作用的建议》，明确指出历史地区属于城市和乡村环境中形成的人类聚落，其范围包括史前遗址、历史城镇、老城区、老村落及古迹群。1999年国际古迹遗址理事会通过的《乡土建筑遗产宪章》，认为乡土建筑、建筑群和村落的保护应尊重文化价值和传统特色，其乡土性的保护要通过维持和保存有典型特征的建筑群和村落来实现。

世界上不少国家对历史古镇和古村进行成片保护，认为这是民族的荣耀，是民族文化的基因，只有严格保护，才能使自己的文化走向世界，才能使自己的民族在世界上立于不败之地。美国、法国、英国和日本等纷纷开展历史小城镇和古村落的保护工作，建立乡村建筑遗产登记制度、成立保护协会、筹集保护资金等，取得较好的保护效果。

二、我国历史文化村镇保护的发展进程

1986年建设部、文化部在《关于请公布第二批国家历史文化名城名单的报告》中指出：对于一些文物古迹比较集中，或能较完整地体现某一历史时期的传统风貌和民族地方特色的街区、建筑群、小镇、村寨等，可根据其历史、科学、

艺术价值，公布为"历史文化保护区"。这是首次在部委文件中对历史文化街区、村镇的保护做出了阐述，成为全国性历史文化街区、村镇保护工作的起点，具有里程碑式的意义。2002 年《文物保护法》关于"历史文化村镇"保护做出明确规定："保存文物特别丰富并且具有重大历史价值或者革命纪念意义的城镇、街道、村庄，由省、自治区、直辖市人民政府核定公布为历史文化街区、村镇，并报国务院备案。"该法案使我国历史文化村镇保护正式纳入法制化轨道。2003 年建设部和国家文物局联合公布了第一批 22 个中国历史文化名镇村，这标志着我国历史文化名镇（村）保护制度的初步建立。2008 年国务院通过《历史文化名城名镇名村保护条例》，自 2008 年 7 月 1 日起施行。自此，我国历史文化名镇名村的申报与批准、保护规划、保护措施、法律责任等各项工作有了明确的法律保障。

历史文化名城、街区、村镇，是文化遗产的重要组成部分，这是国际社会的共识，很多国家把历史地区和历史城镇列入了文化遗产保护范围。《内罗毕宣言》《华盛顿宪章》作为关于历史街区、历史城镇保护的非常著名的国际文件，得到了国际社会的一致响应。

随着我国文化遗产保护事业的内涵不断丰富、外延不断拓展，历史文化名城、街区、村镇的保护也日益受到各级政府的重视和公众的关注。从 1982 年首批 24 个城市获得"历史文化名城"称号至今，建设部和国家文物局共公布了三批 109 个"名城"；2003 年，两部委又联合设立了"历史文化名镇"和"历史文化名村"制度，至 2008 年 5 月已有三批 87 个镇、72 个村获得"历史文化名镇""历史文化名村"的称号，与此同时，各级地方政府也陆续将一大批具有重要历史、文化、科学价值的古村镇公布为相应级别的历史文化名村、名镇。

第二节　国内历史文化名村保护中存在的问题

一、思想认识不到位

一些村民没有认识到文化遗产的重要价值，把历史建筑当成破烂拆毁。有的领导保护意识不强，在城镇化快速发展和新农村建设中，破坏了历史文化名村的传统风貌。有的重申报、轻管理，重建设、轻保护，没有处理好保护与发展的关系；有的片面理解农民改善居住条件和生活环境的愿望，盲目模仿大中城市的风格，采取"拆旧建新"的做法，对原有传统格局和历史风貌造成破坏；有的虽然保留着原有空间格局，但是单面插建了一些现代建筑，与历史形成的村容村貌很不协调，破坏了历史文脉的延续，破坏了与自然和谐相处的传统景观。

二、保护规划滞后

不少历史文化名村对自身拥有的历史文化资源底数不清，对资源的种类、数量、年代、工艺和材料等基本信息没有建立档案，导致保护管理缺乏科学依据，影响了历史建筑的挂牌保护和宣传展示，不利于公众参与和社会监督。有的没有及时编制保护规划，在保护和发展中缺少必要的依据，随意性大。有的虽然编制了保护规划，但内容深度不够，往往只注重"点"的保护，而忽视"线"和"面"的保护。有的在保护规划实施过程中，管理不到位，保护措施不落实，致使部分村民随意建设，建设性破坏时有发生。

三、忽视改善居民生活

有的忽略了当地居民生活水平的提高，片面地强调古迹建筑的保护和旅游事业的发展，对居民的感受和意愿重视不够，造成原有居民外流。有的在环境改造、民居维修以及基础设施建设等方面投入不足，有些传统建筑年久失修，随时有倒塌的可能。有些历史文化名村的给排水、供电等基础设施陈旧简陋，不能满足人们日常生活的需要。另外，普遍忽视自然环境保护，水资源污染比较严重，一些江南小村落"小桥尚在，流水不清"。

四、旅游开发性破坏

一些历史文化名村在旅游开发过程中过于强调商业利益，随意改变历史建筑及其环境，严重破坏了名村的历史原真性。这种建设性破坏，比时间推移产生的自然损坏来得更快，造成的后果更严重。有的将遗产保护与旅游开发本末倒置，把十分珍贵和脆弱的文化遗产当做普通旅游资源开发。有的干脆将古村落整体出让给企业经营，使整个村的内涵完全变了。有的认为历史建筑维修太难，把古人结合当地材料，以充裕时间精心雕琢出来的老房子推倒，建一批完全没有文化价值的仿古建筑。有的无视历史文化遗产的脆弱性，不加限制地接待游客，任凭游客在历史古迹上乱刻乱画，对文化遗产造成严重损害。

五、城镇化带来的威胁

历史文化名村的文化遗产，具有不可再生性和脆弱性，一旦遭到破坏就无法恢复。这些文化遗产在漫长历史岁月中经历许多灾难和浩劫，保留到现在非常不易，应该认真加以保护。自改革开放以来，随着经济的发展，城镇化进程加速。在进行"旧城改造"和"空心村治理"过程中，一些历史文化名村盲目模仿大中城市的风格，不顾村落的空间格局、尺度和传统文化，简单生硬地建广场、筑高楼、修马路、拓绿地，严重破坏了传统格局和历史脉络。另外，巨大的人口压力和恶化的生态环境，也使传统村落遭受破坏，很多遗产变成"遗憾"。

六、非物质文化遗产保护面临挑战

在目前我国历史文化名村保护中，普遍重视物质文化遗产特别是建筑遗产保护，忽视非物质文化遗产保护，导致一些古村镇的传统民俗文化逐渐衰退，现代商业气息过于浓厚，与历史环境格格不入。有的为达到"更好"地保护古村落，盲目地将古村落内的居民全部迁出，将民居全部改为旅游和文娱设施，租售给外地人员经营。人口置换带来文化变迁，历史文化名村渐渐失去传统的生活方式和生活习俗，失去"生活真实性"，失去原有的历史韵味，扎根于本地居民中的非物质文化遗产难以传承。

第三节　中国历史文化名村保护对策

一、完善法规体系

根据《中华人民共和国文物保护法》《历史文化名城名镇名村保护条例》及地方实际，制定历史文化名村保护的相关法规和实施细则，使名村保护有法规可依，有制度可循。制定地方保护办法要因地制宜，体现地方的特点。

在政府出台法律法规和管理条例的同时，还需要加强乡规民约建设，使名村保护成为当地百姓的共同行动。实践证明，乡规民约在名村保护中具有不可替代的作用。凡是保护较好的历史文化名村，都制订有严密的乡规民约。例如，浙江省武义县郭洞村，800多年来乡规民约规定谁也不能动山上的一草一木，古老的乡规民约至今仍然发挥重要作用。经科学考察，这座山体是由碎石堆积而成，非常容易滑坡，保护山体对郭洞村的安全起着很重要的作用。古人在800多年前对此就有深刻认识，一代又一代的村民坚持封山育林，防止水土流失，有效避免了山体滑坡塌方。现在这座山上有多棵1000多年树龄的红豆杉，成为当地的宝山。

二、增加经费投入

"十一五"期间，国家已投入9.8亿元，对部分历史文化名城、名镇和名村的基础设施和环境进行整治，一些历史文化名村的基础设施和生活环境得到改善，历史文化环境得到保护。住建部会同有关部门启动"十一五"期间历史文化名城、名镇和名村设施建设的规划编制工作，并在现有基础上加大经费投入，改善名村人居环境及基础设施。住建部还将加强专项资金的监督管理，出台相关的管理办法，切实发挥专项资金对名村保护的作用。

地方各级政府要加大财政支持力度，每年列支专款用于名村的保护。鼓励社会团体和个人资助名村保护，扩大保护资金的筹集数量，建立名村保护社会基金。经费将用于调整聚落人口和建筑密度，适当减少核心保护区内的居民数量，优化居民结构；拆除一些与历史风貌不协调的新建建筑，恢复传统建筑和风貌的本来面貌；进行必要的基础设施的建设，如给排水、燃气、道路等。在进行基础设施建设时，要使用当地的材料和工艺，体现出当地的文化特色。

三、认真编制规划

编制历史文化名村规划是实施保护的有效措施之一。名村的保护规划不同于旅游发展规划，前者是以保护建筑遗产及其环境为主要内容，重在"保护"；后者则是以分析预测旅游发展要素，开发利用文物古迹和历史建筑等旅游资源为主要内容，重在"开发"。各地要加大对保护规划的审查力度，确保规划编制的质量，并认真组织实施。

规划编制要坚持原真性、整体性和持续性。对重要的历史建筑要坚持修旧如旧，使其延年益寿，并按照文物古迹的保护办法严格保护。对于一般的旧民居，内部可以进行适当更新和改造，但外观和结构应该保持原样。新建的建筑一定要与古村落保持一定的距离，并与古村落的风貌相协调。政府要根据有关法律和法规，对历史文化名村的保护采取必要的行政干预。在保护范围内，发展步行交通，控制机动车穿行，合理设置停车场。历史文化名村的周围环境大多"依山傍水""山环水绕"，在保护规划中要注意外部空间环境的综合整治，合理布局广告、商业标志、电力通信电缆、路标和街道装饰，使名村乡土特征以及自然环境相和谐，避免形成视觉污染、损害历史风貌。

四、加大宣传力度

历史文化名村是不可再生人类文化遗产，做好保护工作是全社会的共同责任。要加大宣传力度，让社会公众特别是本地居民了解历史文化名村的宝贵价值，增强做好保护工作的自觉性。历史文化名村保护原本就是一个社会性的问题，要努力探索多种形式，调动社会方方面面参与名村保护的积极性，建立政府、民间和公众共同参与的保护体系，变政府"主导保护"为全社会"共同保护"。积极创新保护与发展的模式，寻求保护与发展双赢的最佳途径。

广播、电视、网络、报纸和图片等媒体要发挥各自优势，广泛宣传历史文化名村保护的重要意义，普及相关知识。利用历史文化名村开发旅游，让公众在休闲游览中了解我国历史文化名村的独特历史风貌和丰富地方文化，体现名村的社会价值和经济价值。在旅游开发中，要合理预测古村落的游客容量，加强对游客教育和监督，引导游客尽到保护的责任。

五、建立信息系统

名村文化遗产资源包括物质文化遗产资源和非物质文化遗产资源两大部分。各地要认真做好名村历史文化资源的调查建档工作，摸清家底，对构成历史文化名村的文化遗产进行深入调查，便于进行核查核对和动态管理。查清历史文化名村的历史建筑、历史环境要素以及历史街巷的基本信息，查清文化遗产的类型、保护等级、数量和保护状况等，建立资源信息数据库，并利用计算机进行管理，为文化遗产资源的保护提供依据。文化遗产资源的信息包括文字信息，也包括视频和图像信息。

在调查摸底的基础上，建立历史文化名村动态监管信息系统和预警信息系统，对历史文化资源保存状况和保护规划进行动态跟踪监测。各地要对已命名的历史文化名村保护状况进行自查，国家主管部门要组织专家和相关部门组成的联合检查组进行抽查，对保护不力的要限期整改，确保名村文化遗产得到有效保护，确保名村的可持续发展。

六、提供技术支持

保护历史文化名村是一项十分复杂的系统工程，也是一项技术性很强的工作。因此，要建立历史文化名村的技术支撑体系和服务体系，有关高等院校和科研单位要积极开展技术研究工作，为各地历史文化名村保护提供理论依据和技术支持。历史文化名村保护要坚持整体保护的原则，需要相关学科领域共同参与。为此，要发挥专家队伍的作用，鼓励规划学、建筑学、历史学、文化地理学和生态学等领域的专家从不同角度开展名村保护研究工作，提出具体的保护意见和建议。

加强对历史文化名村单位主管领导的培训，增强各级领导保护历史文化遗产的意识，提高保护历史文化名村的自觉性，避免在保护与发展过程中造成决策偏差。加强历史文化名村保护的基层专业技术人员培养，使其掌握正确的保护理论和保护方法，避免在保护性修缮和利用中造成新的破坏。

第四节　中国历史文化名村保护规划编制要求

为规范历史文化名城、名镇、名村保护规划的编制工作，提高规划的科学性，根据《中华人民共和国城乡规划法》《中华人民共和国文物保护法》《历史文化名城名镇名村保护条例》和《中华人民共和国文物保护法实施条例》的有关规定，国家住建部、文物局印发了《历史文化名城名镇名村保护规划编制要求（试行）》（建规〔2012〕195 号）。

一、编制基本要求

保护规划的主要任务是：提出保护目标，明确保护内容，确定保护重点，划定保护和控制范围，制定保护与利用的规划措施。

1. 历史文化名村的保护内容

（1）保护和延续古城、镇、村的传统格局、历史风貌及与其相互依存的自然景观和环境。

（2）历史文化街区和其他有传统风貌的历史街巷。

（3）文物保护单位、已登记尚未核定公布为文物保护单位的不可移动文物。

（4）历史建筑，包括优秀近现代建筑。

（5）传统风貌建筑。

（6）历史环境要素，包括反映历史风貌的古井、围墙、石阶、铺地、驳岸、古树名木等。

（7）保护特色鲜明与空间相互依存的非物质文化遗产以及优秀传统文化，继承和弘扬中华民族优秀传统文化。

2. 旅游资源调研与评估

编制保护规划，应当对自然与人文资源的价值、特色、现状、保护情况等进行调研与评估，一般主要包括以下内容。

（1）历史沿革：建制沿革、聚落变迁、重大历史事件等。

（2）文物保护单位、历史建筑、其他文物古迹和传统风貌建筑等的详细信息。

（3）传统格局和历史风貌：与历史形态紧密关联的地形地貌和河湖水系、传统轴线、街巷、重要公共建筑及公共空间的布局等情况。

（4）具有传统风貌的街区、镇、村：人口、用地性质，建筑物和构筑物的年代、质量、风貌、高度、材料等信息。

（5）历史环境要素：反映历史风貌的古塔、古井、牌坊、戏台、围墙、石阶、铺地、驳岸、古树名木等。

（6）传统文化及非物质文化遗产：包括方言、民间文学、传统表演艺术、传统技艺、礼仪节庆等民俗、传统体育和游艺等。

（7）基础设施、公共安全设施和公共服务设施现状。

（8）保护工作现状：保护管理机构、规章制度建设、保护规划与实施、保护资金等情况。

3. 其他要求

编制保护规划，应对历史文化名城、历史文化街区、名镇、名村的传统格局、历史风貌、空间尺度、与其相互依存的自然景观和环境提出保护要求。应当确定历史文化街区的保护范围和保护要求，提出保护范围内建筑物、构筑物、环境要素的分类保护整治要求和基础设施改善方案。

应当依据文物保护规划，对文物保护单位、尚未核定公布为文物保护单位的登记不可移动文物提出必要的保护措施建议。应当对历史建筑，以及符合历史建筑认定标准、尚未被列为历史建筑的建筑物、构筑物提出总体保护要求和保护整治措施。应当发掘传统文化内涵，对非物质文化遗产的保护和传承提出规划要求。

在综合评价历史文化遗产价值、特色的基础上，结合现状，划定历史文化名城、历史文化街区、名镇、名村的保护范围。历史文化街区、名镇、名村保护范围包括核心保护范围和建设控制地带。历史文化街区、名镇、名村内传统格局和历史风貌较为完整、历史建筑和传统风貌建筑集中成片的地区划为核心保护范围。在核心保护范围之外划定建设控制地带。核心保护范围和建设控制地带的确定应边界清楚，便于管理。

编制保护规划，应当在保护的前提下，明确历史文化遗产展示与利用的目标和内容，核定展示利用的环境容量，提出展示与合理利用的措施与建议。保护规划应提出实施管理措施，包括法规、政策和资金的保障、人才的培养、宣传教育工作等。

二、历史文化名村保护规划要求

历史文化名村保护规划的深度要求与村庄规划相一致，其保护要求和控制范围的规划深度应能够指导保护与建设。

1. 历史文化名村保护规划内容

（1）评估历史文化价值、特色和现状存在问题。

（2）确定保护原则、保护内容与保护重点。

（3）提出总体保护策略和镇域保护要求。

（4）提出与名镇名村密切相关的地形地貌、河湖水系、农田、乡土景观、自然生态等景观环境的保护措施。

（5）确定保护范围，包括核心保护范围和建设控制地带界线，制定相应的保护控制措施。

（6）提出保护范围内建筑物、构筑物和历史环境要素的分类保护整治要求。

（7）提出延续传统文化、保护非物质文化遗产的规划措施。

（8）提出改善基础设施、公共服务设施、生产生活环境的规划方案。

（9）保护规划分期实施方案。

（10）提出规划实施保障措施。

2. 历史文化名村保护规划总体保护策略和规划措施

（1）协调新镇区与老镇区、新村与老村的发展关系。

（2）保护范围内要控制机动车交通，交通性干道不应穿越保护范围，交通环境的改善不宜改变原有街巷的宽度和尺度。

（3）保护范围内市政设施，应考虑街巷的传统风貌，要采用新技术、新方法，保障安全和基本使用功能。

（4）对常规消防车辆无法通行的街巷提出特殊消防措施，对以木质材料为主的建筑应制定合理的防火安全措施。

（5）保护规划应当合理提高历史文化名镇名村的防洪能力，采取工程措施和非工程措施相结合的防洪工程改善措施。

（6）保护规划应对布置在保护范围内的生产、储存爆炸性、易燃性、放射性、毒害性、腐蚀性物品的工厂、仓库等，提出迁移方案。

（7）保护规划应对保护范围内污水、废气、噪声、固体废弃物等环境污染提出具体治理措施。

3. 核心保护范围保护要求与控制措施

（1）提出街巷保护要求与控制措施。

（2）对保护范围内的建筑物、构筑物进行分类保护，分别采取以下措施：①文物保护单位，按照批准的文物保护规划的要求落实保护措施；②历史建筑，按照《历史文化名城名镇名村保护条例》要求保护，改善设施；③传统风貌建筑，不改变外观风貌的前提下，维护、修缮、整治，改善设施；④其他建筑，根据对历史风貌的影响程度，分别提出保留、整治、改造要求。

（3）对基础设施和公共服务设施的新建、扩建活动，提出规划控制措施。

编制历史文化名村保护规划，应当对建设控制地带内的新建、扩建、改建和加建等活动，在建筑高度、体量、色彩等方面提出规划控制措施。

4. 近期规划措施

（1）抢救已处于濒危状态的文物保护单位、历史建筑、重要历史环境要素。

（2）对已经或可能对历史文化名镇名村保护造成威胁的各种自然、人为因素提出规划治理措施。

（3）提出改善基础设施和生产、生活环境的近期建设项目。

（4）提出近期投资估算。

三、成果要求

保护规划的成果应当包括规划文本、规划图纸和附件，规划说明书、基础资料汇编收入附件。规划成果应当包括纸质和电子两种文件。

保护规划文本应当完整、准确地表述保护规划的各项内容。语言简洁、规范。规划说明书包括历史文化价值和特色评估、历版保护规划评估、现状问题分析、规划意图阐释等内容。调查研究和分析的资料归入基础资料汇编。

历史文化名村保护规划图纸要求清晰准确，图例统一，图纸表达内容应与规划文本一致。图纸应以近期测绘的现状地形图为底图进行绘制，规划图上应显示出现状和地形。图纸上应标注图名、比例尺、图例、绘制时间、规划设计单位名称。

历史文化名镇名村保护规划的图纸要求如下。

（1）历史资料图。

（2）现状分析图。主要包括以下内容：①区位图。②镇域文化遗产分布图。比例尺为1/5000~1/25 000。图中标注各类文物古迹、名村、风景名胜的名称、位置、等级。③文物古迹分布图。图中标注各类文物古迹、风景名胜的名称、位置、等级和已公布的保护范围。④格局风貌及历史街巷现状图。⑤用地现状图。⑥反映建筑年代、质量、风貌、高度等的现状图。⑦历史环境要素现状图。⑧基础设施、公共安全设施与公共服务设施等现状图。

（3）保护规划图。主要包括以下内容：①保护区划总图。图中标绘名镇名村保护范围，及各类保护区和控制界线，包括文物保护单位、地下文物埋藏区的界线和保护范围。②建筑分类保护规划图。标绘核心保护范围内文物保护单位、历史建筑、传统风貌建筑、其他建筑的分类保护措施，其中其他建筑要根据对历史风貌的影响程度再行细分。③高度控制规划图。④用地规划图。⑤道路交通规划图。⑥基础设施和公共服务设施规划图。⑦近期保护规划图。

历史文化名镇、名村保护规划各项图纸比例一般用1/2000，也可用1/500或1/5000。保护规划图比例尺、范围宜与现状分析图一致。

本章附录　保护规划制图统一标准和要求

一、现状评估主要图纸（用 Auto CAD 绘图）

1. 文物古迹及历史环境要素分布图

序号	分层	线框层			填充层（solid）	
		层名	线形	颜色	层名	颜色
1	全国重点文物保护单位	EL-W1	PL/contin	White	EH-W1	244
2	省（自治区、直辖市）级文物保护单位	EL-W2	PL/contin	White	EH-W2	10
3	市县（区）级文物保护单位	EL-W3	PL/contin	White	EH-W3	30

续表

序号	分层	线框层			填充层（solid）	
		层名	线形	颜色	层名	颜色
4	尚未核定公布为文物保护单位的登记不可移动文物	EL-W4	PL／contin	White	EH-W4	50
5	历史建筑	EL-W5	PL／contin	White	EH-W5	210
6	传统风貌建筑	EL-W6	PL／contin	Red	EH-W6	194
7	历史环境要素	EL-T	Circle（图形）（Radius=2.5）	White	EH-T	96
8	传统街巷	EL-L	PL／contin	White	EH-H1	46
9	重要山体景观和环境	EL-G	PL-contin	White	EH-G	103
10	重要河湖水系	EL-E	PL-contin	White	EH-E	131
	其他文字	Text				

2. 现状建筑年代分类图

序号	分层	线框层			填充层（solid）	
		层名	线形	颜色	层名	颜色
1	明代及明代以前建筑（1644 之前）	EL-N1	PL／contin	White	EH-N1	26
2	清代建筑（1644～1911 年）	EL-N2	PL／contin	White	EH-N2	10
3	民国建筑（1911～1949 年）	EL-N3	PL／contin	White	EH-N3	30
4	20 世纪 50～70 年代建筑（1950～1979 年）	EL-N4	PL／contin	White	EH-N4	61
5	80 年代之后的建筑（1980 年至今）	EL-N5	PL／contin	White	EH-N5	120
	其他文字	Text				

注：文物保护单位及尚未核定公布为文物保护单位的登记不可移动文物的年代以公布文件为准；其他建筑的年代评定以其结构框架主体的始建年代为准；可根据具体情况增删或细分个别年代类型

3. 现状建筑质量分类图

分类	评估标准	线框层			填充层（solid）	
		层名	线形	颜色	层名	颜色
好	建筑主体结构完好	EL-Q1	PL／contin	White	EH-Q1	11
一般	建筑主体结构一般	EL-Q2	PL／contin	White	EH-Q2	40

续表

分类	评估标准	线框层			填充层（solid）	
		层名	线形	颜色	层名	颜色
差	建筑主体结构很差	EL-Q3	PL／contin	White	EH-Q3	203
	其他文字	Text				

4. 现状建筑高度分类图

序号	分层	线框层			填充层（solid）	
		层名	线形	颜色	层名	颜色
1	一层建筑（含局部二层或带阁楼）	EL-H1	PL／contin	White	EH-H1	51
2	二层建筑	EL-H2	PL／contin	White	EH-H2	71
3	三～四层建筑	EL-H3	PL／contin	White	EH-H3	81
4	五～六层建筑	EL-H4	PL／contin	White	EH-H4	103
5	七层以上建筑	EL-H5	PL／contin	White	EH-H5	135
	其他文字	Text				

5. 建筑风貌和历史文化价值评估分类图

分类	评估标准	线框层			填充层（solid）	
		层名	线形	颜色	层名	颜色
Ⅰ	各级文物保护单位、尚未核定公布为文物保护单位的登记不可移动文物	EL-V1	PL／contin	White	EH-V1	10
Ⅱ	历史建筑	EL-V2	PL／contin	White	EH-V2	30
Ⅲ	传统风貌建筑	EL-V3	PL／contin	White	EH-V3	51
Ⅳ	其他建筑	EL-V5	PL／contin	White	EH-V5	160
	其他文字	Text				

二、规划主要图纸（用 Auto CAD 绘图）

1. 保护范围规划图

序号	分层	线框层			填充层（solid）	
		层名	线形	颜色	层名	颜色
1	历史文化街区、名镇、名村核心保护范围	PL-B1	PL/dashdot	24		
2	历史文化街区、名镇、名村建设控制地带	PL-B2	PL/center2	202		
3	历史城区范围（名镇、名村环境协调区）	PL-B3	PL/center2	16		
4	文物保护单位保护范围	PL-A1	PL/dashdot	10	PH-A1	41（ANSI31）
5	文物保护单位建设控制地带	PL-A2	PL/dashdot	96	PH-A2	91（ANSI31）
6	尚未核定公布为文物保护单位的登记不可移动文物保护范围	PL-A3	PL/dashdot	30	PH-A3	16（ANSI31）
7	历史建筑保护范围	PL-A4	PL/dashdot	190	PH-A4	30（ANSI31）
8	文物保护单位的本体	PL-J1	PL/contin	White	PH-J1	10
9	尚未核定公布为文物保护单位的登记不可移动文物的本体	PL-J2	PL/contin	White	PH-J2	11
10	历史建筑的本体	PL-J3	PL/contin	White	PH-J3	30
	其他文字	Text				

2. 建筑分类保护和整治方式规划图

分类	建筑保护与更新方式分类	线框层			填充层（solid）	
		层名	线形	颜色	层名	颜色
I	保护	PL-V1	PL-contin	White	PH-V1	10
II	修缮	PL-V2	PL-contin	White	PH-V2	30
III	改善	PL-V4	PL-contin	White	PH-V4	51
IV	保留	PL-V3	PL-contin	White	PH-V3	11
V	整治改造	PL-V5	PL-contin	White	PH-V5	160

续表

分类	建筑保护与更新方式分类	线框层			填充层（solid）	
		层名	线形	颜色	层名	颜色
	公共绿地	PL-G	PL-contin	White	PH-G	94
	水域	PL-E	PL-contin	White	PH-E	131
	其他文字	Text				

注："线框层"是指不同的保护与更新方式评价分类的建筑外框线，"填充层"是指对这些建筑物的填充色。

综合考虑现状建筑风貌和建筑质量的评价，把建筑分类保护和整治方式相应地分为五类。

（1）保护：对已公布为文物保护单位的建筑和已登记尚未核定公布为文物保护单位的不可移动文物的建筑，要依据文物保护法进行严格保护。

（2）修缮：对历史建筑和建议历史建筑，应按照《历史文化名城名镇名村保护条例》关于历史建筑的保护要求进行修缮。

（3）改善：对于传统风貌建筑，应保持和修缮外观风貌特征，特别是保护具有历史文化价值的细部构件或装饰物，其内部允许进行改善和更新，以改善居住、使用条件，适应现代的生活方式。

（4）保留：对于与保护区传统风貌协调的其他建筑，其建筑质量评定为"好"的，可以作为保留类建筑。

（5）整治改造：对那些与传统风貌不协调或质量很差的其他建筑，可以采取整治、改造等措施，使其符合历史风貌要求。

第八章　中国历史文化名村多重属性及其矛盾机理

第一节　历史文化名村多维属性特征

历史文化名村具有多维属性特征，历史文化名村首先是村落，是人类聚居的一种场所，因此，聚落属性是其本质属性。其次，由于历史文化名村内保存有特别丰富的文物，或具有重大历史价值或革命纪念意义，能较完整地反映一些历史时期的传统风貌和地方民族特色，因此，历史文化名村又是遗产体系的一个重要组成部分，具有遗产属性。而且，历史文化名村以其悠久的历史、丰富的内涵、优美的景色吸引了各地的旅游者，因而又具有旅游资源属性。

一、聚落属性——本质属性

历史文化名村首先是村落，然后在村落的基础上讨论其各种附属特征，而村落是聚落的基本类别之一，因此历史文化名村的聚落属性是其本质属性，而其他属性则是本质属性的附生及衍生。

1. 历史文化名村在聚落体系中的地位

聚落是指人类各种形式的居住场所。聚落包括房屋建筑物，街道或聚落内部的道路，广场、公园、运动场等人们活动和休息的场地，供居民洗涤饮用的池塘、河沟、井泉，以及聚落内的空闲地、蔬菜地、果园、林地等构成部分。聚落是在一定地域内，由特定人群发生的社会活动、社会关系以及生活方式，由共同人员组成的相对独立的地域社会。聚落是人类活动的场所和聚集中心。按照聚落规模和性质大小，聚落可分为乡村和城市两大类。村落是乡村聚落的一个类型和重要组成部分。

历史文化名村是聚落的重要组成部分。历史文化名村在漫长的历史时期，在寻找与追求天人之间、人与人之间、人与自然之间以及人与社会之间和谐的过程中，慢慢形成一种恬淡、隐退的理想聚落空间，一种特殊的自然空间与文化空间水乳交融的有机体系。

2. 聚落属性的内部要素构成

村落是村民的聚居地和居住场所，目前，大多数的历史文化名村仍是部分村民生息劳作的载体，居民在此居住、耕作、生活、受教育、发展副业以及旅游等，为整个社会的发展和稳定做出贡献。村落的这种使用价值决定了村民是历史文化名村的主人，是民族文化和乡村生活的传承者和载体，也是村落的守护者。他们理应通过村落开发推动村落发展进步，改善自己的生活环境，提高自己的生活水平，成为村落的开发主体和获益主体。当地政府也有促进地方经济发展的任务。

因此，历史文化名村的使用价值决定了村民和当地政府都是村落的利益相关者，都期望通过各种途径发展地方经济，并使村民受益。

3. 聚落属性的外部环境及发展任务

目前我国存在着城乡差距加大、"三农"问题凸显的难题，为了进一步缩小城乡差距，实现城乡统筹划发展，中共中央在十六届五中全会上提出了城市反哺农村、建设社会主义新农村的要求。历史文化名村在这种宏观背景下，也应在国家、地方政府的领导下，实现快速、可持续发展。

我国的历史文化名村大多分布在近现代交通不便，现代经济相对落后，且区域环境相对封闭独立的区域。正是这种相对的闭塞与落后使承载了千百年悠久历史与文化的村落能够较为完整地保存下来。落后并不是保护历史文化遗产的唯一办法，生活在这种村落中的村民以及当地政府仍然有权利和责任发展地方经济，改变村落现状，或通过开发村落从中获益，或通过改造村落使生活更为舒适。

因此历史文化名村的聚落属性决定了其有发展当地经济，造福当地居民的任务。

二、遗产属性——附生属性

1972 年 11 月 16 日联合国教科文组织第十七届会议通过的《世界文化和自然遗产保护公约》（简称《公约》）第一章规定，凡属于下列内容之一者，可列为文化遗产。

文物：凡从历史学、艺术性或科学性观点而论，具有突出普遍价值的建筑物，具有历史纪念含义的雕刻和绘画，具有考古价值的古迹残部或依存结构、铭文、洞穴、住区和各类文物的遗迹群综合体。

建筑群：从历史学、艺术性或科学性观点而论，具有突出普遍价值的单独或相互关联的建筑群，其建筑形式及其在景观中的地位具有同一性。

遗址（名胜地）：从历史学、美学、人种学或人类学角度而论，具有突出普遍价值的人为（人造）工程或自然与人工结合的复合工程，以及保留有古迹（古遗址）之地区。

我国所评选出的国家级历史文化名村具有独特风貌格局和浓厚历史文化内涵，符合文化遗产标准的某一或几项条件，可作为文化遗产加以保护和利用。2000 年 11 月 30 日，第二十四届世界遗产委员会将西递、宏村列入《世界遗产名录》，充分证明了其文化遗产价值和地位。因此，遗产属性也是历史文化名村的属性之一。

（一）遗产属性的内部要素构成及结构

历史文化名村是中国农村发展历史的见证，以实物、文字、传说、故事等形式记录着农村及部分中国社会的发展过程、生产生活方式、社会制度变革、技术、艺术、道德观念、宗教信仰、民俗、哲学等方方面面的内容，是一部部活的史书。其建筑和构筑物，可提供古代乡村建筑规划和建筑的实据；生活习俗、宗教礼仪，可让社会学家了解一个地方的社会形态和经济发展状况，让史学工作者充实地方史的材料，文物工作者可分析各历史时期的物质和精神生活的情景；良好的生态环境，为生态学家提供可持续发展、人与自然和谐共处的经验等。数量众多，个性鲜明的历史文化名村，被称为"传统文化的明珠"，是一种典型的景观-文化-生态型聚落，是中国乡土文化的活的载体，一种独特的中国文化空间。

历史文化名村由于其较高的历史文化价值，具备遗产保护典型意义，概括起来有以下几方面的特性。

1. 不可替代性和不可恢复性

历史文化名村是长期以来社会历史文化的积淀，其历史、文化、宗教、艺术底蕴是任何现代景观无可替代的，即使运用当代最先进的工艺技术、最高明的模仿技能，可以仿制的也只是其表象而已，而其真正的历史文化内涵是无法也不可能复制的。这种价值和特性决定了，对这一遗产资源只能采取预防性措施，即实施严格的保护。否则，一旦遭到破坏将不可弥补。就像《公约》第四条所规定的那样，人类社会对已确认的遗产资源唯一可做的是"保护、保存、展出和遗传后代"。

2. 共享性和非营利性

历史文化名村是全人类的遗产，每个国民，甚至每一个世界公民都有权享受历史文化名村遗产资源，这种遗产的存在价值是对全人类而言的，对应的利益群体是全体社会公众。存在价值决定了世界文化遗产的公共物品性及其公益性质，维护其存在价值就是维护全人类共同的利益。因此，在文化遗产管理中，保护其存在价值是最重要的，全体社会公众的利益应该放在首位，而不应将其作为赢利的手段。

也就是说，历史文化名村的遗产属性决定了必须做好名村的保护工作，以确保全社会成员享有历史文化名村遗产资源。现实中一般由文物局等政府机构代表全社会成员负责历史文化名村保护工作。

（二）遗产属性的外部环境

随着城市建设速度的加快，我国上千个城镇都面临着如何继承民族文化遗产，保护历史文化名城的风貌特色，使古建筑遗产在城市现代化过程中继续保持生命力这样一个迫切的问题；但古村落的保护一直落后于对历史文化城镇的保护。2003 年，建设部在国家级历史文化名城推选的基础上，在全国范围内首次设立历史文化名镇和名村，以加强对历史文化遗迹的保护。到目前为止，已有72 个村落被评选为国家级历史文化名村，两个村落被评为世界文化遗产。历史文化名村的保护工作得到前所未有的重视。

但同时，随着经济的发展，古村落建设改造速度加快，古村落风貌面临着衰落和建设性的破坏，非本土的建筑装饰手法和现代化的装饰材料不断涌现，原本古朴素雅的古村落有变得面目全非的危险；有些村落过多地强调单幢古建筑的保护，而忽视整个古村落风貌保护……如此等等为历史文化名村的保护带来了许多新课题。

三、旅游资源属性——衍生属性

历史文化名村特别强调营造"可居可游"的理想生活环境，建构村落景观的形式多样，至今许多村落仍保留有"八景""十景"、水口园林、景点建筑等。古村落讲究的选址，合理的村落组景，典雅古朴、富有地方风味的民居建筑，丰富多彩、个性鲜明的民俗文化，纯朴雅致的民族风情，在优美动人的山水风光之间，凝聚为一处处不可多得的人文景观资源。"小桥流水人家"的淡雅景致，"采菱渡头风急，仗策林西日斜，古树坛边渔父，桃花源里人家"的恬适生活，成为现代都市人理想的旅游目的地。

随着近来对古村落越来越多的关注与宣传，古村落旅游热渐渐掀起。西递、宏村的登陆世界文化遗产，以及中国十二大历史文化名村的公布，更将提升古村落的旅游价值。

（一）历史文化名村在旅游资源体系中的地位

在 2003 年颁布《旅游资源调查、分类和评价》国标内，设有"特色社区"这一旅游资源基本类型，其代码是 FDC，属于旅游资源分类中第七个主类"建筑与设施"（代码 F）中的第四个亚类"居住地与社区"（代码 FD），其释义是"建筑风貌或环境特色鲜明的居住区"，因此历史文化名村应该归为特色社区这一基本类型内（表 8-1）。

表 8-1　历史文化名村旅游资源的基本类型

主类	亚类	基本类型
C 生物景观	CA 树木	CAC 独树
F 建筑与设施	FA 综合人文旅游地	FAD 园林游憩区域
	FB 单体活动场馆	FBB 祭拜场馆
	FC 景观建筑与附属型建筑	FCK 建筑小品
	FD 居住地与社区	FDA 传统与乡土建筑；FDB 特色街巷；FDC 特色社区；FDD 名人故居与历史纪念建筑；FDE 书院；FDG 特色店铺
	FF 交通建筑	FFA 桥
	FG 水工建筑	FGB 水井
G 旅游商品	GA 地方旅游商品	GAE 传统手工产品与工艺品
H 人文活动	HA 人事记录	HAA 人物；HAB 事件
	HC 民间习俗	HCA 地方风俗与民间礼仪；HCB 民间节庆；HCC 民间演艺；HCE 宗教活动；HCF 庙会与民间集会；HCG 饮食习俗；HGH 特色服饰

（二）历史文化名村旅游资源属性的要素构成

历史文化名村是一个特殊的旅游客体，与一般旅游资源相比，具有其自身特有的性质。因此从旅游资源角度出发，历史文化名村旅游资源就是以古村落的各种建筑实体为载体，包括存在于历史文化名村这种空间内的能够吸引旅游者的一切入类物质和精神文化的成果。历史文化名村中能够被旅游者所感知的有形和无形文化现象主要包括三个方面的内容。

1. 建筑文化

我国古代建筑文化博大精深，多姿多彩，在我国旅游资源中占有重要地位。而我国古村落的建筑文化以其类型多样，成为我国古代建筑文化最重要的组成部分，同时也是构成历史文化名村旅游资源的主体。中国的传统聚落大多立意构思巧妙，从自然现象的概况中寻求象征吉祥的抽象概念，创造出有激发力和想象力的乡土环境的独特意境，充分体现了中国古代耕读社会文化的形态特征。历史文化名村各种建筑在建筑文化方面追求天人合一，讲究风水，尊重封建礼制，经过了长期的与环境、社会、文化的适应，在建筑特色上全国各地各不相同，多种多样。因此，历史文化名村的建筑文化具有很大的旅游吸引力。总的来说，历史文化名村建筑文化作为古村落旅游资源的主要构成，主要通过显性的物化古文化景观和附属在古文化景观上的建筑文化内涵来体现。

2. 民俗风情文化

目前在历史文化名村旅游资源的认识及开发方面，重视有形的文物建筑，忽略了无形的人文资源。历史文化名村之所以有价值，不仅仅在于其留下的独特的地面文物建筑，而且还因为它所包含的丰富的原汁原味的中国乡村民俗文化和伦理宗教资源。民俗文化也是古村落旅游资源的重要组成部分。

村落民俗文化是根植于本地本族，依赖本地本族存在的民间文化，它是村民心理的折射、习俗的汇集、愿望的表达和智慧的凝结。因此，村落文化有着浓郁的乡土气息和鲜明的个性特征，主要有地域性、自发性、传承性、适应性等特征。相对于其他现代村落，历史文化名村保存了更加真实的民俗文化特征。根据民俗文化在旅游活动中所处的地位和作用，以及民俗文化的各种表现形态，可分为节日文化、游艺文化、礼仪文化、生活文化、工艺文化、制度文化、信仰文化等。总之，历史文化名村的民俗风情文化主要通过饮食、服装、戏剧、婚俗、礼仪、民歌、节日茶文化、传统制造加工、传统家具、民间神话传说、民俗等具体表现出来。

3. 名人文化和历史事件

由于历史文化名村建村历史时间较长，重视文化教育和商业，因此在古村落的发展过程中，会或多或少地出现一些历史名人，这些历史名人都会由于其影响力，给古村落的历史增添较大的光彩。根据名人影响力的大小，可以分为世界级名人、国家级名人、区域级和地方级。例如孔子和毛泽东，由于其巨大历史影响力，曲阜孔府和毛泽东故居都成为闻名于世的旅游资源。因此我国许多历史文化名村的历史名人也是其旅游资源的有机组成部分，对其旅游影响力和提升知名度有很大作用。

(三) 旅游资源属性的外部环境

历史文化名村可以作为一项旅游资源来开发，而且是文化旅游、遗产旅游产品的一个重要组成部分，历史文化名村这种经济价值已经被一些旅游开发商看中，并逐渐成为旅游热点。

第二节　历史文化名村矛盾作用形式

一、遗产保护与聚落发展之间的错位

遗产保护与聚落发展之间的错位主要表现在以下两方面。

1. "全面保护" 限制聚落发展

"原汁原味" 始终是各类文化遗产保护的主流观点，但它在实践中经常被曲解为以保护为终极目标，为保护而保护。历史文化名村需要从各个方面展开多目标的保护，但在现实中常常表现在只 "保" 不 "护"，强调 "静态" 地保持遗产的原有风貌，"积极保护" 聚落内的一草一木，一砖一瓦，这将限制聚落的发展，引起村民的反感。基础设施的缺乏和道路的不畅给村民生活带来极大的不便，村中很多人搬离了旧宅，迁入新居，古村落将成为一个失去生命力的空壳。历史文化名村是一个机体，始终在经济社会的作用下不断成长，以遗产保护的名义限制、禁锢其成长和发展是与科学相悖的。

2. 聚落发展导致传统文化衰落与环境危机

历史文化名村作为传统的村落，是中国传统农学所追求的天、地、人和谐统一的代表，是中国传统农耕文化的载体。由于历史上各种原因导致的闭塞保护了这种传统文化的传承，但是随着知名度的提升，这种被动的闭塞将得以改善，随着小农经济的衰落、大农业的兴起及集约化农业的展开，将导致聚落传统耕作文化的衰落。

随着聚落的发展，村民与外界的接触机会增加，本土文化在与各种外来文化的反复接触、碰撞中，发生了潜移默化的质变。文化的相互影响并不是对等的，而是较先进的文化影响较落后的文化。村民的生活不断丰富，眼界不断开阔，思维方式、价值观念、生活消费方式都会不可避免地向现代化发展。但同时也冲淡了原有宁静、"古""雅"的生活氛围，甚至导致地方文化逐渐消失。

村民在追求发展的同时，由于环境和遗产保护意识薄弱，可能会易造成破坏性开发，影响聚落的自然环境与人工环境。长期对林木的无节制砍伐，造成水土流失，堵塞河道，增加了自然灾害的发生频率；同时当地小企业的开山采石，也在一定程度上破坏了自然植被，造成地质灾害；现代工业的发展，使村民加强了对水资源的利用强度，人们既从江河取水，又将它作为倾倒垃圾和排放污水的场所，对整个村落的自然环境造成污染。更为严重的是，村民自发的建设活动破坏了许多传统建筑，这种人为的建设性破坏对古村落格局的破坏极大，许多传统古村落的建筑精华因此不复存在。

二、旅游发展与聚落发展之间的错位

旅游发展与聚落发展之间的错位主要体现在以下两方面。

1. 社区参与程度低导致居民受益有限

社区参与旅游开发包括了旅游规划、旅游经济活动、环境保护以及社会文化维护等多方面的内容。但在中国，除通过参与经济活动获取收入以外，由于民主意义淡薄、经济发展落后、知识水平有限和参与意识不足等多方面的原因，社区几乎都是被动参与旅游。尤其在经济相对落后的村落，社区居民在旅游参与过程中大多处于被决定、被包装、被表达、被展示的状态，很多时候最终是被忽略，甚至是失语状态。但是处于被动地位社区的强烈抗争，往往导致相对强势的政府和企业一并陷入被动境地。村民在社区参与上的被动体现主要有：在观念上，农民被歧视；在土地征用中，农民没有自动的决定权；在政策上，处于被动接受状态；在行政管理上，是被管理的对象，等等。农民的利益诉求看似是主动行为，实质上只是利益受损后的被动反应。但当被动的弱势农民利益诉求更加强烈时，处于被动状态的就一同把政府和企业包括在内了。

由于中国旅游发展时间较短，在旅游观念、旅游意识等方面，无论地方政府、企业还是社区都缺乏必要的心理准备和经验储备，因此就都不同程度地处于被动状态。开发之初，农民的存在是被忽略的，后来才发现他们不但存在着，而且还是刚性的存在，容不得任何忽略。农民在缺乏利益诉求的手段和渠道时，会采取反抗行为，由此引发的矛盾和冲突，政府和企业就不得不被动应对。各参与方往往陷入这样一种被动连锁反应状态：农民利益诉求受阻—对抗和冲突—政府被动处理问题—提出应对措施—确定某种暂行政策—影响社区旅游发展方向—新的问题出现—寻求新的解决方案—修正社区参与方式和旅游发展方向。农民、政府、企业等各利益相关者的被动状态最终导致的将是旅游可持续发展的被动。

2. 游客超容量导致生活环境恶化

受经济利益的驱使，开发商往往忽略旅游开发给村落环境带来的各种消极影响，大量游客涌入，导致村内游客超容问题十分严重，尤其在黄金周和双休日旅游热潮带来巨大的游客流，远远超过了目前历史文化名村旅游容量允许的限度。游客超容量带来一系列的连锁问题，如旅游地环境恶化，服务质量下降，游客满意度降低等。但对游客而言，旅游地是暂时的居住地，而对村民来说，旅游地是生活和工作的场所，过多的游客、对环境的破坏和污染将严重影响村民的正常生活秩序。

三、旅游发展与遗产保护之间的错位

文化遗产保护具有关注人类的基本价值和超越时代的终极关怀的高雅文化属性，与现代旅游活动在内在文化品性上存在一定的差距。旅游发展与遗产保护之间的错位体现在以下两方面。

1. 产品庸俗化

对于旅游这样一项大众休闲活动来说，其本身是社会大众对刻板紧张的常态生活环境的反叛，大多数旅游者会功利地选择轻松通俗、娱乐性、游戏性强的旅游项目，旅游经营者是跟着旅游者的消费偏好来设计产品的，如何展示遗产的文化内涵往往也是在顺应大众旅游者心理的前提下进行的。由于大众文化产品与多数人的认知结构、情感结构、动机结构十分接近，这意味着旅游经营商可以用比较低的炒作成本（如广告宣传），相对容易地刺激大多数人的需求；而经营者要想成功推出保持文化原生态的遗产旅游产品，就如同要炒热一种高雅严肃的文化产品那样，存在高风险高成本之虞。两相比较，旅游经营者的天平自然会向大众文化性质的展示方式倾斜。更多的是利用文化遗产某些外在的、表层上的东西，利用它的表象，从而使游客获得审美体验，但表现形式更商业化、娱乐化，这难免会带来文化展现的肤浅和庸俗。

2. 失真行为

旅游开发商关心的是其经济收益，由于经过某种程度商业化的遗产地更容易为开发者创造利润，所以开发商热衷于根据游客的期望、想象和偏好来组织、设计，构建出来某种"真实性效果"。这种失真行为主要包括两方面内容：一是重建某些历史建筑；二是重现某些文化活动，雇佣当地村民，通过包装后的"表演"呈现其生活习俗或民俗文化等。

第三节　历史文化名村矛盾的机理

一、"价值—利益体"结构

1. 四种价值

作为聚落的使用价值，作为遗产的存在价值，作为旅游资源的经济价值。

（1）使用价值：历史文化名村的聚落属性决定了其使用价值，是村民居住的场所，这是其第一重价值（V_1）。

（2）存在价值：存在价值是指历史文化名村遗产资源独特、无可替代的审美和精神文化价值，这是第二重价值（V_2）。存在价值是遗产资源的特点，它是其他一般资源所不具有的独特的价值。例如，西递、宏村的存在有一种世界上任何人，任何时候都无法替代的审美和精神上的价值，又有一种无形而深厚的中华民族的凝聚力。

（3）经济价值：分为潜在经济价值和直接的经济价值。潜在经济价值即第三重价值（V_3），指在一定条件下可以为一个较大范围持久地产生经济效益，如可以提高所在地的知名度、增进就业等。直接经济价值即第四重价值（V_4），指开发集团短期内可直接获取的经济利益，如旅游服务收入、门票收入等。

2. 四种利益主体

历史文化名村不同的价值对应于不同层次的利益主体（表 8-2）。

V_1部分属于村民，历史文化名村的居住条件直接与当地村民有关，村民是唯一的利益主体。我们用 G_1 表示与 V_1 相关的全社会成员。

V_2部分属于全人类的共同财富，全体世界公民都有权利享受。存在价值决定了世界遗产资源的公共物品性质，世界上所有国家公园均具有公益性质是理所当然的。显然，对其存在价值的维护乃是全社会公民利益的首要体现。我们用 G_1 表示

表8-2　历史文化名村价值—利益主体表

项目	G_1	G_2	G_3	G_4
利益主体	村民	全社会成员	本地区居民	开发商
代表	村民	国家	地方政府	企业
代表的主要作用	建设 V_1	保护 V_2	保护 V_2 建设 V_3	实现 V_4
权益	分享 V_1	分享 V_2	分享 V_2、V_3	独享 V_4

与 V_1 相关的全社会成员；V_3 则涉及资源所在地区的福利。历史文化名村的潜在经济价值（V_3）主要对应着一个较小的人群——该村村民。如果一个历史文化名村能够持久地吸引大量旅游参观者，周边地区的旅游服务业就可能被带动起来，这就是资源所在地区居民有可能获得的经济利益，也可称为间接经济价值。显然，这种经济利益不能平均地属于全社会人群。我们用 G_3 表示与 V_3 相关的本地区居民。

V_4 是能通过市场交易的，与特定开发主体的利益密切相关的。历史文化名村的直接经济价值（V_4）对应着一个更小的人群——资源开发集团（G_4），如旅游公司，他们通过提供直接的旅游服务如缆车收费获利。

二、不同利益主体的行为方式

不同利益主体（G_1、G_2、G_3、G_4）倾向于不同的行为。在对待世界遗产资源上，可粗略地分为三类行为方式。

第一类是主要改善自己的居住环境。

第二类是绝对保护。支持这种做法的是无比珍贵遗产资源存在价值的信念，它轻视，甚至不承认该特殊资源也有经济价值。这是 G_2，包括环境主义者和广大社会成员比较赞同的对遗产资源的保护行为，因为他们不会为此付出什么代价。

第三类是有限制地利用资源行为。它最看重的是资源的长期经济收益性。这与 G_3，即与所在地区的经济发展最为相关，正常情况下他们容易倾向于有节制地利用资源的做法。

第四类是加速开发与获利。这类短期行为者不仅不承认历史文化名村的非经济的存在价值，而且不承认或不想承认其长远经济价值。G_4，即旅游开发集团，如果在"开发"中获得一种排他的收益权，有可能在一定时间内以较少代价获取极大利润，又由于产权等原因不愿意为公司长远利益负责，如果没有对其行为的严格规制，那么他们不会放弃涸泽而渔的"开发"行为。

　　由以上分析可以看出，造成历史文化名村矛盾的内在机理正是由于四大利益主体的资源的不公正获得与不公平受益。

第九章　中国历史文化名村属性整合与可持续发展

第一节　历史文化名村遗产保护与聚落发展

一、遗产保护——文化的传承

"文化遗产"的概念是 1972 年在《世界文化与自然遗产保护公约》中首先提出，其产生背景是现代社会基本结构发育成熟，社会历史、长期资源和文化内涵需要整合与概括。文化遗产理念是比农业社会、工业社会更高层次的社会意识形成，是历史文化、文化未来规律的变现形式。文化遗产的保护意味着对人类未来的理性选择，富有前瞻性和发展性，可保证人类文化正确与合理发展。文化遗产是人类精神和物质财富有效结合的产物，其巨大的内在价值在时间坐标系里将与文化、自然、历史科学的多重价值进行交融。文化遗产通常被定义为人类历史的现在表现形式，具有表现人类历史、理解人类历史的实物和文化形式，具有勾画人类过去、现在和将来时间坐标的潜在功能，具有延展人类思维空间的作用。文化遗产是人类智慧的结晶，是实物历史教科书，是人类文明阶梯进步的里程碑。

历史文化名村具有历史文化遗产的属性，和其他文化遗产一样，都是我国传统文化、建筑艺术、历史实践和社会活动的活见证，是体现中华五千年文明史和博大精深、丰富多彩的中华文化的重要载体。对历史文化名村进行保护，将有助于对历史遗产和历史文化进行深入挖掘和保护利用，丰富当代建筑形式和文化内涵，并予以保持、继承和发扬。

二、聚落发展——时代特征

从社会发展的角度而言，历史文化名村的发展势不可挡，是必要的，也是必然的。目前，我国农业生产基础设施和物质技术装备条件较差，经营管理也较粗放。加快建设新农村，发展农业生产力，加强农田基本建设，改良土壤，兴修水利，推广良种良法，发展农业机械化，培养有文化、懂技术、会经营的新型农民，全面提高农业综合生产能力，既是现代农业建设题中应有之义，也是建设现代农业的重要基础和保障，因为历史文化名村的农村聚落属性，它必然要被卷入新农村建设的浪潮中。

三、遗产保护与聚落发展之间的关系

历史文化名村必然要走上发展的道路，问题在于其历史文化遗产属性的保护对村落发展是制约还是促进？其新农村建设是否要以牺牲历史文化遗产为代价？

1. 历史文化名村发展相对落后的主要原因

对于同一区域的农村来讲，历史文化名村往往落后。这种落后主要表现在他们对社会发展的认知和观念上，有着较强的历史保守性。

历史文化名村往往有辉煌的过去，辉煌的历史造就了这些村落，并长期地影响着村落的发展，绵延生息的后代，对创造了宗族延续和村落辉煌的祖先有着深厚的历史情结，他们更容易墨守祖制，而不想多做改革，在这类村落中，历史文化有着深厚的积淀，村民们自小的启蒙教育就是在村落深厚的"历史"氛围中开始的，无处不在的"耕读传家""渔樵耕读"不仅仅是祖训，也是对他们日常生活生产的实际写照，祠堂、牌坊、匾额、楹联使他们耳濡目染，建筑上精美的雕刻几乎人人皆知。通过一代代人的诠释，影响着村民的世界观和发展观念，比较那些较少历史氛围或这种氛围已经被破坏的村舍来讲，历史文化名村的旧的文化思想观念更为深固。历史文化名村和其他古村落一样，多数是以宗族为核心建立起来的，在村落长期发展过程中，村民依托亲缘关系荣辱与共，形成一种较强的排外情结和思维方式，他们聚居固守在村落中，不易打破旧的格局，这些是造成村落比其他农村更为封闭、更趋保守的原因之一，同时不可否认，直至改革开放前，我国农村依然以传统农业为主，终究没有彻底打破旧的生产方式，终究没有从根本上改变传统的农业格局，农民基本上固守在祖祖辈辈的土地上，他们的基本生活天地就是自己的村落，农村、农民、农业依然没有从根本上走出历史的阴影，从而迈上现代化发展的道路。

改革开放，实际上是一场深刻的社会革命，它首先是思想认识的革命，面对这一新的起跑线，历史文化名村比一般农村无论从思想上还是行动上都表现的反应滞缓，其结果是相对落后。

2. 历史文化遗产的保护推动农村发展

历史文化遗产保护代表的是先进的文化，传递的是一种崭新的"保护资源、实现可持续发展"的理念，它以科学的方式将历史文化名村展示给人们，供人们研究和利用，这种保护将极大地推动农村社区生产力的发展。

纵观历史，人类的每一次生产力大发展，必然有一种新的思想作为推动力，但过去的生产力变革，都没有摆脱对社会资源和自然资源的掠夺性开发，人类进入 20 世纪后，才逐渐明白地球只有一个的道理，只有充分地保护资源，发展科学技术才是生产力持续发展的必由之路，这已是世界共识，历史文化遗产保护正是建立在这一科学认识基础上，它不仅仅只是对遗产的保护，更重要的是它实践了这一先进的保护性开发的理念。

这种理念贯穿遗产保护的始终，它冲击着陈旧落后的掠夺式发展观念，冲击着那种把发展与保护对立起来的错误的观点，村民们不仅看到了历史文化遗产的真正价值，而且也看到了他们发展自己的契机和途径，整个建立在资源保护基础上的发展思想是生产力持续发展的坚实基础。

四、小结

1. 要全面、正确地理解新农村建设的内涵

在历史发展的长河中，我国农村留下了底蕴丰厚、多姿多彩的传统文化遗存。这些文化遗存，蕴含着中华民族特有的精神价值，是社会主义先进文化建设的宝贵资源。在整个新农村建设过程中，要坚持全面、协调、可持续发展战略，把历史文化遗产的开发、利用、保护贯穿始终。目前，有些人把新农村建设简单地看做是农村城市化与旧村现代化，热衷于统一标准，一边把城市的广场、道路、草坪、建筑不加选择地搬到农村，把曲折有致、古朴幽美的青石小路全改成千篇一律的水泥路；一边又将依山傍水、具有深厚文化积淀的古村落全部拆除。这种"新农村建设"模式的扩张，不但造成了村村像城镇、村村一个样的结果，而且破坏了宝贵的历史文化资源，使得农村乡土文化气息被"改造"得无影无踪。对于这种倾向，必须注意防止和纠正。

2. 新农村建设中要注意妥善保护历史文化遗产

在新农村建设中，对历史文化遗产要很好地加以保护。目前，有的地方在新农村建设中把一些古建筑一拆了之，使千年古迹毁于一旦，让人痛心。制定新农

村建设规划要与保护历史文化遗产科学地结合起来，新建设的村庄要能反映出地方特色和乡土气息。实施新农村建设规划，必须遵循"历史文化遗产保护优先"的原则，绝不能以损毁文化遗产为代价，要坚持依法和科学保护文化遗产的真实性和完整性，切忌盲目拆除。对于古老完整的民族村落、历史文化街区、古村庄，未经文化文物部门编制保护规划，不能在其区域内开发任何建设项目。对近期没有安全隐患的古民居建筑应首先帮助住户搞好日常保养维护，解决阴暗、潮湿、生活不便等问题。如无条件，对古建筑本身不要随意地大拆大修。这样做不仅符合群众的眼前利益，也符合发挥文化资源永续利用功能的原则。要在继承传统的基础上，采用现代科技手段，提高保护水平，使农村历史文化遗产得以长久传承和发展。

3. 新农村建设中要合理、充分利用历史文化遗产

历史文化遗产具有很大的研究价值和观赏价值，它能为当地的经济发展增强动力。随着新农村建设和现代化进程的加快，我国的文化生态正在发生巨大的变化。有些人由于认识不到文化遗产的价值，把许多世代传承、具有艺术价值的乡土文化建筑看成是新农村建设的负担，有些人虽然认识到了文化遗产的价值，也开始有意识地利用这些文化遗产，但由于缺少文化的生态意识和可持续利用的意识，致使不少古村落在所谓的"开发"中渐渐消失了地方特色，有的还被改装得不伦不类，令人啼笑皆非。我国农村各地村落民居建筑风格各异，承载着丰富的历史文化和人文气息，具有浓厚的地方特色和个性，许多地方的"祠堂"和古民居建筑至今还是人们生产、生活、娱乐的重要场所。因此，对于历史文化名村，应聘请相应资质的规划设计单位编制历史文化名村保护规划。

第二节 历史文化名村旅游发展

一、遗产保护是旅游发展的基础

世界旅游组织顾问爱德华·英斯基普（Edward Inskeep）认为：可持续旅游就是要"保护旅游业赖以发展的天然资源、文化资源和其他资源，使其为当今社会谋利的同时能为将来所用"。历史文化名村旅游资源属性的开发必须建立在"保护"的基础上，在相应历史、文化背景下进行。旅游开发利用就是要利用历史文化名村的遗产属性具有的特殊价值，或者说是旅游资源属性就是从遗产属性衍生出来的，如果为了短期的经济利益而不顾遗产地的环境承受能力，或者对其

盲目开发，那么很快历史文化名村就失去了真实性和完整性，没有了遗产属性，旅游资源属性就失去了母体，也将不复存在，更谈不上旅游发展，带动聚落属性的发展也将是痴人说梦，只有保护好其遗产属性，才能使旅游业长盛不衰。

历史文化名村的经济价值是不言而喻的，只有真实和完整的历史文化遗产才具有真正的遗产价值，其旅游资源价值也就越大，在国外，遗产大国无一例外都是旅游大国。例如，法国依靠其丰富的文化遗产资源，每年吸引 7000 万旅游者，旅游收入达 300 亿美元，是世界第一旅游大国。

二、旅游发展推动历史文化名村聚落属性的发展

通过旅游业的发展，可以恢复传统的特色商业，带动第三产业的全面发展，从而给整个村落的经济发展带来生机和活力。

1. 促进历史文化名村产业结构调整

历史文化名村利用自己的资源优势发展旅游业，可以调整产业结构，推动农业产业化经营，利于生产发展。发展旅游业不仅能够带动农村道路的建设、运输业、餐饮业的发展，更重要的是通过旅游业的发展带来人流、物流、资金流、信息流，为当地相关产业发展创造了更多的机会，从而带动名村产业结构的调整。

2. 提供就业岗位，增加农村收入

世界旅游组织的测算结果表明：旅游业每直接增加 1 个就业机会，就能为社会带来 5 个就业机会，当地农民通过种植、加工、销售土特产品、工艺品、旅游纪念品等多种途径直接或间接地为旅游者提供服务，从中获得可观的经济收入。

3. 促进历史文化名村文明进步与发展

旅游是新思想观念的催化剂，发展旅游可以给历史文化名村带来全新的观念和思想，增强当地居民的文明意识，促进其精神文明的建设。

4. 促进历史文化名村环境改善

发展旅游本身要有一个良好的环境，而且为了景点的需要，客观上要求对古建筑进行保护，环境保护又促进了名村旅游的发展，优美的环境、厚重的历史、独特的人文景观会吸引更多的人参加旅游，形成良性循环。

第三节　历史文化名村可持续发展内涵

一、历史文化名村发展的时间序列分析

　　历史文化名村是历史的产物，属性的演变、价值的追加、发展的内涵都随着时间序列变化，因此，要正确理解当代历史文化名村可持续发展，首先要对其历史的演进有一个归纳和总结。作者通过西递村的研究，勾画了历史文化名村的"时间—属性—价值—发展"关系模型，称之为"T－A－V－D"序列关系模型（图9-1）。

　　例如，西递村始建于北宋时期，西递村最盛时有近600座宅院、两条大街和数不清的曲折小巷，正是所谓"一千烟灶三千丁"。但那时候的西递只作为聚落存在，当地居民只考虑生活条件的改善，无论多么迷人就是像是现代的一个精美建筑一样，没有遗产价值，随着时间的发展、历史的进步，西递才具有了稀缺性这一特点，到1933年国际现代建筑学会制定的第一个获国际公认的城市规划纲领性文件《雅典宪章》指出："有历史价值的古建筑均应妥为保存，不可加以破坏。"这时，历史文化名村突现其遗产价值，20世纪70年代后期，文化旅游开始盛行，历史文化名村又衍生出旅游资源属性（图9-1）。

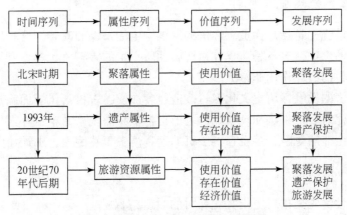

图9-1　"T-A-V-D"序列关系模型

二、历史文化名村可持续发展的层次

通过T-A-V-D"序列关系模型，可以看出历史文化名村的可持续发展应包含

三个层次：①作为本质属性的聚落属性发展；具体居民生活质量的提高、生活条件的改善、生态环境的优化、经济的持续增长、社会文明的进步。②作为附加属性遗产属性的发展；具体包括遗产的合理保护以及遗产的合理利用。③作为衍生属性的旅游资源属性的可持续开发，文化旅游资源的可持续开发是纽带。

因此可以得出的结论：寻求历史文化名村可持续发展是名村旅游开发的最终目的。与之相呼应，历史文化名村旅游开发必须以可持续旅游为其发展目标，它包括以下含义：①在为旅游者提供高质量旅游环境的同时，改善历史文化名村居民的生活水平。②在开发过程中维持历史文化名村原有文化的完整性和旅游业经济目标的可获得性。③保持和增强环境、社会和经济未来的发展机会。

以可持续旅游为发展目标，历史文化名村应达到以下目的。①增加就业机会，扩大产品市场，增加经济收入，改善基础设施条件，提高当地居民的生活质量。②保护历史文化名村的历史遗存，增强当地人的文化自豪感，为不同地区和文化的人提供理解和交流的机会，向旅游者提供高质量的旅游产品。③加强公众的环境和文化意识，促进对环境和文化的保护，保护未来旅游产品赖以生存的生态和文化环境。

三、历史文化名村发展的三个误区

1. 聚落属性优先

聚落属性优先是指片面追求经济的发展、生活条件的改善，这种发展既不考虑遗产属性的保护，也不是建立在遗产属性所衍生的旅游资源属性利用之上，对历史文化名村的破坏作用非常大。

随着经济的发展，历史文化名村改造速度加快，古村落风貌面临建设性的破坏，非本土建筑装饰手法和现代化的装饰材料不断涌现，原本古朴素雅的古村落有变得面目全非的危险，甚至在推土机的轰鸣声中轰然倒塌，永远消失。

2. 遗产属性优先

遗产属性优先是指对历史文化名村的"真空保护"，是一种"专家保护"和"政府保护"，是一种限制性保护模式，忽视了聚落属性和旅游资源属性的存在。

历史文化名村同样处于一个社会、文化变革的年代，名村保护也不能停留在标本式保护阶段，也不符合我国国情。重视历史文化名村遗产属性的保护并不是否定开发与利用，而是在高度重视遗产安全的前提下进行开发与利用，在开发利用中继续加以保护。

3. 旅游资源属性优先

旅游属性优先是指热衷于历史文化名村的短期经济价值，旅游发展带来的过量游客和大量旅游设施建设也给历史文化名村脆弱的生态环境和居民独特的生活观念造成了很大的冲击，使得历史文化名村出现了不同程度的人工化、商业化和城市化倾向。

一些地方为了追求经济利益和眼前利益，把开发利用遗产资源作为带动地方经济发展最有效、最直接的途径；而正常的保护管理措施却往往与思想不解放等同起来成为众矢之的。因而在开发利用上往往表现出程度不同的过度行为，不是为保护而开发而是为利用而开发。伴随着遗产资源的过度开发与掠夺性索取，结果总是以遗产地生态失衡、历史真实性与风貌完整性消失等为代价，来换取地方经济一时的发展和繁荣。

四、结论与问题

（1）历史文化名村的三维属性特征决定了其可持续发展的三个层次：聚落属性的发展、遗产属性的保护和旅游资源属性的利用。

（2）历史文化名村旅游资源的持续开发是其可持续发展的重要途径。

（3）历史文化名村应采取哪种旅游发展模式达到"旅游的可持续发展是使历史文化名村可持续发展的途径"的目的？一是旅游资源属性和遗产属性之间能否整合？二是旅游资源属性、遗产属性和聚落属性能否整合？三是如何整合？

第十章 中国历史文化名村旅游发展潜力与评价

第一节 潜力计算与组合状况

旅游可持续潜力是旅游可持续发展的基础，本章依据市场吸引力和坚固性双指标，对历史文化名村进行问卷调查，运用模糊数学的方法进行处理，组合构建的市场吸引力—坚固性矩阵模型，对历史文化名村进行潜力分析，构建"M-R 状况组合矩阵"将历史文化名村划分为四种类型，指出其转化路径，论证了历史文化名村旅游资源属性和遗产属性整合的可能性。

一、研究方法

主要采用文献研究、实地调研和结构性问卷调查的方法。文献研究主要是收集名村典故、评估名村文化价值等方面的背景信息和查找限制名村旅游发展的因素，资料来源包括政府研究和规划文本、已刊登的旅游报道和宣传材料以及有关遗产保护与旅游规划的学术期刊文章等。实地调研是完成评估过程最基本的工作，主要收集如历史建筑物的建筑风格和完整性、遗产的保护维修状况、现场旅游信息的可用性、旅游标记和相配套的旅游设施及遗产保护的管理规划和政策等。问卷调查主要收集旅游者对历史文化名村的交通可达性、旅游吸引力、遗产价值的评价、对旅游现场信息和相配套设施充足性的感知，以及当地居民参与遗产保护的程度和旅游对当地社区居民的生活方式与文化传统造成的影响程度等。本次调查者主要是国内游客和当地社区居民，调查问卷设计的问题都是限制式的问题。

二、研究模型

确定历史文化名村的旅游潜力所需要的不仅仅是对市场吸引力的评价，还需要对其坚固性做出评价。虽然从旅游角度看，市场吸引力是一个重要的考虑因素，但是如果孤立地考虑这一因素，则未来一定会产生问题，要使旅游正常运行并且实现真正的可持续性，市场吸引力必须与历史文化名村对更大访问量的承受能力相关联，或与其以不损害其价值的方式为旅游用途而承受修改的能力相关联。

坚固性和市场吸引力这两个维度之间的关系体现于"市场吸引力—坚固性矩阵"（图10-1）。审核程序把吸引物的市场吸引力和坚固性评价为低度、中度和高度根据资产在此矩阵中所处的位置，提出不同的行动建议。

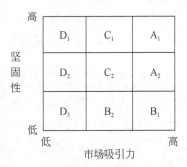

图 10-1　旅游潜力的市场吸引力—坚固性

"A"级历史文化名村是具有高度市场吸引力以及高度（A_1）到中度（A_2）坚固程度的村落。它们非常适宜于大型旅游活动，因为它们具备了吸引旅游者而且承受较高使用量水平的特质。它们只需要最低至中等的保护措施，即能使其文化价值免受高访问量的冲击。

"B"级历史文化名村具有高度（B_1）至中度（B_2）的市场吸引力，但是它的坚固性程度低。低度的坚固性可能意味着资产的物质结构脆弱，或者它的文化价值对游客的重大冲击极度敏感。旅游者可能有很大兴趣要访问这些地方，但是由于遗产本身的脆弱性，它们对高强度的旅游用途只有非常有限的承受力。因此，其所面对的一个重要问题就成为确保遗产的文化价值不会受到访问量造成的损害。

"C"级历史文化名村具有中度的旅游吸引力和高度（C_1）至中度（C_2）的坚固性。由于这类历史文化名村比较坚固，它们能承受的访问量可能超过它们目前的市场吸引力所提示的水平，所以可以充分开发历史文化名村的市场潜力，或者增强体验的质量以扩展其市场吸引力，或者制定管理计划，努力维持现状，同时要明白旅游者人数将是有限的。

"D"级历史文化名村的市场吸引力低，短时间内不可能吸引大量的访问量，所以其主要的任务是根据其坚固性的变化采取适当的措施，增强其市场吸引力。

三、研究程序

(一) 变量的选取及评分等级

评估历史文化名村的旅游潜能是复杂的,因为它所涉及的并不仅仅是市场潜力的评估,任何这类评估都必须考虑遗产的坚固性及其应对游客的能力,市场评估最重要的是确定其是否具备吸引力特征,以及遗产的潜力如何转化为可消费的旅游产品。而遗产的坚固性评估则是确定更为基本的问题,即是否应该允许旅游者参观资产,如果允许,可以接受多大的访问量而不致损害资产原有的内在价值。

有建议认为,这项评估工程应该从宏观到微观层面来执行,工作从整体对象开始,直至具体对象。但如果列目太多,则很难轻易地将它们转换为某种实用的评价工具而应用于单一遗产的评估,并对它们在"市场吸引力—坚固性矩阵"中的位置给予确定。因此需要一个简化的审核程序,它着重关注那些必须予以评估的最为重要的成分(表 10-1)。

表 10-1 文化遗产旅游的子集指标

①旅游市场吸引力	②产品设计需要	③文化遗产管理	④文化意义	⑤坚固性
氛围与背景	资产的通道特征		审美价值(包括建筑学价值)	资产的脆弱性
本地区之外是否著名	从人口中心到资产的良好交通条件/通道		历史价值	维修状况
能讲述一个"好故事"——一个能激发联想的地方	与其他遗产吸引物的距离接近度		教育价值	已付诸实施的管理计划或政策
有区别于附近其他吸引物的某种特点	便利设施(厕所、停车场、道路、小吃部、信息提供)		社会价值	常规性检测和维护
对特殊需求或用途的吸引力(如节庆、体育活动等)			科学价值	主要利益相关者持续性参与和咨询的可能性;资产的构造;当地社区的生活方式和文化传统

续表

①旅游市场吸引力	②产品设计需要	③文化遗产管理	④文化意义	⑤坚固性
对区域/地区/目的地的其他旅游产品形成补充			稀有或平常（当地、地区、全国）	资产修改（作为产品开发的部分工作）对下列方面形成负面影响的可能性：资产的构造；当地社区的生活方式和文化传统
区域内的旅游活动			代表性（当地、地区、全国）	
与文化或遗产相关的目的地				
政治支持				

　　每一处遗产都根据这些变量来定级，分别在旅游和文化遗产资产管理这两个子集中计算得分。根据所需的精确程度，得分可以用二元方式（是/否）来计算，或者用点数分级系统来计算（1 低等级—5 高等级）。例如，一处有管理计划的资产比一处没有任何形式的管理体制的资产得分要高。同样，确为独特并且有着与旅游者相关的有趣故事的资产，要比平凡的、只有当地居民感兴趣的故事的资产得分要高。此外，一些对评估程序至关重要的变量可能有更高的权重。一旦每一子集中的所有指标都明确了得分，就可以在矩阵中标示出资产的位置并确定其地位。

　　这些变量中大部分是定性类型的，因此从本质上说，这样作出的评估一定是主观的。这给将来的审核者既带来了机会也形成了挑战。主观性的评估容易存在个人偏见。另外，审核的效验依赖于审核者从旅游者角度——那些对资产以及当地历史也许并无太多了解的非本地游客，来对旅游成分进行评价的能力。同样，文化遗产管理变量必须从文化管理的角度给予评估。总之，在执行评估时必须谨慎细致，因此要由外来审核者负责执行审核工作，以消除内部偏见的风险。

　　本章以市场需求和承载力为两个基本尺度，评价遗产景点的旅游潜能。共选取 27 个次级指标来构成市场需求——承载力矩阵模型的等级指标体系，选取的次级指标主要根据文献关于遗产旅游潜能的研究。其中，市场需求、承载力两个主要指标的最大可能分值各为 60，每一次级指标根据专家打分法赋予不同的分值，主要有 0~5，0~2，0~3，1~4，0~4。分值越高，表示市场需求越高或承载能力越强。市场需求要素包括遗产的周围环境与之协调程度，遗产在本市之外的知名度，该景点的现场活动，遗产的文化含量，与其他遗产吸引物接近性，可进入性的容易程度，提供的旅游服务与设施等。承载力要素包括遗产的建筑、历史、教育、社会和科学研究价值评估，保护维修状况，遗产的典型性，高参观率和改造对当地居民所造成消极影响的可能性，具体等级指标体系见表10-2。

表10-2　评估遗产旅游潜能的指标与评分等级

一、旅游部分		二、文化遗产管理	
（一）市场需求		（一）遗产价值	
1. 周围环境与之协调程度	0~5	14. 美学价值（若是建筑物包括建筑价值）	0~2
2. 在本市之外的知名度	0~5	15. 历史价值	0~2
3. 是本市的重要标志吗	0~5	16. 教育价值	0~2
4. 游客唤起该遗产典故的程度	0~5	17. 社会价值	0~2
5. 区别于附近遗产或景点的方面	0~5	18. 科学价值、研究潜力	0~2
6. 吸引游客的能力	0~5	19. 是稀少还是普通遗产类型	0~3
7. 是本区其他旅游产品的补充吗	0~5	20. 遗产的典型性	1~4
8. 景点的活动现场	0~5	（二）承载力	
9. 遗产的文化含量	0~5	21. 遗产的脆弱性	0~4
（二）产品发展需要		22. 维修状况	0~4
10. 是否允许看到遗产的全貌	0~4	23. 是否有恰当的管理规划或政策	0~5
11. 从市中心到该景点的交通状况	0~3	24. 是否定期检查和维修状况	0~5
12. 到达附近景点的方便程度	0~3	25. 各利益主题介入规划与管理的可能性	0~5
13. 与旅游相配套的设施（如厕所、停车场、道路、标记、现场信息等）	0~5	26. 高参观率产生消极影响的可能性 （a）对遗产本身 （b）对当地社区的生活方式和文化传统	 1~5 1~5
低要求=0~20；中等要求=21~40；高要求=41~60		27. 对其进行的修复产生消极影响的可能性 （a）对遗产本身 （b）对当地社区的生活方式和文化传统	 1~5 1~5
		脆弱、低文化价值=0~20；中等=21~40；高=41~60	

（二）数据分析与结果

数据获取共分三部分：一是对游客的问卷调查；二是专家对遗产脆弱性和保护维修状况的打分；三是与当地居民深入访谈后，调查者打分。在问卷调查中，为了保证每一景点至少发放 20 份问卷，于 2007 年 6 月 9 日至 2007 年 8 月 25 日在上述 7 个历史文化名村共发放问卷 140 份，回收 140 份，回收率 100%，其中有效问卷 129 份，有效率为 92%。采用模糊统计的方法得出各次级指标的得分值，最后累计求和，计算出各村落的市场需求与承载力的分值，具体分值见表10-3 和表 10-4。

表 10-3　历史文化名村的市场需求评估结果

遗产旅游景点	市场需求	产品发展需要	总分值
	1 2 3 4 5 6 7	8 9 10 12 13	
1. 西递村	4 5 4 3 3 4 5	3 3 4 2 2 3	45（H）
2. 宏村	4 4 4 2 2 4 4	5 4 4 2 2 5	41（H）
3. 江村	2 2 1 2 2 1 4	1 2 2 2 3 2	26（M）
4. 鱼梁村	1 1 0 1 2 1 2	1 1 3 2 3 1	19（L）
5. 党家村	3 4 3 2 3 1 3	1 2 2 3 2 1	30（M）
6. 杨家沟村	1 0 0 1 3 1 4	0 1 2 2 2 1	18（L）
7. 朱家峪村	1 0 0 2 1 1 1	0 1 1 2 2 0	12（L）

注：（L）= 低；（M）= 中；（H）= 高，下同

表 10-4　历史文化名村承载力评估结果

遗产旅游景点	遗产价值							承载力							总分值
	14	15	16	17	18	19	20	21	22	23	24	25	26a/b	27a/b	
1. 西递村	2	2	2	2	2	3	4	3	3	5	2	2	3/5	3/3	46（H）
2. 宏村	2	2	2	2	2	2	3	1	3	5	2	1	3/5	3/5	43（H）
3. 江村	1	1	1	2	2	1	2	3	1	2	1	1	3/4	3/4	32（M）
4. 鱼梁村	1	2	1	1	1	1	1	3	1	2	1	1	3/5	2/5	28（L）
5. 党家村	2	2	1	2	3	3	3	3	2	5	3	3	2/3	3/4	42（H）
6. 杨家沟村	1	1	0	1	1	1	2	2	1	2	1	0	3/5	3/5	27（L）
7. 朱家峪村	1	1	0	1	0	1	1	1	0	1	1	0	3/4	3/3	21（L）

四、组合状况及类型划分

1. 组合状况

把表 10-3 及表 10-4 的评价结果在"市场吸引力—坚固性矩阵"中标示出来。这样每一个历史文化名村都在矩阵中有了相应的位置，如图 10-1 所示。

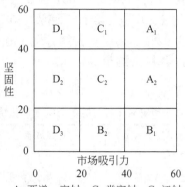

A₁:西递、宏村；C₁:党家村；C₂:江村；
D₂:杨家沟、鱼梁村、朱家峪

图 10-2　市场吸引力—坚固性矩阵

由图 10-2 可知，西递、宏村市场吸引力大，坚固性强，可持续旅游发展潜力大；党家村具有中度的旅游吸引力和高度的坚固性；江村具有中度的旅游吸引力和中度的坚固性；杨家沟、鱼梁村、朱家峪具有低度的市场吸引力和中度的坚固性。

2. 类型划分

取得各历史文化名村的市场吸引力和坚固性数据后，我们可以将历史文化名村的一组数据看成是一个坐标值（R_m, R_r），R_m代表市场吸引力（market），R_r代表坚固性（rigid），由此依据坐标值建立"市场—坚固性"矩阵图（图 10-3），称为"M-R"状况组合矩阵，其中横坐标代表市场吸引力，纵坐标代表坚固性。

取 $R_m = R_r = 40$ 为临界点，就形成了两段分界线，四个市场吸引力、坚固性有所差异的区域。分别命名为：危险区、开发区、保护区和理想区。

危险区包括江村、杨家沟、渔梁村、朱家峪，这种类型特点是欠保护也欠开发。

保护区包括党家村，这种类型也称欠开发型，特点是保护力度较强，但欠开发，表现在开发迟缓，偏重于保护。

开发区空缺，这种类型也称欠保护型，特点是开发有利，但欠保护，表现为经济驱动力强。

理想区包括西递和宏村，这种类型也称为双赢区，意为保护、开发双方协调互动，均达到了很高水平，综合效益好。

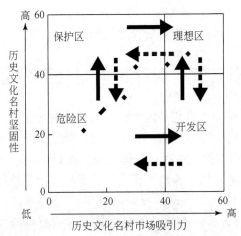

图 10-3　"M-R"状况组合矩阵及转化路径

3. 转化路径

处于危险区的历史文化名村今后应注意遗产的保护，在保护的基础上进行适当的开发，最理想的转化是危险区—保护区—理想区。

处于保护区的历史文化名村应利用自己高坚固性的特点，适度进行旅游资源的开发，增强其旅游吸引力，达到旅游资源开发和遗产保护的理想境界。

处于开发区的历史文化名村应注意遗产的保护工作，不断增强遗产的坚固性，只有这样才能保证旅游吸引力的持续，进入理想区。

处于理想区的历史文化名村虽然其保护和旅游开发工作都比较理想，但还没有达到最高境界，因此应继续提高自己的市场吸引力及遗产坚固性。

以上是一种由非理想区向理想区的优化转化路径，如果各区的历史文化名村不按规律和实际情况，其负转化路径出现的可能性极大。

五、结论

（1）历史文化名村的旅游可持续发展潜力各异，按"市场吸引力—坚固性"组合状况可以将其分为理想型、危险型、开发型和保护型四种类型。

（2）历史文化名村在遗产属性和旅游资源属性具有整合的可能性。本章是探讨历史文化名村的遗产属性和旅游资源属性之间能否整合的问题，理想区的存在证明答案是肯定的，证明了遗产属性和旅游资源属性整合具有可能性。

（3）历史文化名村在遗产属性和旅游资源属性具有整合的可行性。历史文化名村的"市场吸引力—坚固性"组合状况是可以转化的，即由非理想区向理想区发展，证明了遗产属性和旅游资源属性整合具有可行性。

第二节　现状评价与类型划分

旅游可持续发展现状的研究是旅游研究的重要内容之一，其目的在于能正确地、客观地以可度量的标准为基础，判定其可持续发展状况与发展方向，本章以7个历史文化名村样本为例，在利益主体理论、激励理论、可持续发展理论及新社会经济思潮等理论基础之下构建了历史文化名村旅游可持续发展现状评价指标体系，对专家关于名村旅游可持续发展状况的主观评判进行调查，利用 FoxPro 软件及 SPSS 软件进行分析，据此对历史文化名村旅游可持续发展状况进行限制性因素分析，将旅游可持续发展潜力及现状数据进行标准化处理，将旅游可持续发展现状与旅游可持续发展潜力进行组合，用"S-P"状况分析矩阵将历史文化名村可持续发展阶段划分为四种类型，并指出转化路径，论证了历史文化名村三维属性具有整合的可能性。

一、旅游可持续发展现状评价指标体系构建

关于旅游可持续发展评价指标的研究，国内外学者做了大量的工作。世界旅游组织的环境理事会综合一些学者的研究成果，在 *International Working Group on Indicators of Sustainable Tourism* 一书中首先完整地提出一套用于评价旅游可持续发展的指标体系，按其适用范围分为复合指标、国家级指标、地方和目的地具体指标三类，分别适用于复合地区、国家和地方的旅游可持续发展评价和管理。每一类又分为三种被推荐使用指标，第一种是全面的或理想的指标，第二种是备选或适中指标，第三种是最低的基本水平指标。国际旅行社联盟为响应欧共体可持续发展模式也制订了一套旅游可持续发展评价指标体系，称为"威胁旅游可持续发展的指标"，涉及居民、旅游、生态和政策方面。世界旅游理事会（WTTC）、世界旅游组织与地球理事会（EC）联合制定了《关于旅游业的 21 世纪议程》，议程针对负责旅游业的政府部门、国家旅游管理机构、有代表性的行业组织及旅游公司制定了详细的可持续发展行动纲领，并以这作为评价指标对这些机构组织的可持续发展实践的成效进行评价。Smith（1995）在《旅游分析手册》一书中分别建立了国家和地区旅游可持续发展的指标体系，并指出每个指标都具有四种界定：警戒指标、环境负荷指标、极限指标和

效应指标。Wight（1998）在分析前人研究结果的基础上，总结出了一套分析旅游可持续发展能力的评价体系，包括生态的/物质和设施的/社会的承载力、环境影响评估、累积影响评估、可接受变化的限度、游客影响管理及游客经历和资源保护，认为旅游可持续发展具有环境的、经济的和社会的三大目标。Mowforth 和 Munt（1998）在《旅游和可持续性：第三世界的新旅游》一书中总结了分析和管理旅游可持续发展的技术性方法，并提出包含资源利用、浪费、污染、本地产出、人类基本需求的满足、设施的使用、避免暴力和压迫、决策过程、生态和文化的多样性等指标的旅游可持续性的评价指标体系。Trousdale 在研究菲律宾的 Kaniki 度假区时，给出一套适合度假区旅游可持续发展的评价体系模型。Ashley 等在 *The Pro-poor Tourism Program* 研究中，提出了一套落后地区旅游可持续发展评价体系。

　　国内对旅游业可持续发展的指标体系研究也比较深入，马勇和董观志从区域旅游持续发展潜力评价的角度首先提出旅游可持续发展评价的指标体系，认为区域旅游持续发展潜力评价体系就是由特定时段内区域旅游资源的潜在保障力、社会经济的潜在支持力、环境的潜在承载力构成，开创了国内旅游可持续发展评价研究的先河。金波和刘坤在已有关于旅游地可持续发展研究的基础上，建立了包含旅游经济、社会、资源环境和旅游地可持续发展潜力四个指标的旅游可持续发展评价指标体系，为进一步的深入研究指明了方向。崔凤军等通过识别区域旅游可持续发展内涵、目标及原则，在多项旅游开发实践的基础上提出在国内影响较大，以生态环境指标、旅游经济指标、社会文化指标和社会支持系统指标四大类指标为主的评价指标体系。曾珍香等在对旅游可持续发展系统分析的基础上，指出旅游可持续发展水平评价指标体系包含两个层次：一是子系统描述，分别从社会、经济、环境三个子系统设置若干指标进行描述；二是在对三个子系统描述之后，分别进行 TSDS 旅游可持续发展的状态评价和能力评价。王良健按照"保护第一、开发第二"的原则，从旅游资源及环境保护能力、旅游经济社会效益、旅游软硬环境建设力度、旅游客源市场开拓能力方面较为系统地提出了旅游可持续发展的评价指标体系，并首次给出了具有可操作性和一定的推广应用价值的评价方法。金准和庄志民认为，王良健的旅游可持续发展评价指标体系忽视了人的能动作用，即宏观调控的作用和可能高估经济贴补对区域旅游可持续发展的作用，修正了该指标体系，增加了购买许可制度影响、供应储备制度影响和消费引导制度影响三个指标。余凤龙等总结了国内在旅游可持续发展（STD）的评价研究，提出在指标选择和权重确定、指标原则和度量方法以及预警与监督机制等方面存在问题，给出了 STD 管理框架（旅游可持续发展评价体系）在指标选择、权重确定等方面的思路和四种评价结果类型。万幼清在分析旅游可持续发展评价指标指导思想和原则的基础上，选取系统环境对旅游的支撑指标、旅游业发展现状指标、旅游业发展趋势指标和旅游与区域协调指标四大因素 13 个子级系统共 47 项因子作为评价指标体系内容。此外，我国学者还对一些专项旅游类型和一些专门旅游地的可持续发展评价开展了研究。孙玉军等提出了生态旅游的 22 项评价指标；徐菲菲给出了滨海生态旅游地可持续发展评价指标体系；李星群从生态旅游企业、生态旅游经营者、生态旅游管理者、生态旅游者、生态旅游服务、生态旅游设施、生态旅游环境、财政状况及收益分配八个大类指标构建了自然保护区生态旅游可持续发展评价指标体系；魏敏等建立了包含生态环境、旅游资源和社会经济三大指标和若干子指标的农业生态旅游可持续发展评价指标体系；程道品等选取环境、效益和协调度三个子系统指标建立了国家生态旅游示范区评价指标体系；霍拥军对中小型旅游城市给出了可持续发展评价指标体系；付红军对小城镇旅游业给出了可持续发展评价指标体系；戴永光则为旅游城市给出了包含旅游资源系统发展可持续性和城市支撑系统发展可持续性两大类指标的可持续发展评价指标体系。

目前，国内外对指标体系大多缺乏游客和旅游地社区居民的指标，游客和旅游地社区居民是旅游可持续发展的重要参与者和推动者，他们对旅游可持续发展的认可度对整个旅游可持续发展状态和稳定有着十分重要的影响。第一，历史文化名村作为一个矛盾的集结体，具有多维属性特征，更不能忽视这两个重要利益主体，因此，在旅游可持续发展评价指标选择上应体现有关方面的指标。第二，历史文化名村可持续发展现状评价是一个多层次、多目标的评价问题，评价涉及的内容较多，评价指标受考评者知识水平，认识能力和个人偏好的直接影响，很难完全排除人为因素带来的偏差，客观上就要求分层次进行综合评价，因而历史文化名村可持续发展现状的评价是一个多层次的模糊评价问题。第三，评价指标体系的建立必须有严谨的理论基础，缺乏理论基础的评估体系不利于其作出正确客观的评价，本书在利益主体理论、激励理论、可持续发展理论及新社会经济思潮的基础之下构建的可持续发展现状评价指标体系，符合目前历史文化名村的可持续发展要求。第四，指标体系的建立必须是具有可操作性，也就是可以用严谨的定量分析方法对其进行计算，只有这样才能客观、直接地反映其现状，出于以上考虑，本书构建了基于层次分析法和模糊综合评判法的指标体系（图 10-4）。

该指标体系共分 4 层，即目标层 A，综合评价层 B（4 项指标），因素评价层 C（18 项指标），因子评价层 D（37 项指标）。

目标层A　　　　综合评价层B　　　　因素评价层C　　　　因子评价层D

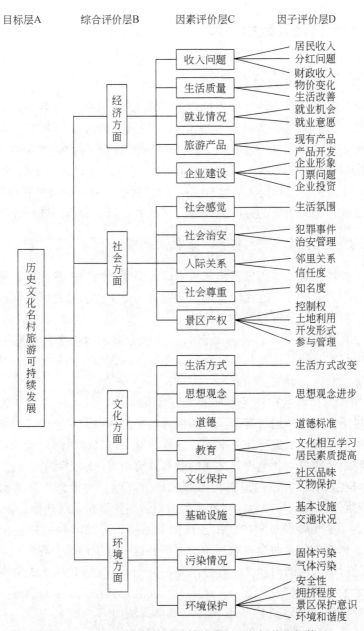

图 10-4　历史文化名村旅游可持续发展现状评价指标体系

二、研究方法及数据处理

1. 问卷调查过程及方法简介

根据评价指标体系来设计调查问卷，采用 SPSS 软件中的因子分析方法来处理调查结果，以此来综合评价历史文化名村旅游可持续发展状况。在问卷调查中，要求被调查的专家首先选取一个自己较为熟知的名村作为参照物，然后将其他名村与参照物相比得出各指标的比较得分。问卷调查时间为 2007 年 7 月 5 日至 2007 年 10 月 5 日，共发放问卷 50 份，通过回收、审核共获得有效问卷 43 份，数据分析首先进行评价值的标准化处理，其次利用因子分析法进行分析。

2. 历史文化名村评价得分的标准化处理

为避免咨询专家偏重历史文化名村内部各要素之间的关系比较，而忽视宏观整体上各村落之间的评价值比较，进而导致各历史文化名村之间的评价值无法可比的缺陷，将专家评分进行标准化处理。

（1）在问卷中设计评价各村量表时，要求专家选取一个自己熟悉的代表性村落作为参照物，而后进行其余各村落各项指标的评价、同时专家对其评价的各村落说明熟悉程度，分为三档。

（2）由于选择西递村作为参照物的专家最多，所以将西递村作为本研究的标准参照村落。同时根据所有选择西递村为参照村的咨询专家的评价值，将专家自述熟悉程度作为权重进行加权平均，计算西递村与其他村落之间的标准比较矩阵，该矩阵由西递村与其他村落之间的所有评价项目的对比系数组成。

（3）其他所有没有以西递村为参照的评价问卷，均根据其自填参照村通过"标准比较矩阵"找出与西递村对比系数进行各村镇评价值的转换。

（4）为了避免转换过程中，由于比例关系可以导致转换后评价值超过范围（0.2~5），研究中假定每个专家评价值必须在这一范围内为合理，对不符合该标准的数据进行单边比例调整，计算方法是将评分值调整到 5~0.2 范围，以 1 为基准点，大于 1 的处理从原来 1~max（评价值）调整到 1~5 范围，小于 1 从 1~min（评价值）调整到 1~0.2 范围，具体算法如下。

对于村落各项评价值中最小值 $E_{\min}$ 小于 0.2 的村落，将所有小于 1.0 的项目评价值，按照 $E_{\min}$ 距离基点的比例进行转换，计算方法为

$$E_{转换} = 1/((1/a - 1) \times 4/(1/E_{\min} - 1) + 1) \tag{10-1}$$

式中，a 代表样本个数。

对于村落各项评价值中最大值 E_{max} 大于 5 的村落,将所有大于 1.0 的项目评价值,按照 E_{max} 距离基点的比例进行转换,计算方法为

$$E_{转换} = (a - 1) \times 4/((E_{max} - 1) + 1) \tag{10-2}$$

3. 评价分析方法及结果

利用 FoxPro 软件进行调查数据进行统计、处理和转换,把在不同参照物村落下的评分统一转换为西递村后,建立了 7 个历史文化名村旅游可持续发展现状评价指标数据库,构造了一个 37×7 阶的数据矩阵;并利用 SPSS 软件进行因子分析,计算各因子变量的载荷,再将因子作为自变量进行回归分析,计算各村落的因子值,以因子的贡献率为权重计算每个村落的可持续发展现状评价得分(表 10-5)。

表 10-5　历史文化名村旅游可持续发展现状评价得分

项目	西递村	宏村	镇江村	鱼梁村	党家村	杨家沟	朱家裕
财政收入	1.210 78	1.010 34	-0.376 12	-0.329 98	0.017 13	-0.669 26	-0.862 89
居民收入	0.547 35	0.443 59	-0.120 13	-0.180 56	-0.100 12	-0.250 01	-0.340 12
分红问题	0.569 89	0.379 93	0.009 98	0.014 98	-0.254 71	-0.240 04	-0.480 03
生化改善	1.560 33	0.950 21	-0.209 84	-0.528 95	-0.238 97	-0.662 81	-0.869 97
物价变化	-0.868 95	-0.549 87	0.201 91	0.101 38	0.220 12	0.420 16	0.475 25
就业机会	0.810 04	0.561 41	0.080 24	0.092 87	-0.430 11	-0.415 24	-0.699 21
就业意愿	1.340 01	0.987 25	-0.314 12	-0.223 71	-0.545 36	-0.312 88	-0.931 19
现有产品	1.039 24	0.887 15	-0.541 13	-0.464 07	-0.304 17	-0.204 91	-0.412 11
产品开发	1.211 03	0.798 92	-0.152 43	-0.220 45	-0.532 01	-0.563 24	-0.541 82
企业形象	1.235 5	0.818 67	-0.340 22	-0.299 4	-0.387 19	-0.329 93	-0.697 43
门票问题	0.687 92	0.756 71	0.269 68	-0.231 98	-0.320 14	-0.841 25	-0.320 94
企业投资	0.781 24	0.774 81	-0.191 21	-0.454 81	-0.320 12	-0.293 41	-0.295 32
生活氛围	0.750 09	0.343 18	0.322 31	0.049 12	-0.425 84	-0.484 67	-0.554 19
犯罪事件	-0.527 91	-0.593 89	0.255 32	0.253 13	0.002 11	0.251 03	0.360 21
治安管理	0.850 24	0.608 42	0.211 92	-0.489 74	-0.645 19	-0.268 81	-0.266 84
邻里关系	0.648 13	0.528 44	0.219 43	0.159 83	-0.562 21	-0.043 41	-0.540 21
信任度	0.189 98	0.229 77	0.161 28	0.007 84	-0.434 12	-0.005 35	-0.149 4
知名度	1.108 97	1.009 86	-0.500 94	-0.611 81	0.007 11	-0.001 27	-1.011 92
控制权	1.017 11	0.571 97	-0.500 21	-0.251 17	0.266 15	-0.272 44	-0.831 41
土地利用	1.569 07	1.279 87	-0.925 21	-0.654 98	-0.231 93	-0.421 55	-0.615 27

续表

项目	西递村	宏村	镇江村	鱼梁村	党家村	杨家沟	朱家裕
开发形式	0.989 65	0.587 8	-0.303 61	-0.271 9	-0.171 31	-0.330 62	-0.500 01
参与管理	1.005 04	0.715 22	-0.184 07	-0.223 62	-0.335 03	-0.512 56	-0.464 98
生活方式改变	0.807 96	0.558 78	-0.293 41	-0.310 2	-0.251 4	-0.210 16	-0.301 57
思想观念进步	0.578 79	0.533 86	-0.170 52	-0.200 61	-0.211 52	-0.220 04	-0.310 14
道德标准	0.040 41	0.021 26	0.002 84	0.005 34	0.004 24	-0.017 12	-0.056 97
文化相互学习	0.599 62	0.493 83	-0.181 41	-0.060 24	-0.161 43	-0.270 16	-0.420 21
居民素质提高	0.688 94	0.671 27	0.091 25	-0.254 21	-0.247 51	-0.605 8	-0.343 94
社区品位	0.279 21	0.277 28	0.146 09	-0.100 67	0.169 51	-0.150 28	-0.621 14
文物保护	0.544 16	0.538 91	0.002 41	-0.322 19	-0.010 66	-0.236 91	-0.515 72
基本设施	0.271 95	0.252 6	-0.000 12	-0.005 73	-0.141 4	-0.150 49	-0.226 81
交通状况	-0.152 14	-0.140 94	-0.150 79	-0.111 83	0.269 01	-0.232 54	0.519 23
固体污染	-0.251 32	-0.121 12	0.082 97	0.062 15	0.094 54	0.063 87	0.068 91
气体污染	-0.180 31	-0.125 43	0.058 47	0.027 63	0.096 41	0.057 61	0.065 62
安全性	0.135 14	0.152 89	0.046 52	0.024 81	-0.043 28	-0.197 19	-0.118 89
拥挤程度	-1.250 24	-1.034 03	0.517 96	0.249 49	0.248 91	0.628 97	0.638 94
保护意识	0.628 13	0.528 67	-0.005 13	-0.010 05	0.000 12	-0.580 47	-0.561 27
环境和谐度	0.535 58	0.468 14	0.143 96	0.126 81	-0.327 89	-0.318 28	-0.628 32
综合得分	0.752 92	0.541 35	-0.269 4	-0.019 1	-0.000 45	-0.641 49	-0.606 29

从总体上看，旅游可持续发展状况一般。在 7 个村子里，只有 2 个村子的评价得分大于 0，其余 5 个村子都在平均水平以下。

三、历史文化名村可持续发展的限制性因素分析

历史文化名村旅游可持续发展现状评价得分表（表 10-5）显示，目前历史文化名村可持续发展的主要症结表现在以下几个方面。

1. 景区开发、经营和管理停留在初级阶段，延缓旅游经济的发展

虽然历史文化名村有着丰富的历史文化遗存，但大多数旅游业停留在初级阶段，给人们的文化体验从方式到内容都是有限的，文化的传播、弘扬和体验与历史文化名村本身价值相去甚远，旅游经营部门大多把眼光局限于文物景点景区，文化与旅游的产业链条不够宽，不够长。村内的管理和服务，景点本身的品牌经

营，品牌塑造还很粗放，延缓了旅游经济的发展。

2. 文化旅游产品开发深度不足，资源利用低效

目前，历史文化名村旅游开发眼光局限在一些看得见、既有的文物上，强调对文物古迹的恢复和利用，忽视对文化内涵的深入挖掘。限于这种思想，历史文化名村文化旅游产品开发深度不足，仍旧以趋同性较强的古民居、牌坊、祠堂等旅游产品投入市场。这一方面造成了产品的单一性和雷同性，重复建设现象明显；另一方面也造成对老街旧房的大拆大建，甚至简单的复制文物、景点，导致"伪文物""伪文化"现象出现，损害景观的完整性和真实性，影响文化的价值利用。

观光旅游仍是其主要的旅游产品，游客在导游人员的带领下，看看老房子，逛逛老巷子，进行走马观花似的游览，这种旅游方式与真正领略、了解其文化相去甚远。由于产品的雷同性，历史文化名村之间不敢联合，各自为政现象突出，没有形成文化线路。

3. 基础设施薄弱，服务水平不高，游客的游览体验有限

旅游开发的基本目的是通过旅游者提供特殊的游览体验，使旅游者对目的地产生兴趣。景区内完善的基础设施，优质的管理和服务，是游客获得高质量游览体验的保障。目前历史文化名村大多基础设施薄弱，交通和通信条件差，旅游服务设施薄弱。通往一些村落的道路状况差，道路两侧景观布局杂乱，游客一路颠簸，剩下的只是抱怨与遗憾。通信设施不足，对外联系不便利。村内住宿接待设施普遍落后，宾馆和饭店数量少、级别低、设备简陋，农家餐馆、旅舍较多，这虽然符合旅游者乐于体验农家生活的愿望，但普遍存在设施简陋，清洁卫生条件较差、服务不规范现象。

4. 管理滞后

管理滞后主要表现在以下五方面：一是村内卫生状况差，有碍观瞻；二是对居民拆迁建房管理不到位，造成改建新建的民居与环境不和谐；三是景区内户外广告、旅游标识、景点说明、旅游解说标牌等软件设施建设粗糙，与其优美的环境不协调，影响景区的档次和文化品位；四是对古村落居民经商现象缺乏有效管理，商业摊点过多，古民居变成商店，影响游客的文化体验；五是缺乏必要的游客管理。

5. 品牌经营意识淡薄，宣传促销力度不足

目前，大多数历史文化名村旅游开发的品牌意识淡薄，品牌经营、品牌塑造上还很粗放。一些历史文化名村旅游发展存在急功近利现象，没有长远角度来规划历史文化名村旅游发展，缺乏高标准的形象定位与策划，致使旅游开发没能形成历史文化名村的鲜明个性和整体魅力。

历史文化名村的旅游经营者宣传促销意识还停留在较低层次，宣传促销手段较为原始，仍然以发传单、名片和宣传册等为主要方式，很少举行大型的宣传促销活动，许多现代化信息传播手段未能很好地利用，很难适应旅游市场竞争日趋激烈的新形势。

6. 名村保护、开发与旅游业发展的关系不协调

资源开发与保护及其旅游发展的相互关系一直错综复杂，难以协调。珍贵的文化遗产是全人类共同的珍贵财富，必须将资源保护置于核心位置。但在资源保护中存在一些难题，如资金投入问题、管理体制问题、人才问题、技术问题等，制约了对资源的有效保护。适度的开发利用，有助于资源保护在资金、管理体制等方面进入良性轨道，在本质上也发挥了向公众展示其珍贵价值，传播文化的社会功能。但是，旅游发展对自然生态和社会文化的冲击是客观存在和不可避免的，必然导致资源环境的保护与旅游业发展之间的矛盾。

7. 资金、区位等不利因素制约了某些名村的保护和发展

历史文化名村大多位于经济较为落后的偏僻地区，这也是历史文化名村得以存在的前提，在这些历史文化名村中，拥有大量珍贵的文化遗存，文物保护的途径主要依靠政府投入，由于经济欠发达，大部分历史文化名村的财政支付能力非常有限，难以实施有效保护。居民生活不富裕，也很难顾及为子孙后代保留历史文化遗产，很多资源正承受自然人为的双重损害。许多名村希望通过招商引资，利用文化资源发展旅游，促进地区经济发展。但由于地处偏远、区位条件差、经济落后、基础设施严重缺乏等不利因素，旅游投资在短期内难以取得较高的经济效益，影响外来资金的注入。同时，历史文化名村的文化生态环境已经十分脆弱，缺乏必要的环境保护设施，旅游开发极易对环境质量资源产生破坏，使资源保护与旅游发展面临更大的困难。

8. 旅游开发对古村落自然生态和文化环境造成一定损害

可持续旅游强调在发展过程中建立与自然和社会环境的协调关系，但旅游发

展对与自然生态和社会文化的冲击是客观存在、不可避免的。旅游发展对历史文化名村文化的冲击，使旅游业可持续发展面临威胁。旅游开发存在重开发、轻保护倾向，一些旅游业发展初具规模的历史文化名村。例如，西递村，商业气息日益浓厚，古建筑过多的商业摊位，冲淡了古村落浓厚的历史文化氛围。居民在经济利益的驱动下，破墙开店、拆除古民居改建餐馆、旅店等现象严重，破坏历史文化名村原有的建筑和环境，使名村的原真性和完整性遭到一定程度的损害。游客的不良行为对古村落的优良传统形成一定冲击，旅游发展也引发社会治安问题和社会道德标准下降。

9. 居民保护意识淡薄和法规制度不完善影响古村落景观风貌的维护

通过旅游致富的居民想要改善生活条件，但不能随便对老房子进行修缮或在附近盖新房。由于居民尚未形成保护和发展的整体意识，有的村民私自拆旧建新或随意修缮，破坏了古村落景观风貌。据调查，西递村自 1996 年以来发生了 30 多起违章建筑。现在仿古技术很成熟，与历史文化名村环境协调性高，但是由于造价高，内部装修不容易满足现代人生活，居民不愿意主动建造。

古民居保护不仅需要保护规划，还必须制定详细的技术规范，如对建筑景观、房屋格式、建筑色彩、建材使用等方面的具体规定。有关历史文化名村保护的法律制度不完善，居民不好掌握修缮古建筑的具体细则。在保护工作中也难以界定改建项目和修缮保护的界限，管理部门对改建项目不批，当然不会破坏文物，但古村落将慢慢"风化"变成"木乃伊"，也打击了村民修缮古民居的热情。

10. 未能建立旅游发展与社区参与的良性互动机制，阻碍社区可持续发展

社区是社会学中的基本概念，社区是旅游发展的依托，社区发展和社区支持，是旅游业持续发展的重要基础，可持续旅游发展战略强调在发展中维持公平，提出社区应分享旅游带来的利益。国外学者将公平和公正、社区参与与管理和分享权力以及可持续发展的观点称之为"新旅游发展观"。社区参与与旅游发展是建立旅游发展与社区发展良好互动关系的有效途径，居民是社区的主要因素，居民参与是社区参与的主要因素，居民参与是社区参与旅游发展的代表形式。

历史文化名村旅游发展必须充分重视居民参与问题。首先，古村落至今仍是以人群和居住为特征，充满生活气息和勃勃生机，吸引游客的不仅是文物古迹，更有真实的生活，游客希望体验名村古朴、恬淡的生活状态，居民对旅游者的态

度直接影响旅游者的感受，影响名村旅游发展。其次，历史文化名村内许多旅游吸引物属于居民个人和集体所有，居民如果不配合，会直接影响旅游产品质量。居民希望通过发展旅游来提高生活质量，保护自己的文化传统，如果居民不能分享发展旅游带来的利益，却承受环境破坏、生活受干扰、价值观念冲突的不利影响，就会导致他们对旅游持有敌对态度，影响旅游发展，进而阻碍社区的进一步发展。

在旅游可持续发展中，社区参与旅游发展规划是可持续发展不可或缺的机制。社区参与旅游发展规划的主要内容包括参与旅游发展决策、旅游发展具体思路和旅游发展引发负面影响的对策等。政府和旅游经营者制定旅游发展决策时，应尊重当地居民的态度，充分考虑居民的各种愿望，开发对居民有利的旅游产品；在旅游发展过程中，要多方面征求居民意见，合理安排旅游业发展规模，并使居民较多参与到旅游接待中；在评估旅游开发产生的各种影响时，有必要听取居民的意见，了解他们对旅游引发影响的态度，制定有效对策，保障旅游可持续发展。

四、"潜力—现状"组合及可持续发展类型

(一) 数据来源

为了克服变量数量级和数值范围影响，将历史文化名村的旅游可持续发展潜力与现状数据（表10-6）通过式（10-3）将变量转化为均值为0、极差为1的标准化变量（表10-7）。

$$p_{ij} = \frac{X_{ij} - \overline{X}}{\max\{X_{ij}\} - \min\{X_{ij}\}}(i = 1, 2, 3, \cdots, n; j = 1, 2, 3, \cdots, n)$$

$$(10\text{-}3)$$

式中，X_{ij}为第1个指标第i个样本的取值；$\overline{X}$为第J个指标上所有样本的为样本极差标准化后所得值。

表10-6　历史文化名村旅游可持续发展的潜力—现状数据

项目	西递村	宏村	党家村	杨家沟	鱼梁村	江村	朱家峪
潜力	91	84	72	45	47	58	33
现状	0.708 41	0.496 84	-0.043 45	-0.686 74	-0.063 25	-0.071 09	-0.652 29

表10-7　历史文化名村旅游可持续发展的潜力—现状标准化数据

项目	西递村	宏村	党家村	杨家沟	鱼梁村	江村	朱家峪
潜力	0. 509 85	0. 389 16	0. 182 27	−0. 280 79	−0. 248 77	−0. 059 11	−0. 490 15
现状	0. 507 77	0. 356 12	−0. 031 14	−0. 492 23	−0. 045 34	−0. 050 96	−0. 467 54

（二）类型划分

依据表10-7的标准化数据，在笛卡尔坐标系中构建其组合态势图（图10-5），对其进行类型划分。

图10-5显示：历史文化名村可持续发展按组合状况，可以分为两主类，即同步型和错位型，进一步可分为四亚类型。作者将其定义为：强同步类型、弱同步类型、强错位类型及弱错位类型（表10-8）。

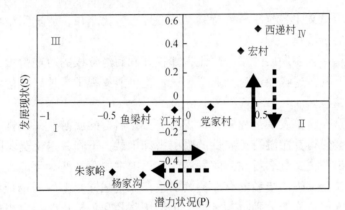

图10-5　"S-P"状况分析矩阵

表10-8　历史文化名村可持续发展类型

类型	亚类	历史文化名村
同步性	强同步（Ⅳ）	西递村、宏村
	弱同步（Ⅰ）	江村、杨家沟、朱家裕
错位型	强错位（Ⅲ）	在样本中空缺
	弱错位（Ⅱ）	党家村

（三）转化路径

1. 正转化路径

弱同步区：潜力和现状都小于0，包括江村、杨家沟村、朱家峪村，这几个村子潜力状况差，可持续发展现状差，因此应先保护遗产增强其坚固性，并培育市场吸引力，向错位型转换。

弱错位区：潜力大于0，现状小于0，党家村属于此种类型，这种类型的一般都是没有形成良好的社区参与机制，导致了现状的不可持续性，因此以后其旅游发展应建立良好的社区参与机制，向强同步型转换。

强错位区：潜力小于0，现状大于0，在7个样本中这种类型空缺。这种类型可持续发展现状因素比较高，而潜力表达因素低，导致此种现象的原因是弱同步型忽视了市场吸引力的培育和坚固性的维护。但这种转化在现实中比较少见。

强同步型是可持续旅游发展潜力和现状都大于0，包括西递和宏村，说明这两个村子的吸引力和承载力的组合状况好，并对资源的利用水平高；应保持其双优状态。

2. 负转化路径

以上是历史文化名村旅游可持续发展的理想转化路径，但现实中经常由于众多因素导致的负转化。

强同步型在旅游发展的某一阶段，如在开发商经营权的后期阶段，会对遗产进行掠夺式开发，这样便退化到弱错位区；也可能忽视了当地居民的利益，有可能退化到强错位区。

弱错位型在旅游发展过程中只重视历史文化名村的旅游资源属性，单纯追求经济价值，会使得其旅游资源属性的吸引力和承载力下降，退化至弱同步区。

可以看出历史文化名村在旅游发展的过程中主要存在两种可能性，一是弱同步型—弱错位型—强同步型的良性持续演进；二是强同步型—弱错位型—弱同步型的非良性演进。作者分别将其定义位正转化路径和负转化路径。当然历史文化名村旅游发展都期望的是正转化路径，也就是理想的转化路径。

五、结论

（1）在所选样本中，历史文化名村的旅游可持续发展状况一般，面临很多的限制性因素。

（2）依据旅游可持续发展潜力和现状可以将历史文化名村可持续发展划分为强同步型、弱同步型、强错位型和弱错位型四种类型，不同类型间存在正转化和负转化两种路径。

（3）强同步型的存在及正转化的可能证明了历史文化名村遗产属性、旅游资源属性及聚落属性具有整合的可能性和可行性。

（4）可持续发展不同类型的历史文化名村应该采用不同的旅游发展模式。

第十一章 中国历史文化名村旅游
可持续发展模式

历史文化名村可持续发展存在的不同类型，对不同类型的历史文化名村应该采取怎样的旅游发展模式达到其遗产属性、聚落属性以及旅游资源属性的整合？本章首先筛选了几种经典的旅游发展模式，总结其主要特点，结合"S-P"状况矩阵制定了其辨别标准和选择方法，用相关人士评价法计算村落的遗产保护状况、旅游开发状况和社区发展状况指数，以此选择旅游发展模式，总结归纳了历史文化名村旅游发展模式的层次及递进模型，最后提出了历史文化名村旅游发展的战略。

第一节 旅游发展的典型模式

一、保护区模式

对于历史文化保护区，1964年的《保护文物建筑及历史地段的国际宪章》、1972年的《保护世界文化遗产和自然遗产公约》、1987年的《保护历史性城市和城市化地段的宪章》等国际条约都有详细阐述，我国文物保护法和各有关历史文化名城保护的条例，也作了详尽的规定和说明。这些对历史文化保护区的原则、目标和保护方法与手段提供了纲领性指导。

历史文化保护区的保护不同于一般文物的保护，也不同于文物保护单位的保护，基于它是对一段"历史"完整的保护，因而它要保护历史传统建筑及形成历史风貌的道路、桥梁、水系。既要保护这些遗产的历史功能和村落格局与空间形式，也要保护形成历史文化名村的自然环境和有形、无形的传统历史文化。所有的保护行为和保护对象均处于一个发展、变化的社会中，任何的保护行为和保护对象都要与这一社区内的人发生关系。这就是历史文化保护区的保护不是单纯地依靠技术保护就能解决的。这种保护不只是文物工作者能完成的，也不仅仅是只依靠政府就能实施的，保护的目标、内容，决定了这种保护的社会性和综合性。因此，历史文化保护区必须要建立起一个保障体系，以使保护工作顺利进行和持续发展，这一保障体系是由若干子系统组成的。

1. 法律保障系统

法律保障对历史文化名村的保护十分重要，从大的方面讲，这是法制社会的必然；从小的方面讲，这是历史文化遗产保护的最终手段，许多矛盾、问题的解决，需要用法律、法规来界定。这种法律保障不仅仅体现在宏观大法上，如宪法、民法、文物保护法、历史文化名城保护条例等，更重要的是在大法规范下的，根据特定保护区制定的地方法规和乡村广大村民从自制原则出发形成的乡规民约，特别是乡规民约，有着宏观大法不可取代的功能。因为历史文化名村历史文化保护区由于保护的需要，必然会触动村民的生活习惯、个人利益、基本建设乃至思想文化、道德规范等，大量的矛盾和问题，不是仅仅依靠一般法律、法规就能全部解决的。农村传统道德和行为规范在这里依然起着不可忽视的作用。因此，制定一个经村民集体认可、操作性更强、针对性更强的村民保护条例，是十分必要的。这种乡规民约式的条例可具体到如何使用水系，如何处理垃圾；具体到拖拉机不能进村，共用建筑如何使用；房屋的拆迁和空宅基的使用等。它可以规范保护区人们的一些行为准则；可以在个人和历史文化遗产的保护与使用发生矛盾时，规范统一的解决方法，等等。一个好的乡规民约，实际上是对保护规划的补充和规范，由国家有关法规和乡规民约式的村落保护条例共同形成了一个法律保障系统，是十分重要的。

2. 经济保障体系

没有经济保障，要实现保护区模式的原则和目标是十分困难的，对传统建筑实施保护和整治也是一句空话；同时，没有经济保障，保护区的发展和永久保存也是不现实的。因此，一定的经济保障，是一切保护活动的动力，在保护区应建立保护发展基金，它由政府、村民和社会多方筹集，统一使用，基金会应由当地政府、村民代表、文物部门、城建部门派员参加，对资金的使用应采取公示制，公开其使用详情。

一方面，政府应逐步加大保护经费的投入，实际上，各级政府对农村的发展和基础设施都是投入的。这里，一是根据保护区的特点更好地使用这些经费，使之更多地体现出保护，同时，根据地方经济的状况，政府在财务上应预列历史文化名村保护区的保护经费、专项使用。

另一方面，保护区应面向社会，充分发挥古村落历史文化遗产的展示功能，多方面地吸引社会资金，争取更多的社会投入，如争取一些社会团体、企业和个人来利用历史文化名村；争取一些相关人员，如工艺美术、建筑、摄影等专业人员来村落建立研究实习基地；加大开放力度，发展旅游业，利用这些展示和服务收取费用，充实基金。

3. 发展保障系统

历史文化保护区的保护，应使村民看到他们发展的希望和提供未来的发展保障。

一是政府要加大科学技术力量的投入，通过示范、教育和切实的帮助，尽快地调整名村的产业结构，改变落后的生产方式，使他们尽快走出传统农业，富裕起来。帮助他们利用文化遗产资源的优势，将各级科技人员吸引来，进行定期和不定期的交流指导，提高村民的综合素质，提高他们的竞争能力，从而提高历史文化名村的整体发展能力。

二是应考虑"新旧分治"的村落发展方向，为切实保护好历史文化遗产使之永久，历史文化名村保护应结合农村发展小城镇和小城市化的进程，考虑实施"新旧分治"的保护方向，它不仅能为历史文化名村的发展提供出"历史空间"，使其更完整，更具魅力，也为村民向现代生活前进提供发展空间和保障。历史文化名村不断增长的人口密度，新式建筑，哪怕是规范了的白墙青瓦式的建筑的增长，都将使名村的原始风貌和历史文化遗产的保护出现严重的危机。人类求发展，追求现代生活的步伐是不会停止的，因此，保存旧村落，另建新村落、小城镇的"新旧分制"的发展模式，必将给名村保护带来充分的保障。

4. 科研和规划保障系统

历史文化名村的保护涉及的学科范围很广，如历史学、考古学、经济学、规划学、建筑学、艺术学、社会学、民俗学等，再加上实施保护所需要的各种技术学科，综合起来，就会形成一种历史文化遗产区域性保护的综合性研究学科。这种研究除直接影响保护的质量和水平，还能发掘更多的历史信息，加强保护区历史的完整性，提升保护区的能力，可见多学科、综合性的科学研究，是保护区健康发展必不可少的。

任何保护区的建立，必然要有一个科学的规划指导。这种规划的重要性在于它基本规范了历史保护区的保存和发展，从某种意义上说具有决定性。因此，制定科学的、符合保护和发展规律的、切合实际的发展规划，是保护区建立和发展的重要保障。

5. 管理和人才保障系统

历史文化名村保护与发展的水平，最终取决于它的科学管理水平，取决于一个合理的、科学的管理模式和机制。

首先，这种管理是"公共管理"。它管理的是一个公共事业，而不是原来意义上的农村村落，也不是一个对资源进行开发的企业，既不能竭泽而渔地将古村落推向市场，走企业化的发展道路，也不应该坚守过去那种宗法式的落后的管理形式，而应把名村的保护发展作为一种社会公共事业来管理，它的管理模式应该是"引导式的政府管理模式"，这在现阶段可预见的一段时期内，是十分重要的。这种管理模式下的保护区管理机构应由政府、专业人员和村委共同组成，充分发挥政府在公共管理中的领导作用，通过计划、组织、指挥、调控、协调，实行宏观管理；专业人员实施业务指导和人才培养。为名村培养有现代管理意识和能力的管理人员，培养有一定专业知识的业余文物保护人员，培养掌握一定科技文化知识的生产者队伍，村委围绕政府的指导，完成具体事务和组织各类生产活动。在这一框架内事业与产业可相互协调、互相促进、共同发展。

二、社区参与模式

按照 Timothy（1999）的观点，传统的旅游规划侧重于目的地带来地经济利益分析、旅游市场需求分析、环境因素分析、社会宏观条件分析等。伴随着旅游发展带来的经济利益，大量涌入的游客造成了注入环境污染、犯罪率上升等社会问题，这些旅游成本往往都要由旅游发展中经常被忽略的社区来承担，从而引起了社区居民的不满甚至抵制。这些问题的出现不能在传统的旅游规划框架下得到很好的解决。

社区是旅游发展的依托，没有社区的健康发展，就没有旅游业的健康发展（王敏娴，2004）。为了缓解这种矛盾，从 20 世纪七八十年代开始，国外学者开始大量关注旅游业的社区参与问题。

Murphy 在 1985 年出版了他的《旅游：社区方法》一书，这被认为在尝试从社区的角度探讨旅游业发展的研究中具有划时代的意义。在他之后，国外旅游学者对社区参与问题开始了更加深入的研究。Cemea 认为社区参与是当地居民充分发挥自身的能力来管理资源、指定政策和进行控制；Brandon 认为社区参与是使旅游地社区"获利于"而不是"受利于"来保佑；1997 年 6 月，世界旅游组织、世界旅游理事会与地球理事会联合颁布了《关于旅游业的 21 世纪议程》，它是旅游业发展的行动纲领和战略指南，它所提倡的旅游业可持续发展明确提出将居民作为关怀对象，并把居民参与当做旅游发展过程中的一项重要内容和不可缺少的环节。

（一）社区介入乡村旅游开发的内容

乡村社区居民参与旅游发展的范围不仅在于一些程序化的环节，还要介入实质性的过程，其参与范围应贯穿旅游发展的全过程，利益的获得更要体现在参与的过程中。

1. 乡村旅游发展利益的分配

乡村居民参与利益分享的关键在于使乡村居民成为旅游发展积极影响的受益者，而非消极影响的受害者。第一，要提供乡村居民赢利的机会，包括尽量给本地居民提供就业机会和商业机会；第二，旅游企业注意自身经营行为，最小限度地减轻对环境的污染和对当地居民生活质量的负面作用；第三，社区居民与政府、开发商的利益应该是互惠双向的（刘纬华，2000），所以旅游行政管理部门要在政策上和财政上给当地村民扶持，包括指定保护居民从事旅游经营活动的法律条例，从法律上承认其经营的合法性；规范其经营服务质量；为居民开展经营活动提供补助资金，协调金融机构提供低息贷款等。

2. 有关旅游知识和技能的教育培训

首先，接受旅游知识的教育，切实了解旅游业将会给自己的生活带来怎样的影响以及如何正确看待旅游业；其次，接受环境意识的教育，自觉树立环保观念；最后，进行旅游服务技能和经营知识的培训，提高在旅游发展中的生存能力，从这个意义上说，居民参与教育培训与参与利益的分享是相辅相成的，目标上一致的。相关的教育培训可由旅游行政管理部门或行业协会牵头实施。

3. 乡村旅游发展的规划与决策

根据世界旅游组织授权中国国家旅游局出版的《旅游业可持续发展——地方旅游规划指南》，社区居民参与旅游规划的过程大致可以分为八个步骤：①编制关于当地经济、社会、生态环境发展的详细目录；②预测目标发展的趋势；③确立地区发展的综合目标；④考虑是否有实现目标的其他选择；⑤制定并选择可行的旅游规划方案；⑥制定实现目标的策略；⑦执行计划；⑧效益评估。其过程如图 11-1 所示。

在乡村旅游规划过程中，要确保社区居民拥有发言权与决策权，授权社区居民自行决定旅游发展目标，倾听居民对发展旅游的希望和看法。具体措施是创造一个保证居民参与的咨询机制，充分反映居民的目标和社情民意，包括成立社区成员与旅游当局的联席会议，定期开会商谈旅游发展相关问题成立当地各阶层参加的旅游行业组织，在社区居民就其他利益主体之间实现沟通和协调。

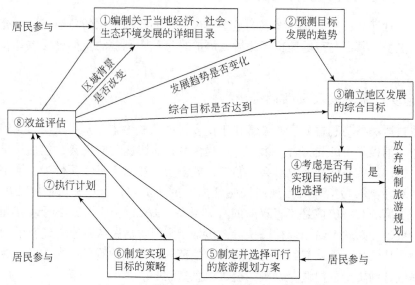

图 11-1　社区居民参与旅游规划的一般过程
资料来源：世界旅游组织，1997

4. 乡村自然和文化环境保护

社区的自然和文化环境是乡村旅游发展的重要基础，而这些离不开居民的支持和参与。社区必须建立一定的渠道，反映居民的环境要求，让居民参与旅游地环境政策的制订；监督和参与环境政策的实施，参与环境保护设备设施、机构的组织运作；敦促旅游企业在开发和经营活动中减少对环境的破坏和污染。

对于文化环境的保护，应该首先以社区经济发展推动社区社会进步，努力改变旅游地社区文化的弱势地位；其次，通过舆论、媒体等多种途径强化乡村居民的文化认同感和自豪感，并让其充分了解乡村旅游的发展对社区文化的影响和社会文化的未来发展方向；最后，在青少年教育过程中，植入和加强社区传统文化的内容，确保传统文化核心的传承。

（二）社区介入乡村旅游的形式与程度

和其他类型的社区发展活动一样，乡村旅游开发作为当地社会经济发展的一种战略选择，同样需要社区在相关方面的介入和参与。但是，社区具体的参与形式与参与程度是会随着所涉及社区发展行动（包括乡村旅游业发展）的性质不同而存在差异。

Tothman 作为社区发展概念的提出者之一，将社区发展理解为社区提高其生活质量的一个变化的过程。他认为这一变化过程可以划分成三类。

（1）当地开发（locality development）。在这一类社区发展中，当地社区将整体性的介入当地所有正在发生的变化之中。这些变化都是以一种缓慢的节奏进行，而社区共识的建立是这一过程不可缺少的一个组成部分。

（2）社会规划（social Planning）。在社会规划框架下，技术专家以及政府将他们认为最理想的发展方式管束给当地社区。尽管这并不是一种最为理想的发展状态，但 Rothman 认为它正成为目前流行的一种社区发展的标准做法。

（3）社会运动（social action）。这一类社区发展活动的特征主要表现为采取更加激进的变革以求获得一种全新的理想状态。当某地区存在十分明显的矛盾，或者当地居民已经感觉到事态已经危及他们健康，并已经为此动员起来的时候，这一类变革行动将会变得更加明显。

相应的，在上述三种不同地社区发展形式中，社区的介入会呈现出不同特点。表 11-1 将对这三种类型的社区发展模式在宏观和微观层面上的特点以及由此形成的社区进入的形式与范围分别加以总结。社区发展的一项关键工作就是组织社区参与到变革过程中去。Amstein（1969）提出了一个社区介入变革过程的阶段性光谱—"市民参与的阶梯（模型）"（A ladder of Citizen Participation）。这一模型一共分作八阶，阶数越高代表社区参与的程度越高（图 11-2）。

需要注意的是，尽管"市民参与"在很多方面都具有积极意义，但是参与程度并非绝对是越高越好，且应该与项目的性质以及项目对社区可能的影响相适应。有些功能也许通过社区组织会完成的更加高效，但是有些功能则最好留给政府去完成。

表 11-1　三种典型的社区发展形式及其相应的社区介入特征

类型	类型 A： 当地开发	类型 B： 社会规划	类型 C： 社会运动
1. 社区行动的目标类	社区能力与整合：自我扶持（过程目标）	对社区实质性问题的解决（任务目标）	改变权力关系与资源；基本体制性变革（任务或过程目标）
2. 有关社区结构和问题的假设	社区衰退、混乱；社区关系与民主解决问题能力的缺失；静态的传统社区	在生理和心理健康、住房、居民休闲等方面存在实质性问题	居民或社会公正受到侵害，权利受剥夺，不公平等

续表

类型	类型 A： 当地开发	类型 B： 社会规划	类型 C： 社会运动
3. 基本的变革战略	在解决问题方面涉及广泛的人口群体	以最符合逻辑的行动过程来收集问题数据，制订解决方案	阐明问题并动员居民采取行动反对敌对目标
4. 特征变化和技术	共识：社区不同利益群体之间的沟通；群体决策	共识和冲突	冲突对抗，直接行动，谈判
5. 主要运作人员	协调人，游说人；问题解决技巧和伦理道德教育者	调查员和分析员，措施实施人	激进主义鼓吹者，煽动者，谈判人
6. 变革方法	引导小型的，任务导向的群体	引导正式组织和处理数据	引导群众组织和政治进程
7. 权力机构定位	权力机构成员作为共同行动的合作参与者	权力机构作为雇主和赞助人	权力机构作为行动的外部目标：将会被颠覆的压迫者
8. 受益人体系的界限定义	整个地理概念上的社区	整个社区或部分社区	部分社区
9. 有关社区亚群体利益的假设	存在共同利益，或存在调和的差异	存在和调和的利益或存在冲突	难以调和的利益冲突，稀缺资源
10. 受益人定义	市民	消费者	（原先的）受害者
11. 受益人角色概念	一个互动的问题解决过程中的所有参与者	消费者或接受者	雇主，选举团成员
12. 对授权的使用	构建社区协作性决策的能力；提升当地居民当家做主的感觉	找出消费者的服务需求；告知消费者服务选项	为受益者群体获得是指权利，即影响社区决策的力量和手段；提升参与者当家做主的感觉

三、城镇化模式

针对我国大部分古村落地区工业基础薄弱，农业生产落后，商业发展缓慢，但旅游资源丰富，文化特色明显等现实条件，可以采取政府主导战略，以旅游业的发展来推进古村落城镇化建设。

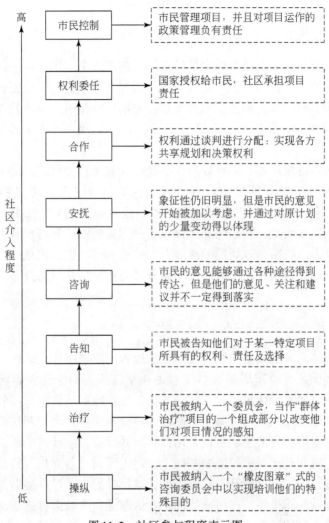

图 11-2　社区参与程度表示图

1. 古村落新区的规划建设——地域结构的转变

当地政府积极响应党和国家的建设社会主义新农村的号召，从改善人们生活条件和保护古村落的角度出发，在距古村落一定距离的外部区域规划新区。规划的制定由具备一定资质的规划设计院完成，规划的制定要本着充分节约每一寸耕地，当地居民积极参与和保持原有村落格局的原则。新区由房地产开发公司统一建设，基本保持古村落原有的肌理和传统的空间，在建设艺术和风格上能体现当地文化特色，并且又符合现代生活要求和标准。

2. 旅游业的发展——产业基础的转变

首先，政府应增加对科学研究的投入。邀请考古学、历史学、旅游学、建筑学方面的专家学者对古村落进行实地考察、研究和评估，充分挖掘古村落的历史文化价值、科学研究价值和艺术欣赏价值，并制定古村落旅游业发展规划。规划要体现"科学规划，保护第一，合理开发，永续利用，着眼未来，适度发展"的原则。

其次，古村落旅游的开发可以考虑实施经营权转让的模式，由专业的旅游开发公司来经营，旅游开发公司对古村落的保护负责（可以考虑实行保证金制度）。政府监督并保留有条件收回古村落旅游经营权的权力。旅游开发公司要充分考虑当地居民的利益，鼓励当地居民以各种形式的资产参与投资，尽可能吸收当地剩余劳动力。提高当地居民的旅游开发热情和参与度，建立一个和谐的旅游开发环境。基础设施的建设由政府、旅游开发公司、当地居民按一定的比例投资修建。

3. 居民迁入新区——人口和生活方式的转变

随着古村落新区的规划建成，政府要鼓励古村落居民迁入新区，减少古村落人口的压力和满足古村落居民日益增长的生活需要。对于迁入新区的居民在购房、物业管理方面实行优惠政策和购房按揭制度，改革当前的户籍管理制度，取消农业人口和非农业人口的户籍差别制度，建立并完善社会福利制度和医疗保险制度。居民原有的古村落建筑可以采用两种方式处置：①政府购买。当地政府在按照一定的标准和尊重居民意愿的基础上，对古建筑进行评估、定价。②鼓励居民以拥有的古建筑进行旅游开发投资入股，这种处置方式可以提高当地居民进行旅游开发和经营的积极性。古村落居民向新区搬迁，人口由古村落逐渐向新区聚集，继而实现人口的转变。新区基础设施，如交通、供水、供电，以及教育、卫生、社会保障、休闲娱乐等公共设施的完善，必然促使当地居民生活方式的转变。

4. 人口聚集和旅游业的启动必然导致产业结构和就业结构的转变

古村落居民向新区聚集，以及古村落乡村旅游业的起步，拉动了消费市场，为商业和其他服务的出现提供了可能。当地居民纷纷考虑投资非农产业，有限的农业资金得到了聚集。伴随着人口和经济集聚，产业结构发生了相应的变化，农业比重日益下降，以旅游业为主的第三产业占据主导地位，工业和商业也会得到相应的发展。一部分农民逐渐离开了农业岗位，专门从事第三产业工作或成为乡镇企业的工人。

综上所述，在古村落适当距离开辟新区，吸引古村落内部拥挤不堪的人口迁出，新区的人口聚集进一步促进经济聚集，新区逐渐发展成新农村。再伴随着城镇景观的浮现和以旅游业为主第三产业的发展，实现产业结构和就业结构的转变，特色小城镇最终得以实现。当然，古村落的城镇化过程不是一蹴而就的，而是一个比较漫长的过程。由新区建设到新农村再到特色小城镇的转变过程遵循一定的层次转变规律，其内容包括空间、人口、经济的聚集，产业结构、就业结构、地域结构的转换等。

四、各模式的特点

保护区模式是建立在旅游发展视角上的，其主要特点是重视遗产的保护和旅游的发展，解决的主要矛盾是遗产保护和旅游发展的矛盾。社区参与模式是建立在社区发展视角上的，其主要特点是重视旅游的发展和社区发展之间的关系，解决的主要矛盾是旅游发展和聚类发展之间的矛盾。

城镇化模式适合旅游发展处于强同步阶段的历史文化名村，这种模式是建立在社会发展视角上的，其主要特点是重视遗产的保护，旅游的发展和社区发展，解决的主要矛盾是遗产保护，旅游发展和社区发展之间的矛盾。

第二节　模式的选取

一、模式选取的标准与实施方法

1. 判别标准

根据保护区模式、社区参与模式以及城镇化模式的特点，提出其选择的依据。

标准1：辨别保护区模式和社区参与模式选取的衡量标准是旅游开发和遗产保护能否形成良性循环。例如，能形成良性循环，采取社区参与模式；不能形成良性循环，采取保护区模式。

标准2：辨别社区参与模式和城镇化模式选取的衡量标准是旅游开发，旅游开发、遗产保护和社区发展能否形成良性循环。例如，能形成良性循环，采取社区城镇化模式；不能形成良性循环，采取社区参与模式。

2. 实施方法

采用相关人士评价法，获取历史文化名村的遗产保护、旅游开发和社区发展状况指数（R_p，R_e，R_d）。如果遗产保护指数、旅游开发状况指数和社区发展状况指数都小，说明该历史文化名村旅游开发和遗产保护没有形成良性循环，其主要的任务是解决遗产保护和旅游发展之间的矛盾，采用保护区模式；如果遗产保护指数、旅游开发状况指数大，而社区发展状况小，说明该村遗产保护和旅游发展的矛盾已经基本解决，但旅游发展没有使社区发展，其主要的任务是解决旅游发展和社区发展之间的矛盾，采用社区参与模式；如果三项指数都大，说明该村旅游开发，旅游开发、遗产保护和社区发展形成良性循环，采用城镇化模式。

相关人士评价法指通过聘请旅游专家学者，景区投资经营管理人员，当地居民代表和游客代表等相关人士对测试内容加以匿名评判，然后根据各项因素因子的重要性进行量化和级差处理，再经过统计整理即得出最终评判值的一种方法。

二、实证分析

在不同类型中选择一个历史文化名村，由于强错位型在所选村中空缺，所以分别在强同步区、弱错位区和弱同步区中选择西递村、党家村和朱家峪，对其进行调查。

（1）问卷设计根据模型一（表11-2）、模型二（表11-3）、模型三（表11-4）设计调查问卷。

（2）问卷调查本次调查是在2007年11月进行，先后对西递村、党家村和朱家峪三个历史文化名村进行调查。调查方式为半封闭式，找专家学者6名，管理人员5名，居民代表5名，游客代表4名，发出调查表20份，获取有效问卷20份。

表11-2 历史文化名村保护状况分析模型

因素 （x）	权重 （h）	因子 （y）	权重 （b）	评分等级				
				2	1	0	−1	−2
实体 资源	0.70	景观损坏度	0.35	很低	较低	一般	较高	很高
		景观美感度	0.25	很美	较美	一般	较差	很差
		环境设施破坏	0.2	很轻微	较轻微	一般	较严重	很严重
历史文化 名村文化	0.30	文化保存丰度	0.15	很丰富	较丰富	一般	较贫乏	很贫乏
		文化整理力度	0.1	很强	较强	一般	较弱	很弱
		文化继承发展 特点	0.05	很显著 广泛	较显著 广泛	一般	较封闭 狭窄	很封闭狭窄

表 11-3　历史文化名村旅游开发状况分布模型

因素 (x)	权重 (h)	因子 (y)	权重 (b)	评分等级				
				2	1	0	−1	−2
实体资源	0.4	景观开发规模	0.12	合适	较合适	一般	较不合适	很不合适
		景观组合	0.1	很好	较好	一般	较差	很差
		景观集散数	0.08	合适	较合适	一般	较不合适	很不合适
		景观吸引力	0.1	很强	较强	一般	较弱	很弱
历史文化 名村文化	0.35	文化挖掘力度	0.15	很深	较深	一般	较浅	很浅
		文化展示力度	0.1	很深	较深	一般	较浅	很浅
		文化创新力度	0.1	很深	较深	一般	较浅	很浅
旅游环境 和市场 开拓	0.25	旅游可进入性	0.13	很好	较好	一般	较差	很差
		旅游者参与度	0.07	很高	较高	一般	较低	很低
		旅游舒适度	0.05	很好	较好	一般	较差	很差

表 11-4　历史文化名村社区发展状况分析模型

因素 (x)	权重 (h)	因子 (y)	权重 (b)	评分等级				
				2	1	0	−1	−2
经济方面	0.3	收入	0.12	很高	较高	一般	较低	很低
		就业情况	0.1	很好	较好	一般	较差	很差
		物价	0.08	合适	较合适	一般	较不合适	很不合适
社会方面	0.25	社会治安	0.15	很好	较好	一般	较差	很差
		生活氛围	0.1	很好	较好	一般	较差	很差
		人际关系	0.1	很和谐	较和谐	一般	较不和谐	很不和谐
文化方面	0.25	思想观念	0.13	很先进	较先进	一般	较不先进	很不先进
		生活方式	0.07	很好	较好	一般	较差	很差
		居民素质	0.05	很高	较高	一般	较低	很低
环境方面	0.2	基础设施	0.07	很完善	较完善	一般	较不完善	很不完善
		环境污染	0.03	没有	较低	一般	较高	很高
		拥挤程度	0.06	不拥挤	有拥挤	一般	较拥挤	很拥挤
		安全性	0.04	很高	较高	一般	较低	很低

（3）由于测试者分属不同领域，代表不同利益，对各因子评判会各有偏重，因而对同一因素的同一因子给出的评判也不相同，为此要对原始评分值进行适当

处理，以尽量集中大家的意见。其计算公式为

$$y_i = \frac{\sum\limits_{k=1} y_{k_i}}{s}$$ (11-1)

式中，s 为测试组人数；y_i 为第 i 项因子的综合评判值；y_{k_i} 为第 k 位测试者对第 i 项因子的评判值，$k = 1, 2, 3, \cdots$。

(4) 在对各因子评判值平均量化后，还需对各综合评判值进行级差处理，即加权。加权是指对同一层次的各因素（因子）相对于高一层次中的指数的重要性给予判断，以确定因素、因子各自的权数。

(5) 计算各村落的遗产保护状况、旅游开发状况、社区发展指数（R_p、R_e、R_d），计算公式如下：

$$R_p = \sum_{i=1}^{m} x_k, \quad x_k = \sum_{i=1}^{n} y_i \cdot h_i$$

$$R_e = \sum_{i=1}^{m} x_k, \quad x_k = \sum_{i=1}^{n} y_i \cdot h_i$$ (11-2)

$$R_d = \sum_{i=1}^{m} x_k, \quad x_k = \sum_{i=1}^{n} y_i \cdot h_i$$

式中，x_k 为第 k 项因素统计值；y_i 为第 k 项因素中第 i 项因子综合评判值；h_i 为该项因子权重；m 为问卷中因素个数；n 为第 k 项因素中因子个数。$k = 1, 2, \cdots, m$，$i = 1, 2, \cdots, n$。

根据相关人士评判法，在调查表分析统计的基础上，计算得到西递村、党家村和朱家峪的保护状况、开发状况和社区发展状况的指数分别为（0.867，0.941，0.796）、（0.799，0.684，0.356）和（0.242，0.251，0.219）。

可以看出，西递村三项指数都比较高，说明其遗产保护、旅游开发和社区发展之间的关系比较协调，因此西递村应采取城镇化发展模式。

党家村保护状况和开发状况指数比较高，但社区发展状况指数比较低，说明虽然党家村解决了遗产保护和旅游开发之间的矛盾，但其旅游发展还没有带动社区发展，由此采取社区参与模式。

朱家峪三项指数都较低，说明其旅游发展、遗产保护和社区发展都比较差，当前的主要目标是遗产保护和旅游开发之间的协调问题，所以应该采取保护区模式。

三、理论总结：旅游发展模式的层次及递进模型

根据历史文化名村可持续发展的阶段演进以及各阶段的模式选择，从动态的

角度构建历史文化名村旅游发展模式的层次及递进模型（图11-3）。

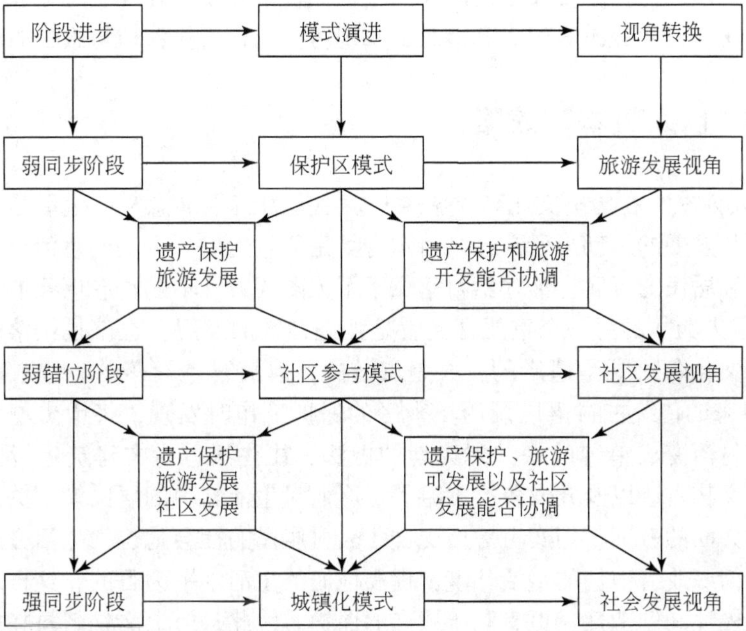

图11-3　旅游发展模式层次—递进模型

旅游发展模式"层次—递进模型"具有四种内涵：①每一高级的旅游发展类型都是从低一级别类型转化而来；②每一类型的旅游发展阶段需要有不同的旅游发展模式；③不同阶段，不同模式对应有不同的视角，解决不同的矛盾，视角随着阶段和模式的演进而调整；④每一高级模式包含有前面低级的模式。

第三节　整体的回归：历史文化名村的突围战略

一、有效保护与合理开发相结合战略

历史文化名村是优秀的历史文化遗存，在开发过程中，应注意保护其原生性和真实性。因此在可持续发展思想的指导下进行旅游开发，应重点抓好历史文化名村历史环境的保护，维护其个性特征，对现今保存完好的古建筑应重点保护；对现今基本保存原有风貌，但建筑雕刻、建筑门窗、墙体等有轻度破坏的古建筑，应坚持按"修旧如旧"的原则，重在修缮；同时，抓好历史文化名村的环境整治，建设新区，解决富裕后农民新建的"现代化"居民房舍与村落环境的不协调的矛盾。

正确处理好保护和发展之间的关系，在保护中开发，在开发中创新，全面提升历史文化名村的旅游吸引力和潜力，实现历史文化名村保护与旅游的双赢。

二、"以人为本"战略

"以人为本"在历史文化名村旅游开发中有着特别的意义，生活是历史文化名村形成与发展的原动力所在，名村本身就是活生生的、真实的生活再现，只有古村居民和居民的真实生活才给村落赋予了无限活力，不能臆造想象中的"原始风貌"。以人为本的另一个重要含义就是强调社区的发展，也就是聚落属性的发展，历史文化名村既是遗产的，又是旅游的，但最终是聚落的，日本在总结自1975 年以来的传统古村落以及历史街区的保护工作时发现，将历史城镇、历史街区、古村落变成单纯的旅游观光地的做法，往往注重对古建筑进行保护与维修，复原文物古迹以及开发各类旅游景点，而对生活其中的居民漠不关心，我国应吸取这方面的教训，切实考虑历史文化名村居民的社会地位、生活方式、价值取向，以彻底改善他们的生活环境，提高他们的生活水平为目的，这样才能调动居民的积极性和创造性，更有利于遗产的保护。因此，历史文化名村在旅游发展过程中，要强调社区的参与，建立完善的社区参与机制，只有这样才充分体现了以人为本的指导思想。

三、"文化主线"战略

调查显示历史文化名村的旅游仍以观光为主，这种游览形式虽然适用于各种类型的游客，但是旅游过程是短暂的，游客体验是有限的，游客的消费层次很低，村落居民的旅游收入也有限。历史文化名村旅游开发必须要突出其文化内涵，建筑是形象，文化才是历史文化名村的根基，因此历史文化名村在旅游开发过程中，应注意从"时间—历史的文脉"和"地区—环境的文脉"两个方面挖掘其文化的内涵，把"社会文化标本"展示给游客，使游客充分体会历史文化名村文化的博大精深，这就要求对产品进行周密策划，深度挖掘其历史文化旅游资源，一是要对建筑艺术的介绍和扩展；二是要收集历史文化资料，打名人牌。

四、"数字化"战略

虚拟现实技术是 20 世纪末兴起的一门崭新的综合性信息数字化技术。它融合了数字图像处理、计算机图形学、多媒体技术、传感器技术等多个信息技术分支，从而大大推进了数字化技术的发展。由于它生成的视觉环境是立体的、音效是立体的，人机交互性强。通过网络技术将历史文化名村遗产资源整合起来，全面向社会传播，即不会影响到遗产本身的安全，又能完好的、多角度的展示历史文化遗产，它可以将历史文化遗产的旅游发展提高到一个崭新的阶段。

五、申报"世界文化遗产"战略

申报过程就是保护过程，申报世界遗产在许多地区发展为当地的群众运动，全民参与，保护意识空前提高，申报政府投入大量的人力物力，大规模地拆迁违章建筑，整治周围环境。即使申报一时未能成功，由于文物古迹、风景名胜得到保护，资源还在，希望犹存。

世界遗产的品牌效应对当地旅游业发展具有重要的作用，保护遗产就是保护旅游资源，有助于遗产地与旅游业协调的发展。

第三篇

传统民居

第十二章　中国传统民居的概念特征与现状

第一节　中国传统民居的概念

一、传统民居的概念

传统民居不是一个通用的概念，刘嘉麒执笔的《联邦德国的古城保护和改造》中曾提及"传统民居"，意指德国大小城镇中具有历史价值的民居。传统民居（或称历史民居），就是具有一定历史文化性的民居。历史性比较宽泛，不专指具有重大的历史价值或意义，泛指具有一定的历史文化性。

传统民居的范畴，并非是单体的、器物的，而是整体的，包含历史文化的综合体。自刘敦桢开启中国的民居研究至今，民居研究成果已经颇为丰富；但是在这些民居概念中，实际上更多是指民间的居住建筑。然而，传统社会的民居群体和其共生的物质生活环境应该是一个整体，都应该属于民居研究的范畴，涵盖现存的历史文化名城、历史古镇、历史街区、古村落、传统聚落、乡土建筑等一切具有历史性的民居，包含了与居民生活相关联的文化、宗教、公共的活动场所，及其自然、社会、生活环境。

传统民居既包括历史久远的传统民居，也包括相对晚一些的近现代老房子，如上海一些近代石库门住宅。我国历史悠久，历史遗留跨度大，人们习惯于认为只有那些有几百年乃至上千年的古迹才有历史价值，而对很多时间并不久远甚至还在使用当中的遗物重视不够。英国国际古迹及遗址理事会主席 Bernard Feilden 认为："如果它已克服危险而存在了百年的可利用状态，则它具有真正的资格被称为历史性。"1995 年，日本对重要文化财产的认定标准已推近到 50 年；而美国现代建筑大师赖特的几乎所有作品都挂上了"历史性地标"的牌子。所以，对那些历史文化价值比较突出或能反映一定的时代风貌的民居，时限不应成为认同它们作为传统民居的障碍。

传统民居并不受法规限制，既有文物保护单位，也包括未经法律认同但明显含有一定历史文化遗产的大量性、一般化的民居。现今我国的各级文物保护单位由文物部门进行确定，这一方面导致文物保护进展缓慢，另一方面缺乏对民间意愿的充分考虑。中国现存的传统民居资源极为丰富，列入保护范畴的却远远不够，文物部门的保护单位也还没有来得及将很多现在看来非常有价值的民居列入名下。据统计，仅扬州老城区，具有保护价值的古民居总计有几千处，而目前获得市级文物保护单位以上称号的只有 148 处，不仅与扬州公布的近千处文物保护单位相比显得太少，也与扬州这座具有 2500 年历史的文化古城极不相符。与扬州一样，全国各地至今仍然没有得到保护的传统民居也是不计其数，它们也许就在某个深深小巷中喘息。不仅如此，不被文物部门看好却能引起当今大众旅游关注的"旅游吸引物"是多之又多。同时，对于现存的一些不认为值得保护的民居，不意味着其价值不会被以后的人们所认可。同济大学罗小未教授曾提出二根弦的思想："不论是建筑师或投资开发者，在做保护建筑时不妨在思想上多一根开发的弦，同样地在做开发时遇到旧建筑，尽管它并没有被列为保护对象，也不妨多一根保护的弦。"不仅建筑如此，对有益于大众的旅游事业更是如此，对有旅游价值的旧居、老房子我们不妨多一根弦。

二、中国传统民居的界定

传统民居是指那些乡村的、非官方的、民间的、一代又一代延续下来的，以居住类型为主的"没有建筑师的建筑"。

首先，从民居的使用者来界定，民居首先是指非官方的。"民居"一词，最早来自《周礼》，是相对于皇居而言，统指皇帝以外庶民百姓的住宅，其中包括达官贵人们的府第园宅。即本书中所指传统民居不包含皇宫、宗教建筑、军事防御建筑，如北京故宫、长春伪皇宫、沈阳故宫、承德避暑山庄、孔庙等。

其次，从民居的功能来界定。民居起初主要是供人类食、住的场所，主要满足生存需要，随着人类生产力水平逐渐提高，民居建筑技术越来越纯熟，建筑体量越来越大，样式越来越多。并且随着文化的相互交流，中国传统文化的日益繁荣，中国传统的礼制、道德、教化等也逐渐深入到民居建筑中，渐渐地人们赋予了居住场所更多的功能和内涵，民居逐渐表现出一种非生理需求的特性，成为一个不仅仅是只有功能性的建筑实体，更是一种综合社会文化的物质载体。

再次，从内涵上来界定。传统民居不仅限于它们的外形构架，还包括民居建筑的内部建筑装饰、构造细节等。民居是一种历史性的沉淀和文化的代表，其外形与内部建筑元素的总和才是完整的民居。从旅游资源研究的角度来分析，传统民居内部的建筑元素往往更能淋漓尽致地表达民居所代表的文化特色，它的每一处细节都可能成为一种吸引点，成为旅游动机激发点。

最后，从时间划分上来界定，民居包括古代民居、近代民居、现代民居。本书所指传统民居从时间上来讲针对的是古代和近代的民居。但我国现存传统民居多为明清时期的建筑风格和规制，具有更悠久历史的民居则鲜有。对于明清之后的一些明显吸收了西方建筑风格的、欧化的民居则不在本书所指范围内。

第二节　中国传统民居的特征

一、中国传统民居的特征

1. 形式外观多样

我国疆域辽阔民族众多，优越的自然条件和丰富的社会文化致使传统民居获得了多维发展的条件，使其在内部构造、平面布局、建筑材质及装饰细节等方面均呈现出多样性。同样是院落式的住宅外观，但因气候不同，房屋结构也不相同。南方湿热、多雨，北方干燥、寒冷，南方住宅需避免阳光直射进而产生阴影，北方则需要尽量多地采纳阳光入室，形成了南方院落小而高的天井及北方院落宽敞的四合院。受地形所影响，传统民居建筑在形态上包含"地面式、地下式、架空式、临水式"四大类型，如北京四合院、西北窑洞、吊脚楼、乌镇传统民居等。平面布局上有规则的方形、长方形、圆形，如晋中四合院、福建围楼；也有不规则的各种少数民族建筑。在建筑取材上，西南林木发达，木材充足，常见木构架民居且各式各样；西北以游牧业为主，则常以毡房、帐篷为居。这些多样性使得中国传统民居较之其他类型的古建筑，形式上更为活泼、内容上更为丰富，形成了较为多变的人文旅游景观。

2. 地域色彩浓重

民居建筑与官方建筑相比较往往能够最鲜明地反映出其所在地域的一些风貌、习俗、传统文化。相对于民居外观而言，地域性文化在民宅中的遗存和影响才是一所宅院魅力长久的根本。历史上山西商业曾长期辉煌，尤以票号闻名全国，几乎垄断北方贸易，此处远离皇城，民居建筑上不仅彰显富商巨贾的奢华，而且较少受等级制度的控制，堪比皇家府邸的气派。祁县乔家大院、灵石王家大院、渠家大院、常家大院等均为此类商贾民居，其中被誉为"华夏民居第一宅"的王家大院，总面积达 15 万平方米，共有院落 54 幢，房屋 1083 间。

3. 实用性和审美性相结合

传统民居存在的意义首先是功能性的，是人们生活起居、家庭联络的场所，除此之外它也满足了人们对于美的一种追求。传统民居不仅根据居住需要因地制宜地就地取材，或土、木、或砖、石，还发挥建造者的艺术想象力，利用建筑材料的特性，对建筑空间进行灵活组合、分割、装饰，尽量地追求民居建筑的美观性。例如，干栏式建筑——傣族的竹楼，不仅适合当地地形高低差变化大，雨热丰沛的地形气候特点，起到防潮湿、散热通风、避虫兽侵袭的作用，同时也符合当地的整体环境，具有天人合一的自然生态美。

4. 浓厚的文化背景

多样的传统民居建筑承载着丰富的民风、民情、民俗和民族文化。一座传统民居从选址、择位、营建、细节装饰到使用，无处不传达着中国传统的制度文化、物质文化、意识文化。在宅地选址和择位上，讲究风水观，并形成了一套完整的住宅风水理论。等级制度上民居建筑也严格遵守国家规定，"从建筑类型、开间、构架、斗拱使用，甚至用瓦、脊饰、门饰、色彩都做了明确规定，不得超越"。此外，长幼尊卑的封建礼制思想在建筑中也处处可以体现，如北京四合院的正房、厢房、倒座、耳房等的使用分配规定等。

二、中国传统民居与中国传统文化

"中国民居作为中国传统建筑的一个重要类型，凝聚了中华先民的生存智慧和创造才能，形象地传达出中国传统文化的深厚意蕴，从一个侧面相当直观地表现了中国传统文化的价值系统、民族心理、思维方式和审美理想。可以说，中国传统民居是中国传统文化的重要载体和有机组成部分。"中国传统民居也正是具备了如此诸多的文化特色，才成为了中国对外所独有的一种标志，一项可供开发且有开发价值的旅游资源。

中国传统文化纷繁而丰厚，几乎渗透到人们生活的每一个方面，本书将其在中国传统民居中的影响归纳为以下几个方面。

（1）中国传统民居中的宗法观。中国是一个非常重视血缘和亲情关系的国度，在封建社会这种血缘和亲情关系往往被作为一种等级制度的基本细胞而存在，将"君君、臣臣"浓缩为"父父、子子"的微型关系，而"家"无疑是这种关系的维系纽带和表达场所，将"家"这一概念落实到住宅上，便产生了体现"尊卑之礼、长幼之序、男女之别、内外之分"的等级严格且秩序井然的住宅空间布局，并最终促成了民间建筑类型的型制化。最为典型的当属院落式民居中的北京四合院，此类民居，以垂花门定内外，以正房、厢房排尊卑长幼，以院落进深别男女，宅向空间关系上也因循尊卑分明的传统观念。

（2）中国传统民居的风水观。早在儒家、道家思想产生之前，我国便已经存在了诸如阴阳、五行、八卦的思想，它们随历史的发展不断完善，相互吸纳，在我国民间广为流传和发展。这些思想反映在居住建筑上便形成了一套系统的住宅风水学，"这是我国古代的建筑（地理）环境学，它是我国古代先民为建城镇、村落、住宅、寺院、墓地等，寻找吉祥地点的景观评价系统和选址布局理论"。福建土楼中有一种楼为"八卦楼"，振成楼为其代表，它不仅在择址上背面靠山，朝向开阔，内部构造上按照《易经》的"八卦图"排布内外部的构造和布局，"依八卦分为八部分，每卦六间，每层共48间，楼体每卦设一楼梯，作为一个独立的单元，卦与卦之间是封火墙，并以拱门相通……"它的这种设计尽显中国传统风水观念在人们心中的重要性，同时对土楼这种抵御性的民居建筑起到加强安全的作用。

（3）中国传统民居的吉文化。人类自产生起便对自然界存有敬畏感，本能地对天灾人祸存在趋吉避祸的心理状态，这种心态一旦生成便渗透于社会生活中，并将求吉求福的民族心理物化在传统民居的诸多方面。虽然各个地区、民族对于吉祥的具体追求和表象不太相似，但最终的目的是一样的。民居整体布局喜方圆"和合"，寓意和睦、团圆；大门喜东南向开，迎合"紫气东来"的吉祥说法；不论是南方纳西民居常见的三坊一照壁的型式还是北方合院中的影壁，不仅在实际功能上起到阻隔视线，保护居者隐私的作用，而且还寄予着主人驱鬼避祸的寓意。此外，传统民居的各种细节建筑元素题材多选择鱼、莲花、牡丹、龙凤等图案以及美好的民间传说故事，表达人们对于吉庆的向往，对于祥和圆满生活的企盼。

（4）中国传统民居的自然观。中国民居在建造风格上追求"天人合一"，人与自然和谐共处的理想状态，充分利用良好的生态环境和局部的小气候，来营造屋宅里人们的舒适生活。

三、中国传统民居作为旅游资源应具有的属性

1. 良好的可开发性

可进入程度是传统民居旅游资源可开发性的首要因素。旅游六大要素中的"行"，即交通，是开发旅游资源及开展旅游活动的先决条件和重要基础设施，"旅宜快、游宜缓"是游客对待交通问题形象的心理描述，这表明旅游景点的进

入性不仅要顺畅且要安全、快速、舒适，但我国保存完整且原真性比较良好的传统民居多在偏远地区，进入性差。就现今旅游发展良好的传统民居集中区，如乌镇，县级公路姚震线贯穿镇区，经姚震公路与省道盐湖公路、国道 320 公路、318 公路、沪杭高速公路相衔接，据周围嘉兴、湖州、吴江三市分别为 27km、45km、60km，距杭州、苏州均为 80km，距上海 140km。乌镇因为靠近国际大城市和客源市场，且交通便利近年来获得了旅游业的大发展。而对于其他区位条件不够良好的传统民居，尽管已经具备旅游开发的资源特性，但因为存在交通问题及其他诸如食宿等短期内不可解决的问题，也只能作为潜在的旅游资源存在，等待发展机会。另外一个衡量传统民居可开发性的因素是经济效益。国家旅游局2003 年颁布的《旅游规划通则》对旅游资源进行如下表述："自然界和人类社会凡能对旅游者产生吸引力，可以为旅游业开发利用，并可产生经济效益、社会效益和环境效益的各种事物和因素，均称为旅游资源。"旅游企业首先是一个经济实体，他们的首要目标是商业性的，是要获得经济效益，如果没有经济效益的支撑，便难以产生开发活动。简言之，如果传统民居开发的投入产出不成正比，无法为开发者取得相应的经济效益，没有市场影响价值，那么就只能是潜在的未开发资源。除此之外，传统民居资源所在地区政府部门对于旅游开发的态度、投资量、重视程度和积极性等也是影响传统民居可开发性的重要外在因素，会对传统民居旅游资源的开发提供有利条件或造成非有利的限制条件。

2. 分布的相对集中性

我国传统民居作为一种百姓居住的场所，在分布上具有一定的分散性，而若将其视为一种旅游资源，则需要此类旅游资源具有相对的集中性。一方面相对集中是开发成本的要求，也是旅游企业最关注的因素。传统民居因其特殊性，在所有权上不似大型宗教建筑、宫殿等公共建筑，它们很大一部分都是私人所有，旅游开发和营销者在对传统民居进行综合开发营销时就需要考虑多方面的因素，而显然开发比较分散的单体民居旅游资源，在协调各利益主体时会更加烦琐，结果会增加管理成本。另一方面，就现今旅行社的产品开发营销的策略倾向而言，一项旅游线路的设计比较倾向于对旅游产品构成要素——旅游资源，进行内部及外部的多维组合开发。旅游资源内部组合开发是对同一类型旅游资源进行组合，如对同一传统民居单体类型的组合，如密布四合院传统民居的北京南锣鼓巷旅游景点，这样的内部组合方式更能保持旅游资源本身所存在的"吸引力的定向性"；外部组合则是对不同类型的旅游资源整合，组合之后的旅游产品形式多样，内容丰富，如黄山市的旅游多将自然风光类型的黄山市风景区与人文类型的西递村、宏村传统民居聚落景点进行组合开发，从而拓宽单项旅游产品的客源市场。由此可见，相对集中的历史街区类型的民居群或规模较大的民居复合体较之单体传统民居，在旅游产品开发营销方面是较占优势的旅游资源。

3. 保存的完整性

这里讲传统民居的完整性不仅指整体构造外形的完整和内部细节的良好保存，还包括文化内涵的完整性。民居作为一种有形的旅游资源，向旅游者展示的是一种建筑形式，是历史和文化延续至今的一种物化的实体，其外形保存的完整性在很大程度上决定着它们的吸引力大小和开发价值。中国传统民居是一种人文类的旅游资源，民居固有的外在形式是物质性的，民居所体现的历史性事象，如某一历史阶段人们的生活、生产、社会交往及人们的思想意识动态等。因而，民居居住者的生活习惯、日常风俗及其反映的文化内涵等无形的非物质存在，才是传统民居的灵魂所在。这类丰富的文化内涵使得传统民居有别于其他类型的旅游资源，且文化的恒久性更使得传统民居旅游资源能够具有较长的生命周期。民居旅游资源在形式和内涵上越完整，就越能吸引旅游者，从而保证旅游者的游览次数和停留时间。

4. 具有独特的吸引力

旅游资源在国外被称作旅游吸引物（tourist attraction），是指旅游地吸引旅游者的所有因素的总和。国内学者也对旅游资源定义了多种概念，但不管是哪种定义，对于旅游资源的认识有一点是统一认同的，即旅游资源都是有吸引力的。若将中国传统民居视为一种旅游资源，就要求传统民居对于某一旅游群体（而非每一个个体）具有吸引力，这是旅游资源的核心，只有具备了吸引力，传统民居才能够对旅游者产生心理刺激，进而激发旅游者的旅游动机并进一步促成旅游行为的产生。中国传统民居蕴涵建筑学、历史学、文物考古学、民俗学、文学等多方面知识，承载着古代人民的智慧，具有独特的魅力。但是，民居本身不会主动向外界展示，我们需要结合古民居研究学者及旅游专业学者的学术研究，加深对传统民居的文化挖掘，将民居内一砖一瓦、一草一木的内在文化韵味开发出来，并呈现在民众的视野内，这样才能"琢石为玉"，突显传统民居形象，将更多的传统民居转化为显性旅游资源。

第三节　中国传统民居研究现状

一、主流学科研究现状

中国的传统民居研究发轫于 20 世纪 50 年代，以刘敦桢先生的《中国住宅概说》为主要成果。80 年代后的 20 年形成了多学科研究民居的高潮，成果、专著、会议渐多。研究内容上从主要围绕建筑的结构、装饰、材料等方面研究其建筑特色、布局、设计及艺术形式，慢慢延伸到对周围环境的整体思考，延伸到对村落、聚落的研究；在聚落形态、民居型制、民居分类、民居建筑空间构成、民居结构与构造、民居建筑美学等方面进行了大量研究。初期对传统民居更多的是关于民居的调查、资料发掘、整理，以 1984 年出版的《浙江民居》影响为大。中国民居学术会议的论文集《中国传统民居与文化》把传统民居与文化联系在一起，但是大多没有脱离建筑学的角度。正如阮昕在比较 20 世纪 80 年代西方及日本民居研究与中国民居研究热的区别时说：国外的民居研究者多为人类学家及地理学家，其研究角度往往着重于孕育民居的人文社会背景，而真正关注的是造其居的人。中国 20 世纪 80 年代的民居研究者多为建筑师，其研究方法是形式分析与"美学鉴赏"。也有人认为其本质是一种"照相式"的研究方法。

总体看来，建筑学对民居的研究历程从求同到寻异，从研究单体建筑到重视整体环境，从重视"居"到关注"民"，包括人的生活、文化、民俗等，从单一学科研究发展到多学科多角度研究，为民居研究奠定了坚实的基础，可谓是现今研究民居的主要力量。

二、旅游学研究现状

就笔者所查相关资料文献中，国内对历史民居旅游发展的相关研究主要有以下几个方面：民居旅游资源特点和价值方面、旅游开发与规划方面、问题及对策方面、旅游影响方面。

（1）资源特点与价值方面。黄芳（1997）提出我国传统民居的旅游开发价值为建筑文化魅力、生活魅力和历史名人的魅力，并提出传统民居的开发策略。刘沛林和董双双（1998）对中国古村落景观的空间意象进行了深入研究，认为中国古村落景观具有山水意象、生态意象、宗族意象和趋吉意象等共性，并对不同地域古村落景观意象的差异进行了比较。阮仪三等（2002）认为江南水乡城镇具有独特的自然景观、生活特性和地方文化，具有优秀的历史文化和规划建筑艺术价值，在中国经济发展史上具有很高的地位和作用。汪黎明（2004）认为我国古村镇保护和开发的重点主要在于古村镇的建筑风格、人居环境、文化习俗、生活方式。

（2）旅游开发角度。黄芳（2000）从旅游资源利用的角度总结出传统民居旅游开发的四种类型：即百姓居室型、陈列室型、主题公园型、民居旅馆型，并探讨了四种类型民居开发的原则与基本方法。刘家明等（2000）以平遥古城为案例，在分析平遥传统民居现状及存在问题之后，在强调"有效保护、可持续利用"的基础上，给出了开发原则及开发方式。黄芳（2002）提出了对浙江传统民居旅游资源的开发设想。卢小琴（2005）从旅游开发的角度对名城分类、名城特色要素进行分析，提出名城旅游开发理论依据及开发理念和名城旅游开发基础理论体系。贾洁（2005）以上海市中心城区的历史街区为研究对象，对上海市中心城区历史街区的旅游开发问题进行了实证研究。沈苏彦等（2003）研究了历史街区旅游开发的问题，通过分析历史街区旅游开发的必要性及可能带来的负面影响，依据历史街区的保护原则，借鉴国内外历史古城旅游利用的基本思路，提出了历史街区旅游开发的"主客相融"模式和"低密高质"模式。周玲强和朱海伦（2004）以乌镇为例，总结了基于生命周期分析的江南水乡古镇旅游开发与管理模式。王莉等（2003）以乌镇为例，对江南水乡古镇旅游开发战略进行了初步探讨。杨载田（1994）提出乡村古聚落旅游资源开发的优势，指出乡村古聚落的开发要择优开发、以市场为导向、因地制宜、与农村经济协调发展、保护与利用相结合。刘沛林（1997）对徽州古村落的特点进行了概括，指出保护性开发的方向。杨载田和邱国锋（2002）对客家乡村古民居资源特点进行分析，并提出了开发意见。卢松等（2003）以西递村、宏村为例，提出开发应遵循保护重于开发、政府主导、以人为本和区域旅游的原则，以文化性观光旅游和修学旅游为主要开发方向，辅以度假旅游和康体旅游。

（3）旅游发展中的问题及对策方面：魏小安和窦群（2002）针对丽江旅游发展出现的问题提出了发展创新的举措。李丽雅和黄芳（2003）以周庄和同里为例，分析了江南水乡古镇旅游开发与保护的现状及其存在的主要问题，并提出了发展对策：正确处理好旅游资源的开发与保护的关系；强化管理，增强古镇局面的保护意识和参与意识。张琼霓（2003）研究了皖南古民居旅游开发中的问题，认为需要在民居旅游开发中加强规划、突出特色、正确处理保护与开发利用的关系。李淼和朱蕾（2005）指出商业性旅游开发在传统聚落开发上的弊端，指出这种开发的本质是构建一种类似迪斯尼空间的逻辑假象。刘昌雪和汪德根（2003）在可持续旅游发展的原则下对皖南古村落旅游发展的限制性因素进行了分析。吴承照和肖建莉（2003）总结了古村落发展面临的普遍问题，提出古村落可持续发展的前提、动力与制约因素及对策。吴冰和马耀峰（2004）分析了我国古村落旅游存在的主要问题，针对以陕西省韩城党家村旅游为例，提出了对古村落旅游产品深度开发与加强资源保护的具体建议。

（4）旅游影响研究：保继刚和苏晓波（2004）在实地调查周庄古镇和丽江古城主要街道沿街铺面的基础上，对历史城镇旅游带来的商业化影响进行了动态分析。章锦河（2003）以西递村、黄洁等（2003）以诸葛村、长乐村为例，采用问卷、访谈的方式对旅游地居民对旅游发展的影响感知和态度做了研究。两个调查结果均显示：当地居民对旅游发展以及旅游带来的经济、文化影响持较为肯定的态度，对旅游所带来的消极影响没有感知或很弱，没有反对、对抗的情绪。李凡和金忠民（2002）通过对宏村、西递和南屏三个古村落的经济、社会文化和环境影响指数的对比分析，从古村落居民认知的角度探讨了旅游发展对古村落的影响。指出西递的旅游影响效应要高于宏村和南屏，并指出目前中国古村落的旅游发展过程中存在着相似的模式，社区村民和地方政府是两个最重要的影响因素。

综合以上看来，传统民居旅游研究存在以下几个问题：第一，旅游学对传统民居旅游资源开发的研究还处于初级阶段，集中在旅游开发的初步研究，忙于应付具体案例中出现的问题，理论研究滞后于现实发展，还没能够系统和深入。第二，以旅游资源价值分析为主，往往就现象谈现象，就问题而谈问题，没有考虑传统民居旅游市场和旅游者动机，很少系统考虑其发展问题。第三，在已有研究中，传统民居旅游开发研究集中在热点的传统民居旅游地（以下统称，意指以传统民居为主要旅游资源的旅游地）上，如丽江、平遥古城，周庄、乌镇等水乡古镇，皖南古村落等，也就是说研究仅限于少数传统民居旅游地，尚有很多还未引起学术界关注。第四，传统民居旅游研究多只运用旅游学相关理论，从多角度、多层面研究问题还很欠缺，这是与旅游学的成长背景相关联的。

第四节　中国传统民居研究现实与理论意义

一、现实意义

传统民居是传统文化与民族文化的集中体现，集建筑、艺术、文化、民俗等为一体，具有独特魅力。然而在历经岁月沧桑之后，有相当一部分因内部构造、设施、周围环境等情况已经不能满足现代人的居住。文化上的高层次和使用上的低标准使之成为"中看不中用的古董"，因而在现代化发展与城市建设中被大量拆除或破坏，数量急剧减少。20世纪80年代人们开始重视传统民居的保护，相关的法规也建立起来，历史文化名城制度和世界遗产的申报也为民居保护起到很大作用。从政府到民间对民居保护的呼声越来越大，民居保护与发展的问题也是纷繁复杂，人们在民居保护、更新、利用上投入的精力也非比寻常。在欧洲，旅游经常成为复兴一些历史城镇和乡村的重要手段，我国传统民居旅游地的发展也有利于当地社区经济转型与重构。

传统民居是现代社会宝贵的历史文化遗产，我们必须坚持保护第一的观念，但是单纯的保护并非最有利于传统民居，没有不为利用的保护。世界范围内的旅游活动已是一股不可阻挡的潮流和客观事实，借助历史遗留的文化遗产进行旅游活动，为人类服务有益于人类自身进步和社会发展。旅游一方面能使传统民居等文化遗产的价值凸显，另一方面旅游业创造的巨大经济价值能为传统民居保护提供重要物质保障。更为重要的是，旅游能为大众提供文化体验和精神享受。因而旅游利用是传统民居保护在现实条件下比较可行的重要手段。与此同时，传统民居旅游这种文化旅游消费形式越来越受到人们的重视与喜爱，同时也极大地带动了旅游经济和当地社会的发展。

对传统民居进行有效的旅游利用，有利于解决相当一部分传统民居的生存与发展的问题。创造出符合市场和游客需要的旅游产品已成为传统民居旅游研究中非常现实的问题，因此，研究传统民居旅游开发对促进传统民居的持续发展，弘扬我国优秀传统文化具有重要的现实意义。

二、理论意义

中国旅游业是在改革开放以后大规模发展起来的，是一个年轻却又发展迅猛的产业，与之对应的旅游学研究与西方国家相比相对滞后。同时，我国旅游业首先关注的是历史文化遗产中的宫殿、坛庙、陵墓、园林等宏大叙事的内容，而传统民居旅游是在20世纪80年代后才于大众旅游中受到重视，理论研究更为缺乏。加强对传统民居这类旅游资源的研究将丰富旅游学的研究内容，跟进旅游业快速发展的现实。

旅游学科在中国是一个相对年轻的学科，在民居问题的研究上与建筑学科相比，广度和深度都还不够。社会的多元化发展、多学科发展都要求民居研究以多种叙事方式出现，而非仅局限于主流或几种主要的叙事方式。研究传统民居不仅仅是建筑学科本身范畴，必须把它放在大环境中，在各学科的配合下进行综合研究。传统民居旅游已成为国内外最受关注的文化旅游方式之一，从旅游学的角度研究民居及其旅游文化、旅游发展的问题具有十分的必要性。同时，我国旅游业发展非常迅速，其发展带来的诸多问题也使得理论研究非常紧迫。

此外，旅游学在传统学科中的地位还没有稳固，人们对旅游学的认识也不够全面，甚至相当肤浅，对旅游的学术研究几乎被视为"轻佻的"行为，因而不受"理性的"学者认可。国内对传统民居的实践主要是工科背景的城市规划设计或建筑设计的人在进行这方面的工作，从旅游发展角度的研究还十分匮乏。

传统民居作为现代旅游业的重要资源和内容在理论研究上还较为薄弱。本书从传统民居旅游资源系统、旅游者动机与审美、旅游开发现状等方面进行研究将是一次较为系统与整体的理论探索。

第十三章　中国传统民居旅游资源价值体系

第一节　中国传统民居旅游资源系统的结构分析

一、系统观的引入

系统论是美籍生物学家贝塔朗菲于 1948 年创建的，这一理论诞生以后对学术研究起到了巨大的推动作用。他认为："所谓系统，就是指由一定要素组成的具有一定层次和结构，并与环境发生关系的整体。"系统是由两个或两个以上相互作用、相互制约的要素构成的具有一定功能的统一体，具有整体性、有序性、动态性和层次性等特点。系统论的核心思想是系统的整体观念，系统的整体功能大于部分功能之和。著名旅游学家、*Annals of Tourism Research* 杂志的主编 Jafari 指出："为理解旅游业，有必要将其作为一个整体或作为一个系统来研究。"系统观为我们正确认识旅游系统提供了科学的理论与方法。旅游系统有多种划分方法：有旅游需求系统与供给系统的经济理论划分；也有划分为客源市场系统、出行系统、目的地系统和支持系统四个部分；还有分为旅游资源、旅游产品和旅游市场三个子系统。根据系统观的理论与方法，这里把旅游资源看成是旅游系统的一个子系统，即传统民居旅游资源系统。

传统民居是人类长期适应环境的具体创造，积淀了千百年的历史文化与传统生活，标志着一定历史条件下地方社会、经济、文化等综合影响所形成的民居水平，保留了传统风貌和大量的历史信息，是一种独特的文化旅游资源，具有极大的旅游吸引力与市场开发潜力。旅游资源分类、调查与评价国家标准（GB/T18927—2003）中，在主类"建筑与设施"下，亚类"居住地与社区"里面，包含了以下的基本类型：传统与乡土建筑、特色街巷、特色社区、名人故居与历史纪念建筑、书院、会馆、特色店铺、特色市场。这是从字面上看最关乎民居的一部分。而传统民居作为旅游资源，无疑还涵盖了"人文活动""旅游商品"等主类中的艺术、民间习俗、节庆等类型。民居建筑及其建成环境，以及依附在民居上的民俗、文化、艺术都是可能吸引旅游者的潜在旅游资源。

因此，传统民居跨越了建筑与设施、旅游商品、人文活动等类资源，是一种具有综合性、多样性、延展性、复合型的文化旅游资源，既包括现实性的也包括潜在性的，既有物质类也有非物质类，分类与评价都显得比较困难与复杂。因此，系统观为正确认识传统民居旅游资源提供了科学的理论和方法，将传统民居旅游资源视为系统，并且从历史发展的角度找寻出传统民居现今所存在的三种整体空间形态——村、镇、城，从而建立起传统民居的旅游资源系统，再进行相关的分析与研究。

二、村、镇、城——民居发展的三个阶段

从人类聚居的历史来看，任何聚落最初都是以居住生活为主要功能。不适宜居住的地方不可能给人类提供繁衍生息的基本条件，也就更不可能衍生出经济、政治、军事等诸多功能。人类最初只是过着依附自然的采集经济及巢居、穴居的生活，到了新石器时代，由于农业的发展和原始部落的聚族而居，才产生了原始的固定居民点的村落。自从人类有了固定居所以来，民居就随着社会经济的发展而不断发生变化，当私有制产生，社会发展到奴隶制社会，剩余产品与私有财产的交换慢慢产生了固定的交换场所，即"市""市井"，也就是最初的城市型的居民点。当手工业及商业慢慢从一般的村落居民点分化出来，而这些仍带有农业色彩意义上的城市也逐步发展。到宋元时期，发达的商业、手工业地区形成繁荣的市镇，大型的综合型城市也产生了。从我国城市的发展历史来看，人们居住场所逐渐由单纯的原始居住形态发展形成如今村、镇、城的整体形态，见表13-1。

表 13-1　民居发展的阶段

时间	社会经济状况	居民点与城市发展情况
旧石器时期	依附自然的采集经济	巢居、穴居等原始居住形态
中、新石器时期	农业、畜牧业为主	开始有固定居民点出现（聚落）
奴隶社会初期	第一次社会大分工，农业成为主要生产形式，私有制产生	有固定的交换场所——"市"出现
奴隶社会	手工业、商业从农业中分化出来	以商业、手工业为主的城市从以农业为主的乡村中分化出来
封建社会初期	土地私有及地主土地所有制建立	城市普遍发展，出现政治中心城市和商业都会城市

续表

时间	社会经济状况	居民点与城市发展情况
至宋元	封建主义社会充分发展	少数城市规模发展很大，部分集市发展为市镇，坊市制向街巷式转变
明清	农业、手工业全面发展，部分地区手工业、商业成为主要经济活动	专门的工商业城市得到发展，市镇大量兴起，城市中出现厢坊制，商业布局更加灵活，城市园林达到高峰

从民居演化的意义上来说，村、镇、城就是民居发展的三个不同阶段，是自然环境与人类社会发展千百年来相互交融、共生的结果，也是今天的传统民居存在的村、镇、城三种整体空间形态，常称之为古城、古镇、古村落，也有合而称之为历史城镇、历史村镇。

三、传统民居的旅游资源系统

1. 民居建筑——传统民居旅游资源系统的核心

中国国土辽阔，民族众多，加之地域、气候、材料、习俗、经济等的差别，民居建筑的类型极为丰富，因而也产生了各种各样的分类方法。梁思成先生在新中国成立初期试编《中国建筑史》时，仅将民居分为华北及东北地区、晋豫陕北之穴居区、江南区、云南区四区。刘敦桢先生按平面外形将民居分为圆形、横长方形、纵长方形、曲尺形、三合院、四合院、三合院和四合院的混合体、以及环形与窑洞式住宅九类。刘治平先生在《中国居住建筑简史》中将清代民居分为穴居、干阑、宫廷式建筑（即庭院式宅第）、碉房、"阿以旺"住宅、蒙古包、干井式七类。陆元鼎先生的分类考虑到人文背景和地区自然条件，划分为院落式、窑洞、山地穿逗式、客家防御式、井干式、干阑式、游牧移动式、台阶式碉房、平顶式高台九类。

面对中国民居百花争妍的局面，试图用几类来划分是比较困难的。孙大章先生借鉴自然科学界的纲、目、科、属、种的分类原则，按类、式、型三级对民居进行研究，将民居首先分为六个大类：庭院类、单幢类、集居类、移居类、密集类、特殊类，具体分类见表13-2。

表 13-2　民居建筑分类

类	式	典型形制
庭院类	合院式	北京四合院，晋中、晋南民居，关中民居
	厅井式	浙江东阳民居、徽州民居、湘西民居、云南"一颗印"
	融合式	苏州民居、湖北民居、川中民居、丽江纳西族民居
单幢类	干阑式	傣族竹楼、壮族"麻栏"、苗族半边楼、朝鲜族民居
	窑洞式	靠岩崖、平地窑、锢窑、吐鲁番土拱民居
	碉房式	西藏藏族民居、四川藏族民居、甘南藏族民居、土掌房
	井干式	汉、纳西族井干式民居
	木拱架式	凉山彝族木拱架房
	下沉式	高山族下沉式民居
集居类	土楼式	圆形土楼、方形土楼、五凤楼、寨屋
	围屋式	围拢屋，潮安的三壁莲、四马拖车，潮阳的图库
	行列式	粤东梅县杠屋
移居类	—	毡房（蒙古包）、帐房、撮罗子、舟居
密集类	—	浙东纤堂屋、闽粤沿海的竹竿厝
特殊类	—	番禺水棚、吊脚楼、海草房、石头房

表 13-2 体现出中国民居建筑极为丰富的种类与形式，中国博大精深的传统建筑文化可见一斑。民居建筑多是由历代百姓自己建造的房屋，以日常生活为功用，也可称之为"没有建筑师的建筑"，它们是传统民居旅游资源系统的核心，也是传统民居旅游资源区别于他种文化资源的关键要素。同时，以民居建筑为居民生活基础而衍生了一系列相关建筑，如宗祠、书院、商铺、塔楼、会馆建筑等，使人们不断与周边环境相融合，同时不断赋予空间以历史信息与文化积淀，而这些恰是构成传统民居丰富旅游资源的重要的物质组成部分，是现代旅游者兴趣所在。

2. 空间环境——传统民居旅游资源系统的肌体

民居就其根本而言是人们聚居的场所，人们在选择、营造自己的聚居场所时都是以自然环境为依托，在整体营造的思想基础上进行的。在民居建造、建成、发展的整个漫长过程中，周边的自然环境和人类加工过的空间环境就不断地与民居建筑相融合，成为村、镇或城的有机组成部分。自然的山水、植物、气候等要素，与人工营造的街巷、道路、水系、桥梁等创造了人与自然沟通融合的空间环境。中国的传统民居还融入了朴素的营造思想，特别是风水观念在古村、古镇、古城的营造中占据着重要地位，如在各地普遍可以见到的风水塔就是风水思想的直接体现。浙江兰溪诸葛村，经过全面规划、精心布局，以一个池塘为中心，村道呈放射状，四周拱卫着大公堂、怀德堂、崇信堂、丞相祠堂等楼宇建筑，众多民居围绕布置，整体组成了一个宏伟机巧的"九宫八卦"图形式的民居建筑群，更为神秘的是村外八座小山环抱诸葛村，构成天然的外八卦阵形。

罗哲文先生认为诸葛村的"九宫八卦"形布局"在中国古建筑史上尚属孤例"，但是在我国众多的传统民居中，诸葛村并非整体营造的孤例，我国的古村、古镇、古城在选址、布局等各个方面几乎都渗透着整体营造的思想。"小桥、流水、人家"的概括不是几个简单元素的堆砌，而是它们的有机组合，是人们营造的人与环境和谐共生的江南水乡的整体意象。正是因为与空间环境互相依存的关系，我国的传统民居才会如此丰富多彩，与自然环境相依相生而又形式多变。那些丧失了整体空间环境、失去了传统风貌的古城在旅游发展中也就失去了赖以生存的肌体，成为钢筋森林中的异类。现代保护的概念也是整体性的保护，包括建筑群、街区、村、镇或整个城市，破坏传统民居空间环境也就是在断送传统民居旅游资源的生命。传统民居空间环境的整体营造思想往往是它们生存、发展的根源所在，是传统民居不可或缺的有机组成部分。

3. 文化生活——传统民居旅游资源系统的灵魂

传统民居不仅仅是单纯的物质存在，更与它们的历史文化及生活密不可分。民居住宅本身虽然由物质构成，但其构造过程离不开人类社会的整个环境以及包括社会群体成员的生活态度、价值观念、宗教信仰、民俗风情以及社会制度等在内的各种文化的熏染。门前的古井、村口的老树，都记载着过往的历史，讲述着这里的故事与生活。而在长期的历史发展中，逐渐形成的许多生活方式、礼仪风俗等如今都已成为传统民居的文化显现。这些抑或充满乡土风味抑或带有市井气息的文化生活写在传统民居的每一个角落，将民居融在岁月的磨砺当中。徽州古村落"几百年人家无非积善，第一等好事只是读书"富而思进、崇尚文化展示的正是徽州丰厚的文化底蕴的观念，也是徽州传统民居文化生活的特色部分。

传统民居只能"活"在它们自己的灵魂当中。传统民居旅游资源需要由物质存在与文化生活共同构成，是综合的物质与精神的体现。要理解传统民居就要注重其历史脉络和文化底蕴，如此融于历史文化环境之中的民居也才具有持久与独特的旅游吸引力。

英国著名的系统论学者切克兰德和左晓斯（1990）认为现时的实体可能不那么容易完全属于某个类，尤其是要获得所有观察者都一致统一的描述也许就不容易，引入系统观的目的在于"使得对复杂现象的解释和整体论分析更加简单"。本书对传统民居旅游资源系统进行分类，如图 13-1 所示。总体来说，民居在历史发展过程中形成了村、镇、城三个整体形态。尽管村、镇、城在规模、经济、社会发展上各不相同，但从旅游资源系统观来看，它们实质上都是由民居建筑、空间环境、文化生活三个基本要素构成。民居建筑可谓核心，是传统民居旅游资源与宫殿、寺庙等其他文化旅游资源迥异的关键；空间环境是人与自然融合而形成的传统民居的肌体；文化生活如同传统民居旅游资源之灵魂，是最鲜活生动的部分。三要素之间密不可分，相互影响共生，体现出传统民居旅游资源的整体上的历史价值，形成了环境上的空间意象，以及文化上的生活特质。

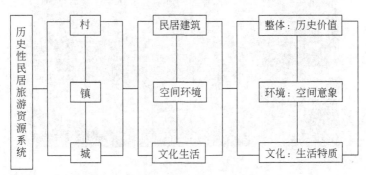

图 13-1　传统民居旅游资源系统与价值

第二节　传统民居资源系统的价值分析

一、价值分析

1. 整体：历史价值

传统民居的基本特性就在于历史性，是某一历史时期人类社会生产、生活等的真实反映，是历史的实物见证，是历史信息的携带者。可以说，是历史赋予了民居以价值。传统民居因历史年代、历史地位的不同带来历史价值，人们可以借助不同时期的民居来认识历史的原貌。传统民居旅游不仅可以放松身心，还可以带我们回到过去，了解过去的人与事，怀幽古之情，谈古论今。一般来说，年代越久远，其历史意义越大，历史地位和价值越高。我国现存的传统民居多为明清时期建造的，因而遗存的完整性就极大影响到其历史价值的高低。山西平遥古城是国内迄今保存最完整的明清古县城的原型，高大的古城墙、纵横的街巷、古老独特的民居等展示了中国封建王朝晚期的历史文脉，因其历史风格与历史价值而具有世界性的影响（图13-2）。联合国教科文组织世界遗产委员会的评语中提出：平遥古城是中国汉民族城镇在明清时期的范例，平遥古城保存了其所有特征，而且在中国历史的发展上为人们展示了一幅非同寻常的文化、社会、经济及发展的完整画卷。

图13-2　平遥古城鸟瞰

2. 环境：空间意象

凯文·林奇（2001）认为："任何城市似乎都具有一个公共意象，它是由许多个人意象重叠而成。"城市意象强调观察者对城市的各种外形特征或特点所产生的心理图像和印象，它是一种公众印象，通过路径、边缘、区域、节点和标志物五个元素来实现。中国民居顺应自然地理环境和人们生活生产的需要，不仅在建筑、格局与规划上具有特色，还与周边自然环境融合为一体，形成天人合一的村、镇、城的历史文化环境，给人以和谐之美感、古朴浓郁的氛围。

中国民居各异的环境风貌和空间意象，在人们心里留下诸如"麦垛星罗布，户户窑洞沉""青砖小瓦马头墙，回廊挂落花隔窗""山重水复疑无路，柳暗花明又一村"的美好"意象"。我国古村落的选址、规模、结构和整体建筑的空间布局各具特色，使古村落轮廓架构的意象特征更加鲜明突出，物质文化和精神文化交融的底蕴更深，见表13-3。

表13-3　古村落民居意象

古村落	空间意象
江南水乡村落	小桥、流水、人家
皖南山区古村落	山深人不觉，全村同在画中居
闽、粤、赣等地客家古村落	土楼安其居，风水助其祥
云南南部傣族村寨	芭蕉、竹楼和缅寺
西北窑洞村落	人融于自然
湘、黔、桂边地的侗族村寨	高耸的鼓楼和精美的风雨桥
四川境内临江聚落	吊脚为楼、顺坡造屋
广东茶阳传统渔村	节奏分明、错落有致的短坡屋顶
湘西地区古村落	厚重、富丽的马头墙，丰富的天际线

3. 文化：生活特质

我国民族众多，不同民族在不同发展历程中创造了形态各异的民居，形成了各具风格的生产、生活方式与文化。建筑、雕刻、音乐、书法、舞蹈、民俗、节庆、服饰、饮食、手工艺品等一一展现了民间创造的鲜活而深厚的文化。其中，建筑文化魅力尤其显著，从中可以体现出居家文化、地域文化、生活文化、生产文化、风水、神祇、宗教、技术、经济、民族等文化内涵。丽江古城的主体部分大研古镇始建于南宋末年，至今有800多年历史，是一个以纳西族为主要居民的古镇，其民居集中了纳西族的布局、汉族的砖瓦、藏族的绘画、白族的雕刻四个民族的特点，被誉为"民居的博物馆"（图13-3）。民族与地域文化在传统民居中交织。

传统民居生活的主体多是平民百姓，一切的文化都具备着生活的特质。尤其是中国的乡土、宗法制度、生活习俗、宗教观念等都与生活丝丝相连。就反映生活的丰富多彩来讲，传统民居是宫殿建筑、园林建筑所望尘莫及的。民居生命不在样式，而在其中生活。民居是普通居民生活的场所，一切都是鲜活与真实的。因此，浓郁的生活气息是传统民居较一般文化旅游的最大特色。传统民居是最好的展示"活"的文化的载体，不仅可游可赏，还可住宿和休憩，最能满足现代旅游者这种对异地文化参与式体验的渴望。北京"胡同游"之所以成为名牌，成功之处在于"向人们展示的不仅仅是保存完好的建筑物原形，还有那包括人在内的真实而自然、独特的'京味'日常生活"。扭秧歌、唱京剧、打太极、讲相声、斗蟋蟀无一不是。

北京人的"胡同情结"、上海人的"里弄情结"、中国人的"桃花源情结"

图 13-3　丽江

都是民居文化融入骨子里的体现。正如丘吉尔所说："我们塑造了自己的房屋，而房屋又塑造了我们。"我们的文化多来自赋予我们生活的居所，而传统民居就是一面生活与文化的镜子。

以上是对传统民居旅游资源价值统一性的概括，而传统民居之吸引力更多的是在这统一性之下的差异性。你可以说因细细看过北京紫禁城而对皇宫有较深了解，却很难说因见过徽派民居就知中国民居一二。人们乐此不疲地四处游走其实就是在进行一种"体验差异"的行为和过程。这就是中国传统民居旅游的持续魅力与价值所在。

二、典型分析

传统民居旅游是了解传统文化的最佳方式之一，中国的传统民居文化浩如烟海，无法一一网罗。下面简要介绍几个典型的古村落、古镇、古城，它们个性十足，具有极高的旅游价值，有的已是著名的传统民居旅游地。

1. 古村落类

中国是一个以农耕为主的国家，农村较低的生产力水平形成了完整的村落聚居形式。这些村落保留着传统的历史沿革，在建筑环境、布局、村落选址上基本保持着原貌，延续着独特的民俗民风和传统生活方式，至今还是人们生活的家园。现存的古村落分布以浙江、安徽、江西三省遗存最多。徽州古村落宏村因成为世界文化遗产而受到世界的瞩目，可谓典型中的典型（图13-4）。

图13-4　宏村月沼

宏村位于安徽省黟县东北部，始建于南宋绍熙年间（公元1131年），至今800余年。它融自然景观和人文景观为一体，恰似山水长卷，被誉为"中国画里的乡村"。村内至今有保存完好的140多幢明清古民居群，粉墙黛瓦，淡雅明快，无处不在的雕刻艺术、装饰艺术及庭院陈设体现了深刻的徽州文化内涵，具有很高的历史、艺术、科学价值。

宏村聚落形态非常独特，呈"山为牛头树为角，桥为四蹄屋为身"的"牛形村落"，其合理的仿生学布局成为当今世界历史文化遗产的一大奇迹。那巍峨苍翠的雷岗当为牛首，参天古木是牛角，由东而西错落有致的民居群宛如庞大的牛躯。以村西北一溪凿圳绕屋过户，九曲十弯的水渠，聚村中天然泉水汇合蓄成一口斗月形的池塘，形如牛肠和牛胃。水渠最后注入村南的湖泊，俗称牛肚。接着，人们又在绕村溪河上先后架起了四座桥梁，作为牛腿。历经数年，一幅牛的图腾跃然而出。村落水系设计别出心裁，不仅为村民解决了消防用水，而且调节了气温，为居民生产、生活用水提供了方便，创造了一种"浣汲未防溪路远，家家门前有清泉”的良好环境。

古宏村的建设和发展在相当程度上脱离了对农业的依赖，村民的意识、生活方式及情趣方面，大大超越了农民思想意识和一般市民阶层，而是保留和追求与文人、官宦阶层相一致，文风昌盛，集中体现了明清时期达到鼎盛的徽州文化现象，如程朱理学的封建伦理文化、聚族而居的宗法文化、村落建设的风水文化、贾而好儒的徽商文化，宏村人自古尊儒术、重教化，即使是日常生活都浸透着浓郁的文化气息。

2. 古镇类

明清时期是市镇迅速发展的时期，新兴的市镇蓬勃发展，区域城镇系统不断完善。这些小镇以手工业、商业为主要经济活动，商品经济、商品化程度高，尤其以经济发达的长江中下游江南地区最为明显。以苏、松、嘉、湖四府为例，据不完全统计，宋元时期镇的数量仅为 26 座，明代中期达到 130 座，清代有了进一步的发展，仅松江、湖州、嘉兴三府即达到 132 座。现存古镇也以江南水乡六大古镇（周庄、同里、角直、乌镇、西塘、南浔）为著名的古镇旅游地。碛口为近年来颇为引人注目的山西古镇（图 13-5）。

图 13-5　碛口古镇

2005 年 9 月，“中国古村镇保护与发展碛口国际研讨会”在山西临县碛口古镇召开，并通过了《中国古村镇保护与发展碛口宣言》。与江南水乡不同，碛口古镇是靠清初廉价高效的黄河水运发展起来的。碛口的特色与价值用当地对联“物阜民熙小都会，河声岳色大文章”来描述最好不过。它处于西通秦陇，东连燕赵，北达蒙古，南接中原的位置，是古代黄河航行中船只靠岸转为陆路的装卸码头，是货物旱运至汾阳、太原的起点站，是晋商商业活动活跃的地区之一，经济繁荣还带动了周边村落建设，成为当年商业繁华"小都会"。造就它的是黄河、湫水和吕梁山，两山一水，在给予碛口沟壑纵横、不毛之地的同时，也给予了碛口特殊的水旱转运码头，书写下了天地间的"大文章"，在光绪年间号称晋西第一镇。直到 20 世纪 30 年代因铁路运输的发达而逐渐衰落。

碛口镇和周边村落的建筑都是依山就势，层层累进，与自然地形结合十分协调，反映了吕梁山黄土高原地区的历史人文特色。这里的窑洞大院层层叠叠，多是货栈、骆驼店等商铺，分布在西市街、中市街、东市街上。商铺集商用、居住为一体，多为三合院或四合院。在深沟里，在陡坡上，在悬崖顶，在黄河边，一座座窑洞村落，惊险、变化、又自然与天地山川融为一体。著名画家吴冠中对这里的评价是：表面似"荒凉的汉墓"，但走进去却是"与世隔绝的桃花源"。黄土高原荒凉雄浑的地理环境、300 年晋商文化的兴衰史、惊险的窑洞村落都赋予了碛口镇与众不同的魅力。

3. 古城类

古城的发展就是民居的发展，是民居的发展构成了古城的完整整体。我国历史文化名城众多，在保存比较完整的古城中，云南丽江是独具特色的一座。丽江古城以流动的城市空间、充满生命力的水系、风格统一的建筑群体、尺度适宜的居住建筑、亲切宜人的空间环境以及独具风格的民族艺术内容等而有别于中国其他历史文化名城。

"民居博物馆"——多民族融和的特色民居建筑。丽江民居建筑极富特色，古城中至今依然大片保持明清建筑特色，平面布局有三坊一照壁、四合五天井、前后院、一进多院等多种形式（图 13-6）。房屋就地势高低而建筑，以两层居多，也有三层，适用且美观。民居在布局、结构和造型方面按照自身条件和传统生活习惯，有机结合了中原古建筑以及白族、藏族民居的优秀传统，并在房屋抗震、遮阳、防雨、通风、装饰方面进行了大胆创新发展，形成了独特风格，其鲜明之处就在于无统一的构成机体，明显显示出依山傍水、穷中生智、拙中藏巧、自然质朴的创造性，是研究中国建筑史、文化史不可多得的重要遗产。

"高原姑苏"——独特的空间布局。"城依水存，水随城在"是丽江大研古城的一大特色。丽江古城选址独特，布局上充分利用山川地形及周围自然环境，北依金虹山，西枕狮子山，总体上座西北而朝东南，既避开了西北寒风，又朝向东南光源，形成坐靠西北，放眼东南的整体格局。发源于城北象山脚下的玉泉河水分三股入城后，又分成无数支流，穿街绕巷，流布全城，形成了"家家门前绕水流，户户屋后垂杨柳"的诗画图。街道不拘于工整而自由分布，主街傍水，小

图 13-6　玉龙雪山映照下的丽江古城

巷临渠，300 多座古石桥与河水、绿树、古巷、古屋相依相映，极具高原水乡古树、小桥、流水、人家的美学意韵，被誉为"东方威尼斯""高原姑苏"。充分利用城内涌泉修建的多座"三眼井"，上池饮用，中塘洗菜，下流漂衣，是纳西族先民智慧的象征，是当地民众利用水资源的典范杰作，充分体现人与自然的和谐统一。

　　"活着的文化"——丰富的民族传统文化。丽江古城的繁荣已有 800 多年的历史，聚居在这里的纳西族与其他少数民族一起创造了光辉灿烂的民族文化。不论是古城的街道、广场牌坊、水系、桥梁还是民居装饰、庭院小品、楹联匾额、碑刻条石，无不渗透纳西人的文化修养和审美情趣，无不体现民族、宗教、美学、文学等多方面的文化内涵、意境和神韵。尤其是东巴文化和纳西古乐更是让人惊叹。记载东巴文化的东巴文是一种兼备表意和表音成分的图画象形文字，只有 1400 多个单字，但词语异常丰富，能充分表达细腻的情感，也能记叙说明复杂的万事万物，还能写诗做文章，是目前世界上唯一"活着的象形文字"。纳西古乐是古城文化的灵魂与象征，是丽江古城一道典雅的风景。纳西古乐在中原地区早已成为绝音，但自传至丽江后被广泛地传播开来，在乡村在小镇随处都听到这美妙的声音。纳西古乐保存至今，还有 22 个曲目，其中有的融进了纳西族自己的思想感情和演奏风格，被中外学者和广大音乐爱好者称为"音乐活化石""和平之音""仙乐天音"。

第三节 中国传统民居的旅游动机

旅游动机是旅游者行为的一个重要决定因素，需要和动机决定了旅游者的选择和决策。它们是旅游行为的动力，是产生旅游行为的来源，具有复杂性、多样性、动态性和难以概括性。随着我国旅游经济的发展，旅游者在旅游需求上已经开始由观光旅游向度假旅游转变，旅游方式也从团队旅游向散客旅游转变，旅游者对旅游需求呈现高层次化，旅游者心理日趋成熟，从而带来更多个性化、多样化的旅游动机。

引发游客出游的因素非常之多，除了放松、求知、教育等通常的动机需求，本书认为"怀旧"与"体验"是传统民居旅游者的两个最重要的因素，共同从时间与空间上创造了"生活在他处"的旅游生活。怀旧激发人们内心感怀过去的渴望，体验能够塑造独特的"场所感"，从而使怀旧情绪得到抒发，甚至达到超现实的愉悦。而传统民居凭借其价值，经过旅游的创造和加工，就成为了一个传统民居旅游怀旧和体验的绝好场所。

一、怀旧心理

怀旧是当今人们去旅游的一个最重要的原因。"怀旧"（nostalgia）原是指思乡病一类的痛苦，在 17 世纪被医生诊断为一种"致命的病"。现在的衍生意思是指由于暂时的地方转移和转变导致对过去一些东西的遗失，或是一些相似的东西所引起的对过去的联想，或者一些东西成为一种符号、标示物等唤起了对过去的回忆等所形成的失落感等情状。显然，现代性和后现代性条件下的怀旧情结通过旅游活动得以表现。例如，上海的知青常定期相约回到他们曾经插队的小县城，往往是一种夹带扫墓、钓鱼、游玩、娱乐的旅游休闲活动，并联想与追忆过去的经历。这与祭祖旅游、寻根旅游等都是怀旧旅游的一种形式。怀旧是旅游的主题，旅游也是一项怀旧的产业。传统民居是"旧"的物、环境和文化，是城市与生活的记忆，最能引发人们的怀旧情结。主要体现在以下三个方面。

1. 对过去生活的怀念和回归

费孝通（1998）认为，中国社会从基层上看是乡土性的。中国是个农业大国，城市人口中绝大多数人或其前辈来自农村及小城镇，与村镇有着密不可分的亲缘或血缘关系。社会激烈变迁与转型让现代人对父辈或前人生活的地方有兴趣，或怀念家乡的老宅、街头巷尾的儿时生活、浓郁的节庆风俗。传统城镇淳朴、温馨、意蕴醇厚的记忆与意象总会在人们睡梦中萦绕。探亲访友、祭祖、重温旧梦、返璞归真、到传统民居去旅游，是扎根在中国人精神里的怀旧情结。传统民居旅游可以带给人们心理上回归的安全感和亲切感，尽管这一感觉常常是他们自己也未能察觉的。

2. 对传统文化的一种朝觐

文化是传统民居的本质所在，中国传统民居体现的地域文化、民族文化异常灿烂丰富，使现代人对"旧"的、"古"的传统文化充满好奇与向往。中国的乡土特性使传统文化生活极富地方性①，而正是如此生于斯、长于斯的一个个地方社会造就了中国多样的地方文化。同时，在全球化浪潮中，现代人也越发感到文化多样性、本土文化的魅力，怀旧往往成为社会的时尚，如"中国结""唐装""庙会""忆苦思甜饭""红色旅游"等，成为一个民族或一代人怀旧情结的体现。相对于宫殿、寺庙等来讲，民居富有生活气息，承载的是最生意盎然的传统文化和民俗，更能勾起现代人对旧日生活的怀念、幽思，以及对传统文化的自豪感和认同感。

3. 对城市化发展感到异化

当场景记忆和传统承袭被现代快速发展的社会消解、割断，千篇一律的"方盒子"往往不能满足内心的需求，人们期望在某种形式上寻找往日温馨家园，渴望回归一种简单自然的生活。而不少传统民居的内部形态及外部环境都有着当代建筑所不具备的良好尺度感和浓厚人情味，人们对淳朴的民居生活充满迫切向往。上海新天地在这一点上是成功的，满足了现代都市人在紧张忙碌生活中的心理需求，置身于内部现代、外部如旧的环境里，展开石库门幽远的想象，感受老上海暧昧的怀旧味道。

在一个以阆中古城为内容的博客日志中（www. lz66. cn/bl/default. asp），作者 Netsky 记录了他/她的心情故事："我们在城市里生活久了，一天天看着现代化向我们汹涌而来，难免会产生一种怀旧，怀念被现代化吓跑的传统和生活。这种思潮让我们有足够的理由将追寻古城变成一种时尚，以缓解我们因日益远离传统而惶恐的心灵……"

传统民居容易勾起"场所感"与"归属感"，不仅是空间艺术，也是时间艺术。有外国学者认为，人们因对过去感兴趣，并通过保护过去的老房子、传统艺

---

① 地方性是指乡土社会活动在地域上的限制。

术或遗址而激发出的这种后现代怀旧产业可能在以后会越来越不明显，因为怀旧是对特定时期的一种稳定的感知，而如今的社会变化十分迅速，怀旧有可能就不再是遗产旅游动机的唯一因素。尽管如此，我国的怀旧旅游市场仍具有很大潜力。韩国旅游人类学者崔敬昊就认为有着丰富历史的北京胡同和四合院具有一种勾起怀旧般乡愁的功能。我国旅游人类学者彭兆荣对中国的旅游开发问题总体上持保守态度，但是在"怀旧"景点和景物的发掘和开发方面持积极主张的态度。由此看来，把握游客的怀旧心理是传统民居旅游开发的重要指向。游客通过对传统民居旅游来实现怀旧的梦想，而对于旅游目的地、东道主国家，就要根据游客的怀旧诉求进行"超现实"的生产和制造工作，在旧事、旧情、旧景方面为游客提供怀旧需求的实现，两者进行着有序的"市场开发与合作"。

二、体验追求

"体验经济"（the experience economy）源于 1998 年《哈佛商业评论》上刊登的一篇引起广泛重视的论文《迎接体验经济》。该文将人类经济史划分为四个阶段：从物品经济（未加工）时代，到商品经济时代，再到服务经济时代，而后人类进入"体验经济"时代。体验经济最直接的表现形式主要为"娱乐活动"与"休闲活动"。从世界范围看，跨地域的旅游度假休闲活动是"体验经济"较为活跃的组成部分。"体验经济"把"生产与消费合一"的观点，引起了把"消费者作为价值创造的主体"这样的深层思考。旅游产品具有无形性、生产与消费同时性、不可储存性等特点。这些特性决定了旅游产品和一般商品具有很大的不同，消费产品就是体验产品的过程，核心就是体验，与体验经济十分契合。相应的，旅游业就是一个为游客创造体验的产业，是充分展示体验经济的最佳产业之一。传统民居旅游不仅要提供可看的实物，还需要让游客体验到愉悦的文化享受和服务。从游客角度可将传统民居旅游的体验需求分为几个层面，而针对不同层面进行旅游产品的体验化设计有利于提高游客的体验质量与满意度。

1. 体验环境

传统民居是历史的记录，是建筑、风水、民俗、文化、乡情等的集合，是具有地域特色的建筑风格、审美情趣、自然人文造就的具有独特魅力的历史文化环境。二幽雅的河街市镇，修长的街巷，昔日的廊檐，石板路，水搁房，引人遐想。小船悠悠，河水清涟，纯朴明净。老茶楼，老药店，老作坊，古戏台，古趣盎然。"生动勾画了乌镇水墨画一般的水乡生活（图 13-7）。传统民居的整体环境是古风、古景、古情的融合，游客的期望中不仅包含了对其整体布局与环境的感知，还充满着对其中街巷、宅院、居民等构成的鲜活生活的向往。

图 13-7　水乡乌镇

2. 体验生活

传统民居虽是普通人生活的场所，却集中了最丰富的民间文化。据相关调查显示，"与旅游地民居交往，了解当地文化和生活方式"的文化动机，是目前激发国际旅游流的三大动机之一。观察、交流、参与，甚至留下来居住，成为游客体验民居生活的重要方式。游客不仅对参观老房子有兴趣，而且对住在其中的居民的普通生产、生活、礼仪、宗教也产生好奇。长期生活在城市的旅游者看见当地居民在河边淘米、洗菜、洗衣，在村口吃饭、闲聊等自然的生活情态都会觉得新鲜，而各异的语言、饮食、服饰、婚嫁习俗、宗族亲缘关系等更是让人大开眼界。尤其是到不同地域、不同民族的民居参观，期望体验当地生活的好奇心就尤为强烈。我国少数民族众多，文化具有极大的异质性乃至神秘性，如泸沽湖畔摩梭族母系社会的独特生活方式就吸引了无数国内外游客流连驻足。

3. 体验异乡人的感觉

传统民居往往打破时空的概念，完全给人换一个环境与感觉，仿若"生活在他处"的精神中的家园。在京味儿十足的胡同，在精雕细琢的徽派宅院，抑或在客家的圆形土楼，空间是独特的，思想可以驰骋，不受原生活环境的制约，入乡随俗，自由自在。人们期待一种异乡人的感觉，离开自己生活的环境，去到另一个地方，得到精神上的自由。彭兆荣（2002）将旅游的基本形态简约为以下形式，如图 13-8 所示。

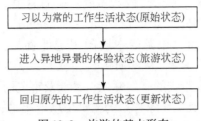

图 13-8　旅游的基本形态

　　游客经过旅游这种仪式，摆脱了日常现实生活的单一行为方式，投入到另一种新鲜的生活之中，在旅游过程从正常的文化束缚中摆脱出来，而表现出与正常生活方式不同的行为模式。可以说，与日常生活差距越大，这种体验也越为深刻。通过体验建立自我，增强自我意识，达到人的最高层次的需求——自我实现的需要，构成日常生活的更深刻、更高级的含义，一种更新、充电后的状态。

　　旅游者对传统民居的体验动机和需求不仅仅在于传统民居物质实体，还在于融合其中的历史文化联系和因人类长时期使用而形成的环境氛围。有学者在对西递旅游者旅游动机的调查中发现，"欣赏古民居""领略徽州文化""感受古村天人合一的文化氛围"是位于前三位的动机因素（表 13-4）。

表 13-4　西递国内游客旅游动机分布（前八项）

旅游动机	欣赏古民居	领略徽州文化	感受古村落天人合一的文化氛围	参观文物古迹	领略乡村田园风光	了解当地风土人情	回归大自然	开拓视野提高文化素养
人数（人）	148	138	113	107	98	91	83	75
比重（%）	69.2	64.5	52.8	50.2	45.8	42.7	38.8	35.2

　　"生活在他处"不但呈现空间的变换，也带来历史时间的怀想，这种需求从人们心底走向现实活动，旅游就能为游客带来这种体验的魅力。研究旅游者的动机有利于细分市场，有针对性地进行旅游开发与营销。

第四节　传统民居的旅游审美

一、旅游的本质

　　1995 年 4 月联合国教科文组织、环境规划署和世界旅游组织等，通过的《可持续旅游发展宪章》中指出："旅游是一种世界现象，也是许多国家社会经济和政治发展的重要因素，是人类最高和最深层的愿望。"旅游已经成为当代人生活和社会生活的组成部分，是现代社会的一种消费方式、生活方式。

谢彦君（1999）认为"旅游的本质的规定性就是旅游者对美和愉悦的追求"。美学家叶朗认为"旅游，从本质上说，就是一种审美活动。离开了审美，还谈什么旅游？旅游涉及审美的一切领域，又涉及审美的一切形态。旅游活动就是审美活动"。旅游也被社会学家称之为与世俗生活相对的"神圣游程"。

可以说，旅游在本质上是一种综合性的审美活动。如前所述，传统民居因其历史价值、空间意象、文化生活特质为人们所喜爱，传统民居旅游以其"真、善、美"而为现代社会人们提供精神享受。

二、传统民居旅游审美的"三境"

传统民居建筑由于就地取材，融入了地域特色与风格，本身就具备艺术美，更与周遭环境协调融合而成一种自然的美，而根植于大众的民居更具有亲切的生活的美。因此，民居之美可以说是自然美、艺术美与生活美的完美结合。美妙的建筑与美妙的环境融为一体是传统民居的一个特点，而美妙的生活则是让民居更具活力。正如龙应台在谈及宏村之美时说到："你能看出它的美出自对自然生态的尊敬，出自生活所需，而在自然生态之美和生活所需的现实之间又是如此和谐。宏村的美告诉你，美完全可能体现在生活底层，渗透在自然而然的举手投足之处，文化的厚度其实就在这种地方充分呈现"。

当漫步于乡间小路、古城小巷，置身于质朴却令人惊叹的民居宅院，我们心中就会产生美的感觉和情愫。传统民居的艺术境界和审美感受概括起来可以有三个层次：物境、心境、意境。物境即物质环境，是民居自然环境景观所具有的审美意义。心境，即人心营造之境，也可以说是民居人文物质环境所体现的审美价值和魅力。意境，即物境与心境二者的高度结合，使人在心灵、情感上产生共鸣。正所谓"情与景会，意与象通"，达到和具有更高层次的审美意蕴。这也是旅游"悦神悦志"的最高审美层次。

三、传统民居旅游的审美体验

老子说："甘其食，美其服，乐其俗，安其居。"古时民居主要为满足人类的基本需求，而历尽时空变换的传统民居在今天已是旅游文化产业中的热点目的地，成为现代人旅游审美体验中重要的一部分，并具有其自身的特点。

1. "水墨山水"

与金碧辉煌、鲜艳夺目的官式建筑不同，民居素净纯朴、清新淡雅、气韵生动，两者之分正如国画中的"金碧山水"与"水墨山水"之分。民居，特别是聚落中的村寨，自然生长于山水之间，充满诗意，耐人回味，自古就是诗文章句中咏叹的对象。温庭筠在《商山早行》中有两句名诗："鸡声茅店月，人迹板桥霜。"孟浩然《过故人庄》诗云："故人具鸡黍，邀我至田家。绿树村边合，青山郭外斜。开轩面场圃，把酒话桑麻。待到重阳日，还来就菊花。"尤其是陶渊明对乡村田园风光的描述对今人仍有很大的影响，如《归田园居》诗中："方宅十馀亩，草屋八九间。榆柳荫後檐，桃李罗堂前。暧暧远人村，依依墟里烟。狗吠深巷中，鸡鸣桑树颠。户庭无尘杂，虚室有馀闲。久在樊笼里，复得返自然。"简直是现代都市人的心声。又如其《桃花源记》更是让人们无比向往那宁静、优美的桃源胜境。从古人吟咏之中我们不仅能对田园民居有一定了解，还可发现深植在中国人内心的"桃花源情结"，著名画家吴冠中就喜欢用水墨表现无数灵动秀丽的江南小镇（图 13-9）。这也往往就是人们选择传统民居旅游的重要因素。

图 13-9　小桥人家——吴冠中

2. "精神栖息的家园"

唐代郭六芳在《身还长沙》中写道："侬家家住两湖东，十二珠帘夕照红，今日忽从江上望，始知家在画图中。"民居的居住者往往对自己居所的美不那么敏感，当他抽身而出，才蓦然发现"家在画图中"。而现代社会中，饱受钢筋水泥、城市樊笼之困的现代人渴望能有一个精神栖息的家园，传统民居正是这样一个"画图中"的家园，符合疲惫的现代人对审美体验的追求。对游客而言，传统民居与官式建筑相比，具备一种特殊亲切感。这种亲切感的根本原因是在于民居的一切以生活为基准，与人们的生活息息相关、密不可分，一方面民居与周围环境形成和谐之美，另一方面民居具有合适的尺度，让人舒适惬意。此外，加上祥和友爱的人际关系更使传统民居旅游者倍感轻松和纯净。

3. "意"为主，"形"为辅

传统民居旅游审美的突出特点是以"意"为主，"形"为辅。人们对传统民居的需要主要是精神层面上的，传统民居旅游是由于时空差异而引起的审美体验，因此空间、建筑形式之上的民俗、文化、生活意蕴更是游客关注的重点。在中国博客网中，以"丽江"为标题的文章有549条，粗略翻看，其中描述的字眼多为"想""柔软""放松""温暖""古朴""美丽""神奇""纯净""心""梦""疗伤"。处处可见人们对丽江古城美景的感知与心理体验，以及个人化的情绪。可以说，大众旅游在传统民居"形"之外，更重视体验、感觉、感受，是声、色、食、味之类的感官体验，是吃、住、行、游、购、娱的综合活动。

综合说来，传统民居旅游是一种具有独特魅力的文化旅游方式，也是当今旅游市场追逐的热点。上文所述怀旧心理和体验追求只是旅游者选择传统民居旅游的重要动机要素，面对不同国籍、不同年龄、不同职业游客的差异化的需求，如何设计出相符合的旅游产品还需要进行针对性的调查分析与经验研究。但是，不可置疑的一点就是，紧扣旅游市场导向和旅游者需求与审美心理，传统民居旅游地发展和旅游产品开发才能不断成功，获得客源市场的认可与满意。

第十四章 中国传统民居旅游发展历程与问题

第一节 旅游对传统民居的"活化"

旅游资源开发是指以发展旅游业为前提，以市场需求为导向，以旅游资源为核心，以发挥、改善和提高旅游资源对游客的吸引力为着力点，有组织有计划地通过适当方式，把旅游资源改造为能为旅游业所利用的旅游吸引物的经济技术系统工程。传统民居的旅游开发就是指通过对传统民居的建筑、环境、基础设施等方面进行改造和完善，对传统民居文化资源进行整理、发掘和利用，使之成为既保有原历史风貌的吸引力又能为现代旅游提供服务的旅游产品。

中国的传统民居具有二重性，与传统的宫殿、寺庙、园林不同，既是传统文化尤其是乡土文化的遗存，又是当今相当一部分居民包括少数民族地区人民的居住现实。据1988年统计，苏州400万 m^2 的传统民居中60%已经破旧不堪，危房达24万 m^2。我国还有很多历史性城市都存在着大量的危房陋屋，其基础设施匮乏，居住条件恶劣，人口密度大，整体环境质量恶化，不符合现代居民对居住和生活环境的要求，必然走向再利用的道路。社会变动得快，原来的文化不能有效地带来生活上的满足时，人类不能不推敲行为与目的之间的关系了。刘德谦（2005）在古镇保护与利用问题上认为：合理地安排在保护基础上的旅游利用，不仅是保护其他诸多文化遗产的重要选择，也不失为是对古镇保护的多种方式中最佳的一种，或者它正是当前对少数幸存古镇的一种最为及时的抢救。

世界旅游理事会（WTTO）已经确认旅游业是全球最大的产业。我国各级政府也普遍认为旅游业是我国国民经济的新的增长点。旅游业对遗产资源、社会资源的利用是产业发展的基础，也是最普遍的一种方法。1989年的旅游议会大会（由各国议会联盟和世界旅游组织联合主办）上宣布的《海牙旅游宣言》中指出了环境与旅游的基本关系（WTO，1999）："未经开发的自然、文化和人文环境是旅游开发的基础条件，而理性的旅游管理能为自然环境和文化遗产的保护和发展以及改善生活质量做出贡献。"我国旅游业发展的事实证明，遗产资源的市场化开发是经济发展环境代价最小的一种现实选择。

因此，旅游是传统民居发展在现实条件下较为可行的利用手段，是"活化"

传统民居、保存传统文化的重要方式之一。适度的旅游开发具有积极作用，主要体现在以下几个方面。

一、促进民居的保护和更新

旅游既不是吞噬历史文化遗产的魔鬼，也并非不食人间烟火的仙子。旅游产品的双重属性——商品和文化体验决定了旅游产业的经济性和文化性，也必然决定了旅游开发要走保护与利用并举的道路，从文化和商品两方面为人们提供服务。

然而，单纯的保护并不利于民居的发展，没有不为利用的保护。我国城市现代化发展中大面积的土地置换和"贵族化"现象也给在传统民居居住的老百姓带来了巨大生活与经济压力。而传统民居资源的旅游开发一方面免除了"一味求新"的现代化建设对老房子的盲目拆除；另一方面盘活了一些"中看不中用"的古董，使得旧物新生，又具备了往前发展的动力。旅游发展带来的经济效益又有利于当地完善基础设施、民居修缮，促进民居的抢救、保护和更新，文化遗产价值得以延续。

二、促进和带动地方经济发展

传统民居旅游发展可以带来直接收益，包括创造直接就业，获得收入和外汇（对于国际旅游来说），尤其对于景区的零售业、旅馆业、餐饮业、交通业可以直接带来经济效益。同时，传统民居旅游发展还可以通过创造一些产品和服务从而带动经济部门的发展和扩张，如建筑业、制造业、手工业等。不仅如此，经济条件的改善可以大大改观当地基础设施条件，不仅服务于旅游业，也同时服务于国家、地区和当地的公众需求，当地居民的生活质量也可以得到提升。另外，还有利于解决"三农"问题，增加劳动就业。根据相关计算中国旅游就业乘数为4.09，即旅游业创造的每1个直接就业机会可带来4个间接就业机会。

因此，传统民居旅游在促进和带动地方经济发展上具有很大的影响力。国家旅游局局长邵琪伟视察周庄时说："周庄旅游10年持续发展，致富人民，并让全镇步入循环经济良性轨道。"丽江旅游业发展近10年平均增长34%，2002年丽江地区以旅游业为主体的第三产业占GDP的比重已经达到44%，旅游业提供的财政收入已经占到了20%，已经形成了支柱产业的地位。

三、促进传统文化的保存与复苏

　　传统表现形式存在下去必须要发展，这种发展并不意味着传统的衰落。为了保持真实性，艺术、手工艺、民俗、节庆等必须根植于历史传统和现代生活，单纯的保护是不能做到真正的真实性的，而只会导致失败。对于传统民居旅游资源，最好的真实性保存就是我们去使用，去参与，去体验，而在这其中，科学合理的规划、策划和管理将有助于保持传统。传统民居旅游开发通过对当地民居的修缮、经营和管理，可以挽救很多正在衰败的当地无力保护的老旧民居，也能使得相当一部分濒临灭绝的传统文化得以延续，今人得以领略传统民居的风采。

　　在丽江，古城的旅游发展触动了许多濒临失传的纳西族传统文化的复苏，并融入了旅游市场，得到了重构、重建。例如，木府、文峰寺、洛克故居等文物古迹的修复，"勒巴舞""白沙细乐"及东巴舞蹈、音乐、字画等民间艺术的复活，打铜、打陶、打银等传统手工业也获得新生。有学者1978年的研究表示巴厘岛的文化表现，如木雕、猴舞、龙与巫术的表演，比10年前更为普遍和发达，而跳舞及一些手工艺业也纳入学校课程当中。旅游业在保护和复兴传统艺术、手工艺、舞蹈、音乐、戏剧、传统习俗和仪式、服饰以及一些传统的生活方式上的效用有目共睹（图14-1）。

图 14-1　纳西古乐表演

四、起到教育和示范作用

大众的珍视和爱惜是保护文化遗产的最可靠的保证。旅游能通过展示、宣传、教育等功能让现代人包括当地居民更好地继承与发扬传统文化，增强保护传统民居和文化遗产的意识。旅游者对当地丰富灿烂文化的欣赏与赞叹也会刺激当地居民对本地文化的自豪感与认同感，自觉提高保护意识。对于少数民族地区来说，传统民居旅游业的发展可以帮助维持少数民族文化的个性，旅游业能使他们弱化对本民族社会经济发展落后带来的自卑感，意识到自己与他民族的差异和价值，从而发现和有意识保留自己正在失去的一些文化传统。

具有类似旅游资源的不同区域之间，会产生良好的示范效应。与周庄同属昆山市的锦溪镇，河道纵横，河上有24座桥，沿河民居粉墙黛瓦，石板路，是典型的风光好、文化积淀多的江南水乡古镇。在20世纪80年代一心发展工业，将原名"陈墓"改"锦溪"以避晦气。然而，90年代乡镇企业不景气，看到周庄旅游发展赚钱，才重新领悟到当地的宝贵资源。因此，良好的旅游发展实例会带动人们意识到文化遗产的价值，提高保护的积极性和对本土文化的自豪感，同时还能引起当地政府乃至国家的重视和支持。

因此，那种误解旅游，持旅游开发与遗产保护存在致命的对立关系的观点是错误的。民居之于旅游是资源基础，旅游之于民居是在现实条件下较为可行的利用手段，民居资源的开发与保护是利益一致的。在遵循可持续发展道路和市场经济规律的条件下，对传统民居旅游资源的合理适度开发和管理是对民居积极的动态保护和有机更新。

第二节　传统民居旅游开发历程

20世纪80年代之后人们对传统古民居的兴趣与日俱增，这不仅在对传统民居历史价值、艺术审美价值和科学文化价值的进一步认识上，也表现在对传统民居生活和居住方式的研究认识上，人们努力超出它们原来的居住功能，开发其更广泛的社会观光、游憩、文娱功能。传统民居的文化旅游价值大为提高，民居的旅游市场逐步兴起。

1984年苏州昆山水乡古镇周庄因陈逸飞的油画《双桥》而一炮走红，以"中国第一水乡"的形象成为中外游客争相游览的胜地。1986年周庄就制定了"保护古镇，建设新区，发展经济，开辟旅游"的总体规划，之后又陆续进行了多次规划，不断提高保护与发展的要求。1988年周庄成立了江苏省内第一家乡镇旅游服务公司——周庄镇旅游发展总公司，旅游业发展迅猛。1995年游客接待量仅为40万人次，到2004年就达260万人次。1998年被建设部命名为国家历史文化名镇，也是我国首批4A级旅游景区。继周庄之后一大批水乡古镇浮出水面，如同里、角直、西塘、南浔、乌镇等，成为国内外旅游市场中重要的旅游目的地。江南古镇的旅游发展模式已经受到学术界的肯定并为地方经济注入了活力（图14-2）。

图14-2　吴江同里古镇

　　20世纪90年代传统民居旅游资源开发则更为火热，由深圳掀起的一轮主题公园热，以及全国各地大量的仿古文化街、旅游街等，都可以说是市场在一定程度上迎合国内大量的传统民居文化旅游需求的投影。深圳中国民俗文化村可谓是对中国传统民居建筑文化、民俗风情、民间艺术的一次集锦式开发和利用，建设了我国少数民族中21个民族24个村寨，组成了一个大型的文化旅游景区，于1991年10月开业，1年半后收回1.1亿元的投资。直至今日深圳民俗村仍是全国主题公园中的领先者。其旅游开发的成功在于其特殊的区位、以市场为导向的规划设计、以人为中心的经营管理。

随着我国历史文化名城旅游的逐步发展，历史街区也成为城市旅游开发的重要文化旅游资源。南京夫子庙文化街等一批古文化街的产生让各级政府认识到发展旅游的文化内涵的重要性，这原本是保护历史街区、发展旅游业的好事，可全国相当多传统文化街区的仿制、重建，甚至拆古建新而导致传统民居文化遗产遭破坏，使旅游发展走入误区。2000 年，杭州清河坊街由于决策与规划的失误，将真古董拆建了假古董，成了完全的仿古旅游商业街，失去了传统民居街巷的韵味。2003 年，苏州古城山塘街一批老房子也被拆毁。

在古都北京，胡同和四合院在城市建设中迅速消失。然而胡同和四合院是北京城市的历史记忆，是北京的文化 DNA，没有四合院北京岂非面目全非？如今什刹海风景区的胡同游成为了解北京文化和百姓生活的重要方式。1990 年，徐勇出版了摄影集《胡同 101 像》，催生了后来"胡同游"的创意和胡同游公司的成立。经历了政府和大众的不理解、不支持到理解和支持，胡同游几年经营，终于在 1998 年迎来赢利，并受到国内外普遍赞誉，外国领导人也都成为光顾胡同的游客。北京"胡同游"对胡同四合院旅游资源的开发，切实地抓住了独具特色的老北京民居文化，以三轮车为游览工具，策划出尤其受欧美游客欢迎（99%的游客为来自海外）的传统民居旅游项目。2000 年仅北京胡同文化游览公司接待的游客就接近 10 万人次，2002 年 3 家专营公司的接待总量已接近 20 万人次，1994～2004 年，除 2003 年受"非典"影响外，每年的接待人数以 30% 左右的速度增长。"胡同游"打破了北京旅游几十年来只看帝王生活、不看平民生活的历史，成为北京旅游的名牌之一，与"登长城、看故宫、吃烤鸭"并列成为北京吸引外国游客的四大金字招牌（图 14-3）。

图 14-3　北京胡同和四合院

1986 年国务院公布丽江为中国历史文化名城。1994 年以后丽江旅游业迅速发展。1996 年丽江结合震后恢复进行了全面整治、改造基础设施，利用旅游发展带动了古城的保护。1997 年 12 月 4 日，丽江成为世界文化遗产。丽江的旅游业以"遗产保护带动旅游业，以旅游发展回馈遗产保护"的成功做法在中国被誉为"丽江现象"，如今已是国内外知名的传统民居旅游目的地。

在面临商业化气氛过浓及其他负面影响下，丽江一直在探索，并于 2001 年参与"联合国教科文组织亚太地区可持续文化旅游发展丽江合作模式"，在遗产保护管理和旅游开发实践上逐步向纵深发展。丽江古城在我国传统民居旅游发展中形成了"丽江模式"，在遗产保护与旅游发展中发挥着示范作用。与丽江同时被列入《世界遗产名录》的还有古城平遥。2005 年平遥古城一处城墙坍塌暴露了遗产保护与旅游发展中的很多问题。

2000 年，安徽西递、宏村古村落成为世界文化遗产，掀起了徽州古村落旅游开发的高潮。偏远地区古村落丰富的历史遗存，山清水秀的桃源般魅力和纯朴浓厚的民风民俗迅速在大众民间升温。江西古村落旅游发展也非常引人注目。赣派代表流坑村高举"古村落精品"牌，确立了"世界文化遗产地"的远期发展目标，徽派古村落婺源以"中国最美丽的农村"为战略，取得了突出的成效，2003 年"十一"黄金周期间旅游接待突破 134 万人次（图 14-4）。

图 14-4　中国最美丽的乡村——徽派古村落婺源

20 世纪 90 年代，上海太平桥地区的石库门住宅人口密度高，建筑陈旧，公建配套不足，市政设施和绿化缺乏，属于上海旧城改造的范围。20 世纪末，瑞安集团提出了改造太平桥的新规划，这个新规划诞生了上海新天地。新天地是对太平桥地区破旧的石库门民居里弄的改造，保留了建筑外皮、改造了内部结构和功能，并引进了新的生活内容与方式，融入了诸多时尚的商业因素，创造出"在老年人眼里很怀旧，在年轻人心中很时尚，在中国人眼里很西方化，在外国人眼里很中国化"的国际环境。这种传统民居保护与利用的新思维使新天地很快成为一个具有国际知名度的聚会场所，新天地城市旅游休闲区还被纳入上海旅游景点的清单。20 世纪末 21 世纪初，上海新天地成为我国历史性建筑再利用的典型代表，还为旧城改造提供了一种可能的新思维。随后杭州西湖天地、南京 1912 都对历史街区或传统民居进行了类似改造与利用，与城市旅游休闲娱乐文化紧密地联结在一起，造就了热门的城市传统民居旅游地，并且形成了城市的时尚地标。从城市注重对大量一般化的传统民居改造利用可以看出人们对历史文化的怀旧与重视。

国家旅游局 1995 年推出的旅游活动主题为"民俗风情年"，传统风俗习惯及民居观光已成为社会大力支持的旅游活动。2004 年"中国百姓生活游"、2006 年以"新农村、新旅游、新体验、新风尚"为口号的"中国乡村游"都在很大程度上促进了中国传统民居旅游的开发与发展。

第三节　传统民居旅游发展的特点

一、热点旅游地发展十分突出

在传统民居旅游地中，丽江、平遥古城、江南水乡古镇、皖南古村落等旅游发展比较突出，受到国内外游客的青睐。1999 年平遥古城接待国内外游客 42 万人次。乌镇于 2001 年正式对游客开放，当年接待游客数达 78.9 万人次。2004 年丽江接待海内外游客 320 万人次，旅游年综合收入突破 20 亿元的目标。西递、宏村在 1987 年开发之初到 1997 年十年间游客接待量平均年增长率分别为 35% 和 52%。

江西徽派古村落婺源在 2003 年"十一"黄金周的游客量突破 134 万人次。表 14-1 是中国几个热点传统民居旅游地的旅游接待情况。

表 14-1　热点传统民居旅游地接待情况

名称	古镇区/村面积（km²）	总人口（万人）	2000 年接待总量（万人次）
周庄	0.24	2.2	150
同里	0.33	3.2	87
甪直	3.76	4	26
丽江大研古镇	3.8	6.26	258
平遥	2.25	6.3	42
西递	0.13	0.1	19

二、历史文化名城、世界遗产带动效应巨大

我国传统民居旅游的发展与历史文化名城旅游发展密切相连。自 1982 年公布第一批历史文化名城以来，我国现有国家级历史文化名城 103 个，国家级历史文化名镇 44 个，国家级历史文化名村 36 个。此外，省、自治区、直辖市也公布了各自的历史文化名城（包括村镇）。1～5 批全国文物保护单位中的传统民居数量达 94 个。历史文化名城虽然并非法律概念，但仍与文物保护工作一起使得大批优秀的传统民居受到关注与保护，为旅游开发提供了资源基础，并大大促进了旅游的发展。我国于 1985 年成为《保护世界文化和自然遗产公约》的缔约国，并积极申报世界遗产，被列入《世界遗产名录》的传统民居有丽江、平遥古城，苏州古典园林（苏州古典园林是我国私家园林的代表，而它们大多原本是旧时民居的组成部分，因此也是广泛的传统民居范畴），西递、宏村古村落。申遗的成功对传统民居旅游的发展起到了巨大的带动作用，旅游收入增长迅速，如图 14-6 所示。吴必虎等（2002）在调查中发现更倾向于世界遗产地、更倾向于非世界遗产地和无明显倾向的被调查者比例分别为 43%、33%、24%，即人们大多更倾向于选择世界遗产地作为旅游目的地。丽江古城 1995 年列入世界遗产名录前旅游收入只有 3600 万美元，而 1999 年旅游收入就达到 1.81 亿美元。平遥古城 2 寺（镇国寺、双林寺）1 城的门票年收入从申报前的 18 万元跃升至跃至 1999 年的 500 余万元。1986 年整个西递村的门票仅为 1700 元，1999 年增至 329.8 万元，而到 2003 年门票收入则猛增到 866 万元。宏村 1999 年入评世界文化遗产之前全村的门票收入仅为 59.33 万元，而 2003 年则猛增为 723 万元，而且还是在全国旅游受"非典"影响严重的情况下的收入。以上数据整理如图 14-5 所示。那些被世界认同、被国家公认的具有高价值的传统民居旅游地格外受到市场和游客的青睐。

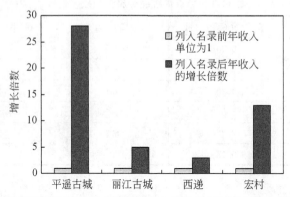

图 14-5 传统民居旅游地列入世界遗产名录前后门票收入增长倍数柱形图

三、从文物到一般化的传统民居

旅游资源在科学、艺术、文化方面的价值越高，其旅游开发越具有效益。加上高价值、保护较为完好的传统民居相对较快收到效益，因此，传统民居旅游开发往往都集中在文物古迹上，对于大量的一般化的不具有文物保护价值的民居很少关注。而对于我国分布极广数量多的传统民居来说，也还有大量一般化的不能成为严格保护文物的传统民居。一方面年久失修，破败甚至成为危房；另一方面，如不是名人故居或大事件的发生地的民居等具有较高文化艺术价值的民居，其维修与更新也耗资巨大，因而多数在旧城改造中拆除。随着社会对传统民居更深入的认识，人们不仅使福州"三坊七巷"、杭州孩儿巷98号等一些具有极高价值的传统民居免遭拆毁的厄运，还越来越多地关注到一般性的老房子。

上海新天地对太平桥破败历史街区的改造就是采用了"再利用"的思想，没有"推倒重来"，而是改造与提升了石库门民居的内在条件和设施，保留了老上海的文化元素，增加了石库门的开放性格，融入了国际文化生活内容（图14-6）。这种开发利用不适用于那些有着严格保护要求的文物建筑，却适合大多数不应该被拆除的老旧的传统民居，它们不仅是城市的记忆，也是人们生活与文化的延续。新天地带来的一股热潮为中国旧城改造增加了创新思维，也为传统民居旅游在城市中的发展提供了独特的理念，还为游客和市民带来了全新的体验。从中也反映出传统民居旅游开发从偏重物质形态到深入挖掘非物质形态资源的特点，传统民居旅游开发中物质形态的不堪可以由非物质要素的深度开发来弥补。

图 14-6　经破旧石库门改造的上海新天地

第四节　传统民居旅游发展的问题

纵然传统民居旅游能够带来诸多好处，但如果没有很好的规划和控制管理，旅游业也会带来负面影响或抵消正面影响。国内旅游业发展仅 20 多年，传统民居旅游发展也处于一个探索发展的阶段，不合理现象和问题确实存在。传统民居旅游发展涉及复杂的利益主体、脆弱的自然和社会历史环境、大规模的游客等影响因素，大到全球化视野下的文化多样性，小到一个民居宅院过分拥挤的问题，都值得我们分析与思考。在研究中发现，传统民居旅游发展中的问题主要集中在资源保护与发展、游客超容量、旅游产品单一化几个方面。

一、资源保护与发展问题

传统民居无论从物质形态还是非物质形态来讲都是重要的历史文化遗产，是民间传统文化最集中的体现，我们必须承担保护的责任。保护的目的是为了发展，旅游业在可持续发展条件下对民居的开发利用是民居的主要利用方式，是弘扬民居文化遗产的重要手段。而传统民居旅游如果失去了民居历史文化遗产作为依托，也无法获得长久发展。因此，旅游发展与遗产保护应该是相互促进、相得益彰的。

然而，在旅游的发展过程不可避免地出现了一些问题。例如，受经济利益的影响造成过于商业化的问题，很多旅游城镇商铺剧增破坏了一些民居原有的结构和布局，大量的污水、垃圾还污染了环境，重要的是还影响了历史环境的整体风貌和传统文化意蕴，导致了保持文化原真性的难题。同时，商业气息过浓还影响到游客体验。由于旅游商业化的内在矛盾，即人们寻求真实体验与旅游商品化所造成的旅游产品同质化、标准化和虚假化的矛盾，使得游客对旅游的关系可能呈现爱恨纠缠。周庄在商业化问题上就受到极大关注，周庄古镇 900 多处房产，其中 80% 为镇集体所有，全部被租用开店或居住。此外，外地商人的大量涌入不仅改变了当地民居建筑材料和风貌、还改变了当地人口结构、削弱了很多传统手工艺品的销售，带来一系列社会和文化问题。民居旅游地在自然和人文环境上都受到过度商业化的冲击，这与遗产保护和旅游发展都非常不利。

在 WMF（世界纪念性建筑基金会）公布的 2005 年度 "100 处濒危建筑" 名录中，云南省红河哈尼族彝族自治州建水县团山村汉彝合璧的古村落建筑群榜上有名。团山古村完整保存了 19 世纪滇南乡村的特色风貌与社会人文环境，是中国西南罕见的保存完好的传统聚落（图 14-7），浓缩着 19、20 世纪之交中国原生态民居建筑特色，拥有云南最精美的古民居群，也是历史上云南与东南亚交往不绝的见证（团山村恰好处于昆明至河内的滇越铁路线上）。目前团山古村亟待

图 14-7　团山现状

解决的问题是人口和环境的矛盾，因人口不断增长，私搭乱建的情况相当严重，古村民居的原始风貌岌岌可危。团山村现已成为建水县的著名旅游景点，为了保护民居建筑，减少文物流失，团山村成立了"民居管理委员会"，眼下在村边划出了一块地，准备筹建新区，谁家要盖新房都规划在新区，不准再破坏团山村原来的格局。旅游商业化的发展、当地社会的发展都可能破坏传统民居资源。因此，通过合理规划、新旧区分离、控制商业规模、鼓励传统工艺生产及展示、增加参与体验型文化娱乐项目都有益于传统民居旅游地的旅游发展和传统文化的保护。另外，政府的干预能够扮演比较重要的角色，政府的前瞻性措施能够控制旅游商业化。

二、游客超容量问题

旅游容量，是指一定时期内不会对旅游目的地的环境社会、文化、经济以及旅游者旅游感受质量等方面带来无法接受的不利影响的旅游业规模最高限度，一般量化为旅游地接待的旅游人数最大值。传统民居旅游地游客超容的问题十分严重，尤其是在传统城镇和古村落，黄金周和双休日旅游热潮带来巨大的游客流，远远过了目前古镇旅游容量允许的限度。游客超容量带来一系列的连锁问题：人满为患，餐饮、住宿、交通等服务应接不暇、质量难保，历史风貌和文化韵味丧失，游客满意度大大降低，投诉大大增加，文化遗产和环境的价值大打折扣，有些民居建筑还受到破坏。

提高门票价格已经被证明不是限制游客量的最好的办法，不仅受到旅行社、游客的抵触与封杀，而且也非理性的长久之计。灵活布置游线、主景点数量控制、淡旺季平衡、分时控制、加强服务管理等方法都需要管理者不断地去尝试摸索。

三、旅游产品单一化问题

旅游产品是游客获得体验的重要内容。我国现存很多旅游村镇的旅游产品体系都以观光产品为主，缺乏对文化的深度发掘。乌镇与周庄相比是新秀，在遗产保护与旅游开发协调上走出了特色的"乌镇模式"，在基础设施建设、游线设计、旅游形象策划、旅游营销策略上也已取得显著效果。然而在2002年6月的随机调查中，仍被指出"缺乏亮点和特色"，在1/3的被调查者心中乌镇不过是"与周庄、同里等地类似的较为典型的江南水乡"。看来旅游市场与旅游产品开发还存在一定的脱节。

　　单一的观光旅游产品格局造成游览时间短、综合消费低、旅游满意度不高等消极因素。究其原因可能有以下两方面：一方面在于很多传统民居旅游地的开发精力还集中在保护、修缮的工作现实上；另一方面可能也有意识上的问题，以资源主导型的经营管理方式为主，满足于门票收入，对市场和游客需求关注不够。

　　很多传统民居旅游地也因为"不过如此"而成为大城市的附属景点，无法形成现代市场对传统民居休闲度假的需求，因此在开发调整中需要考虑向度假型、参与性强的深度旅游发展。旅游产品开发策略中要重视差异化设计、文化深度挖掘，参与性项目策划等问题，将当地优秀的文化，如习俗、手工艺、土特产品、庙会、祭祀活动、传统艺术表演等组合起来，开发出既有当地居民表演又能使游客亲身体验的交流场所、设施。在传统民居旅游地开发尤其是古镇旅游开发问题上，大容量的观光式产品开发古镇的做法值得冷静思考，休闲式的度假型的古镇深度综合开发模式值得探讨。南浔古镇就在旅游发展规划中提出了"旅游社区、度假小镇"的概念。

　　此外，传统民居旅游开发中还存在诸如社区参与不够、基础设施落后、服务管理水平不高、人力资源短缺等方面的问题，传统民居旅游地的发展面临着平衡市场真实性需求与当地社区发展、市场营销及持续资金投入的挑战。

第十五章　中国传统民居旅游可持续发展体系

第一节　"天人合一"思想对中国传统民居发展的影响

中国传统民居是在中国特有地理环境中产生的。作为传统建筑，民居建筑的聚落选址、格局、外观、形式和风格无不体现出对自然的认识和态度。我国古代社会是以农业为主体的农业社会，所以由于农耕生活的影响，人们期盼风调雨顺，五谷丰登，希望与自然建立起一种亲和关系。"天人合一"便是人们最终的生活理想和目标追求。几千年来，这个理想直接影响着民居的发展演变，给传统民居打下了深刻的烙印。在传统民居近乎"灭绝"的今天，探讨"天人合一"思想对传统民居的影响，分析传统民居所面临的问题，对传统民居的可持续发展无疑是至关重要的。

"天人合一"思想对传统民居发展的影响，主要指传统民居对自然环境的适应与协调，具体表现如下。

一、因地制宜

因地制宜主要指建筑物以自身的形式变化，使自然条件发挥较大的作用，更好地实现民居建筑的功能。我国大部分地区的民居建筑多以围合的院落式为基础，为了适应各地不同的气候状况，民居建筑格局和形式都有相应的变化。东北地区太阳入射角很小，一年中半年以上是漫长而严寒的冬季，抗寒是民居首要解决的问题，为了争取更多的太阳辐射，避免建筑物相互阻挡，单体建筑之间保持了较大间距，形成了建筑物间距较大的"东北大院"。华北以北京四合院为代表，四合院中的建筑格局适应了华北地区的纬度位置，能充分利用太阳光热条件。我国东北和华北地区冬季长而冷，为了满足保温防寒的需要，房屋进深较小，高度不大，多开南窗，室内普遍设火炕，建材中用泥较多，造型显得厚重。在地处亚热带的华中和华东地区，夏季受副高压控制，空气湿度大，热量不易蒸发，人们倍感酷热，民居建筑最重要的任务是避暑。为了遮阳，院落中建筑物缩小了间距，以期获得较大阴影，同时建筑物间距缩小形成聚落中的窄巷，有利于加大风速。热带华南地区长夏无冬，建筑物间距进一步缩小，院落变成了天井。亚热带和热带民居建筑的重要任务是降温、通风、避雨、防潮，房屋高度较大，出檐较深远，屋面坡度较大，结构开敞，外观轻盈。我国从东部到西部降水越来越少，降水多的地区为了防潮湿和倾泻雨水，地基一般较高，屋面坡度也较大。

二、就近取材

民居建筑的建造，在传统社会交通运输不方便的情况下，一般不可能花费大量的人力、物力和财力从遥远的建材产地去购置体量大、分量重的建材。这就使得就近从自然界取材成为传统民居建筑的一条原则。不少自然材料只需在建筑现场临时做简单加工就可作为建筑材料。例如，一个地区的石料开采方便，那么石料就是该地最重要的建筑用材料；如果土质有一定黏性，那么就可用于打土坯或烧制砖瓦，如土质带有粉沙性，则可夯土筑墙；而盛产竹木地区，那么竹木就成了最主要的建材。

三、抗灾防灾

从传统民居自身的特点来看，对自然灾害的态度主要是消极防范。我国大部分地区降水变率很大，水旱灾害经常发生。限于当时的社会发展水平，人们只能立足于受灾后的减少损失。因此，在水旱灾害频发地区，人民生活总有较大的不安全感，这些地区往往又是经济落后区，这就直接导致了民居建筑普遍简陋。例如，苏北单下河地区，传统民居多为土墙草顶房，即便是号称淮东富邑的盐城，至清末，草房还占 4/5。

四、统一和谐

在中国传统思想的影响下，围合的院落式住宅为大部分地区所接受，这样，中国传统民居在平面布局上就处于一种基本控制状态。中国传统建筑多为土木建筑，建筑材料自身的物理性质在一定程度上限制了建筑向高处发展。院落式的基本布局形式和高度适中的外观，使传统民居很容易与大自然融为一体。传统民居的主人在当时的条件下不可能大规模地改造自然环境，只能选择一块满意的房基地，一旦选定，就只能尊重自然环境，努力使住宅建筑去适应它。适应该地区气候和地形的建筑，风格总是统一的。例如，东南丘陵的民居建筑随地形变化而随高就低，曲折蜿蜒，与自然环境巧妙结合。同一地域的民居由于大量使用本地天然建筑材料，建房的结构方法也基本相同，这就不仅使建筑物的形式、色彩和质感保持统一风格，也使民居建筑物与自然环境十分和谐。传统社会交通不便，各地交流很少，守旧思想根深蒂固，在长期发展积淀中，逐渐形成了一定区域内民居建筑风格接近的模式。

五、和中有变

与大自然和谐相处是中国传统民居文化的基调，但这种统一和谐又不乏变化，这才使传统民居在景观上富有勃勃生机，有的甚至具有诗情画意。民居在建筑时间上总是有先有后，民居主人的喜好也不尽一致。因此，总体风格基本一致的民居建筑总还有高低大小的变化。在山丘地区，民居建筑顺应地势，利用坡、沟、坎、台等微地貌构成灵活多变的外观形式，勾画出层次丰富、参差变化的轮廓线。江南丘陵区盛产木材，传统民居建筑用木材较多，不仅用木构架承重，门、窗、栏杆、隔墙和围护墙也喜用木材，砖墙多用空斗砌法，加上该区建筑密度较大，防火成了至关重要的大事。为了防止或延缓火势蔓延，传统民居广泛采用封火墙。封火墙即马头墙，即屋顶中最高，且富有装饰性的山墙，为了加强防火功能，封火墙必须高出屋面许多，它一般呈跌落的台阶形式，也有的地区采用不同的曲线形式。从建筑景观角度讲，不同方向、不同形式的马头墙在一定地理环境中的组合，使建筑群体充满了韵律感。

六、保护环境

传统民居对住宅周围环境的保护主要表现在保护山林和环境绿化等方面。利用自然资源时，注意资源的繁衍和生态环境的保护。经长期实践，人们总结出根据生态、观赏和实用功能在民居建筑周围绿化的经验。例如，梅树树干不大，不挡阳光，造型优美，宜植于稍高又避雨的宅北；榆树速生，枝叶繁茂，还能吸附烟尘，种于宅周能净化空气保护环境；人们常以竹喻高风亮节，生产工具也多以竹加工制作，竹生长快，耐阴，因而宅后常植竹。南方民居为了减少墙壁吸收太阳辐射，常在向阳面选用有吸热能力的垂直绿化植物。

第二节　对传统民居旅游可持续发展的理解

一、可持续发展与传统民居旅游

旅游的可持续发展是可持续发展在旅游领域的延伸，其基本理论框架的构筑及其目标的阐述是 1990 年 3 月在温哥华召开的全球 '90 可持续发展大会的创举。旅游专业组行动战略委员会制定的《可持续开发行动战略》文件中指出了可持续性旅游业的目标包括：①增进对旅游能为环境和经济做出贡献的认识和了解；②促进发展的均衡；③提高目的地社会人们的生活质量；④为游客提供高质量的体验；⑤保持环境的质量，这是未来发展目标实现的基础。

全球旅游业一直保持着快速增长，而且这个趋势还会持续，由此带来了旅游行为和环境之间的冲突。中国是旅游大国，旅游业发展非常迅猛，但也走过很多弯路，往往表现为旅游资源的过度开发甚至掠夺性的开发，带来的破坏也令人痛心，在政府部门、产业界、学术界、新闻界包括大众范围内引起广泛争论。如果不采取可持续旅游形式的发展，这种发展可能会加速对人文和自然环境的破坏进程。可持续旅游发展是在满足当前旅游者和目的地的需要的同时保护和增进未来的机会。可持续旅游发展所包括的意义是要以这样一种方式来管理一切资源，在满足我们的经济、社会和美学需求的同时保持文化统一性、基本的生态过程、生物多样性和生命支持系统。1995 年 4 月 27 ~ 28 日，联合国教科文组织、环境规划署和世界旅游组织等，在西班牙召开了"可持续旅游发展世界会议"，通过了《可持续旅游发展宪章》和《可持续旅游发展行动计划》两个纲领性文件，作为全世界都应该共同遵守的准则，对指导 21 世纪的旅游开发、旅游发展与旅游资源保护具有十分重要的意义。

"可持续发展""永续旅游"已经形成共识，人们越来越重视旅游产品和服务的可持续发展性。旅游业在中国正在向更为积极有效的道路上发展，"规划先行"的观念已经深入人心（尽管这些规划并不总能真正行之有效），对历史赋予我们的文化遗产也更为珍惜，在旅游景区建设与管理上也更加小心翼翼。在旅游开发过程中，越来越多的政府希望通过制定政策对开发进行控制以确保旅游带来的收益最大化，同时又避免严重的环境或社会问题。现在的开发与规划更强调了环境、文化及社会三效益的统一，并希望做到可持续性开发。

国外对历史古城的旅游利用有两种方式：一是完整保持古代城镇原貌，再现昔日历史情景。例如，美国的威廉斯堡，保持着 18 世纪独立前的城市格局、建筑形式，城郊地区保留着那个世纪的风车、磨场、农舍、麦仓，古城服务人员、导游、马车夫、官府侍从都穿着 18 世纪的服装，古城的两端外围专门开辟一片商业区，利用旧时建筑，保持风貌协调，内部设施古代化，出售各类旅游用品。法国录柯洛和斯特拉斯堡等，所有传统建筑保持原有风貌，部分房屋设施内部现代化，开设旅馆。二是保持古城特色，展示传统风格，以意大利威尼斯、佛罗伦萨为代表，保持历史遗存原貌，也不排斥现代生活的介入。前者属于分离型开发，本地居民与旅游观光地区分离，后者属于融合型开发，居民生活与旅游观光共存，把当地人拥有的优秀文化和产业的诸要素，如习俗、产业、土特产品、庙会、祭祀活动、传统艺术表演等组合起来，开发出市民表演地区文化传统而且游客能亲身体验的交流场所、设施。我国大多传统民居旅游开发以后者为主，新与旧、传统生活与现代旅游共存与融合，在可持续发展中尤其具有重要意义。作为历史文化遗产，传统民居旅游是一个村镇、城市乃至国家的记忆与信息，在保持本土文化、传承文化传统方面具有重要的作用，旅游利用不仅要注重旅游市场需求、游客体验、经济增长，还需要关注到持续的环境与文化保护以及增加未来人们享用的机会。

二、传统民居旅游的可持续发展

传统民居旅游开发从根本上说要持续地为人类创造满意，为人类生存、生活、游憩提供在经济、环境、社会发展等方面可持续发展的良好状态。这满意非指短期的经济利益，而是指经济、社会、环境、文化共同发展并保持和谐与平衡，现今与未来的人类都能持续享用传统民居文化旅游并从传统民居旅游中获得持续满意的一种整体状态，人的满意是重要内容。可持续和不可持续的传统民居旅游的主要区别在表 15-1 中得以体现。

表 15-1　可持续与不可持续的传统民居旅游

表现形式　＼　旅游形式	可持续的传统民居旅游	不可持续的传统民居旅游
基本特点	把人的满意放在首位	以获利为主的大众旅游
开发方式	科学合理的规划与开发	无计划的建设与开发
自然资源（水、土地）	影响小的建筑，水源持久使用，节约土地消耗	大量建筑，破坏风景、大量消耗水资源与土地的大项目
当地社会结构	保留和加强传统社会结构	破坏当地人口结构与传统社会结构，失去地域性

旅游形式 表现形式	可持续的传统民居旅游	不可持续的传统民居旅游
当地社区经济	通过产业转型，促进当地手工业和服务行业市场来加强当地经济	通过大量进口/投资和从外引进劳动力危害当地经济
民居建筑	新旧融合，满足居住和提供游客体验	过多商用功能，拆除与破坏
空间环境	保持传统的整体的结构与特色	遭到现代交通与商业经济的破坏
文化生活	旅游吸引力的重要组成部分	大众浅层次娱乐的牺牲品
游客满意	游客感知≥游客期望	游客感知<游客期望
居民满意	居民参与度高，生活条件与质量提高，并获得补偿与保障	居民参与度低，利益流失，生活受到干扰
游客管理	科学有效的游客管理	混乱、无序的游人管理
旅游服务	旅游设施人性化需求，对环境、景观的影响最小，高质量的旅游服务，提高游客体验与忠诚	旅游设施缺乏或与环境不符，参差不齐的旅游服务，对游客体验产生消极影响

从表中总结内容可以看出，传统民居旅游开发与目的地诸多因素相关联，当地自然资源、经济、社会、传统民居旅游资源系统、游客、居民、旅游行业服务管理等。可持续发展的传统民居旅游是以人为本的满意旅游，以科学合理的规划为前提，对旅游资源进行开发与提供服务管理，同时旅游开发对当地的自然资源、社会经济发展、社会结构消极影响最小，而这一切都会影响到游客与居民的满意。可持续的传统民居旅游必须具有自身的个性与特色，才能保有其长久的旅游吸引力。在我国传统民居旅游地开发过程中，保证切实有效的科学规划是可持续旅游发展的前提，设计出体验化与可深入的产品是核心，而服务管理则是可持续旅游的保证，从而真正实现游客与居民的双重满意。

第三节　传统民居旅游保护与规划——可持续发展的前提

一、传统民居的旅游吸引力及开发优势分析

(一) 传统民居的旅游吸引力分析

1. 建筑景观

我国不同地区、不同民族的居住地点在自然条件、风俗习惯和文化传统等方

面差异很大，与人们日常关系紧密的传统民居最能显现这种差异。民居住宅形式多样，结构各异，内外装饰千差万别，发挥着不同的艺术效果，表现出多姿多彩的形态特征，具有很高的观赏游览价值。

2. 依存环境

传统民居的依存环境对游客的吸引力主要表现在两方面：一是传统民居由于受"天人合一"思想影响，加上古代人对自然环境有一种消极的顺应，所以造成了传统民居的每一类型都对应着相应的自然环境，传统民居的环境差异性对游客具有很强的吸引力。二是传统民居包含着环境保护的思想，传统民居对自然环境的保护主要表现在保护山林和环境绿化等方面，在利用自然资源时，注意资源的繁衍和生态环境的保护。由于对环境的消极适应和保护，使得传统民居和周围环境共生和谐，形成整体美。

3. 历史文化

中国传统民居的历史内涵是建筑物旅游吸引物的主要魅力所在，也是评价传统民居建筑是否具有旅游价值的关键。其历史文化的旅游功能主要表现在：一是历史价值，如民居的建筑年代，与民居有关的历史人物和历史事件；二是艺术价值，如民居建筑的艺术特征，对艺术史方面的价值，室内外装饰，建筑的规模及园林情况等；三是科学价值，主要是民居建筑技术方面的结构特征。

（二）传统民居的开发优势分析

1. 多样化的表现形式

传统民居旅游资源的地域差异明显，表现形式多种多样，每一个地区、每一个民族的民居都有自己的表现形式，正是这种多样化的表现才吸引了更多的旅游者前来观光游玩。例如，北方四合院是一种流行于北京及华北地区的住宅建筑形式，而黄土窑洞则分布在黄土高原的陕北、陇东、豫西和晋东南等地区，客家土楼又分布在闽南山区。因此，传统民居地域性特色明显，总体表现形式多种多样。

2. 深厚的文化底蕴

中国几千年的文化积累推动了传统民居建筑文化的不断前进，其深厚的底蕴有待开发者不断挖掘，可以说这是最具开发潜力和价值的优势所在。例如，皖南宏村，从其选址、规划到建筑的营建，都是人们从一定文化观念和宗教观念出发，有意识地强化自然界中"牛"的形态，体现了农耕民族对"牛"的崇拜与依赖，宏村旅游的迅速发展与这种深厚的文化内涵紧密相关。

3. 紧密的文化联系

仔细研究传统民居建筑文化不难发现其建筑文化与其他文化结合紧密，历代工匠往往通过巧妙的构思、富于变化的表现形式将各种文化表现结合起来，使旅游者能从建筑物中回忆历史，从历史中追寻中国古建筑的营造思想。

4. 传统的生态适应

由于传统民居的营建思想主要受"天人合一"和风水学说的影响，再加上当时生产力水平低下，所以当时居民对环境采取的往往是一种消极的适应，造成了民居建筑和当地自然环境的结合非常紧密，可使游客把民居建筑和周围环境有效地结合起来。

二、保护规划与旅游规划相结合

旅游资源系统开发是对业已存在的旅游资源进行开发，需要运用系统思维方法，对旅游资源进行多要素组合开发。然而，传统民居旅游开发如果不受控制就会破坏目的地的吸引力，最终导致目的地的经营失败。因此，如果传统民居旅游地要实现满意的旅游发展，保持开发与控制的适当平衡是非常必要的，这就意味着合理的规划是应当预先采取的重要措施。

由于涉及很多文物古迹，目前传统民居旅游地首先进行的是保护规划。保护规划编制的主要指导思想是《中华人民共和国文物保护法》规定的"保护为主，抢救第一，合理利用，加强管理"的文物工作方针。依托历史文化名城保护规划理论和方法，在规划上主要以"保护文物古迹及历史地段、保护和延续古城的风貌特色、继承和发扬城市的传统文化"为编制要求，同时与城市规划的修编为一体。在保护框架上强调城市空间的保护，由点——古建筑及标志性构筑物，如牌楼、桥等；线——传统街道、河流、城墙等；面——古建筑群、园林、传统民居群落、具有某种共同特征的城市地段或街区共同构成。在规划力量上多由实力派的城市规划专家、建筑学专家、文化遗产保护专家来完成，如同济大学历史文化名城研究中心以阮仪三教授为代表的专家对江南古镇（周庄、同里、乌镇、西塘、南浔、甪直等）长期的保护及规划工作。在寻求遗产保护与旅游发展的平衡中，保护规划为旅游业发展提供了坚实的基础，并在实际应用中确实起到了保护古镇历史文化遗产和历史风貌的作用，成效十分显著。传统民居必须要进行保护规划。

　　然而，在我国传统民居旅游发展过程中，如对旅游市场的研究、预测，对游客的管理与引导、旅游产品的策划设计、游客容量、社区旅游管理、主客关系以及旅游业各要素的管理等，都迫切需要专门的旅游规划（包括旅游发展规划、旅游区规划以及专项规划等）的统筹安排。在整合旅游学、市场学、旅游民俗、旅游人类学等各专业的条件下传统民居的发展规划发展才更有利于开发与可持续发展。同时，由于民居旅游的直接对象是历史文化遗产中的民居和文化传统，旅游造成的社会经济影响格外受到关注，特别是当旅游业在没有规划和不受控制的情况下高速发展造成了一些社会文化和环境的负面影响之后。随着旅游发展的逐渐成熟，人们来到传统民居旅游地更希望看到、体验到的是这里真正的生活与鲜活的民间文化，而目前的保护规划工作相对来说还不够全面和深入。与环境影响一样，社会文化和经济影响的类型和程度主要取决于旅游开发的类型和密度、旅游区的社会文化和经济特征，以及旅游业是如何规划、开发和管理的。统一的规划兼顾保护与发展，旅游可以将二者衔接。旅游规划不是万能的，但没有旅游规划也是万万不能的。

　　1981 年，平遥县编制了《平遥县城市总体规划》，首次将整个平遥古城区的保护、开发和利用作为重点纳入总体规划。1999 年又对该规划进行修订，围绕古城的保护与发展、旅游业发展等重大问题进行了调整，围绕古城保护与旅游发展确定了城市发展方向。2000 年，平遥编制了《平遥古城旅游发展规划》。从平遥古城的相关规划可以看出，随着时间的发展，古城的保护与旅游发展两方面都越来越受到重视，其保护规划与旅游规划也越来越科学化、合理化。目前，平遥正在筹备一份新的规划，总体名称为《平遥古城旅游目的地发展总体规划及五年行动计划：工作方案及规划大纲》。

　　因此，对于适合发展旅游业的传统民居，保护规划应当与旅游规划相结合，针对旅游市场的需要和旅游产业各要素的发展，将旅游规划的思路贯彻到保护规划的每一个环节。对传统民居旅游地来说，保护规划是第一位的，旅游规划也是不可缺少的，二者的结合有利于传统民居的可持续发展。

三、传统民居旅游开发的模式分析

　　中国传统民居的旅游开发应该采取有效保护与合理利用相结合的模式。为此，必须坚持两条原则：一是保护要求具有系统理念，对传统民居进行整体性、多层次保护；二是利用应充分考虑传统民居的动态性、原真性特征，进行多维开发。

（一）系统保护模式

保护的关键是保护传统民居的系统性与整体性，应坚持两个理念：一是传统民居保护与环境保护并重的理念。环境是传统民居赖以存在的物质基础，要力图使传统民居的保护与传统民居的外部环境达到融洽和谐，共同成为传统民居的"时间标记"、传达历史文化的蕴涵。二是"实"、"虚"并重理念。要做到既保护传统民居的实体，又要保护传统民居本身所蕴涵的文化内涵，具体包括对具有历史文化价值的和富有传统特色的民居的实物保护、传统民居本身所赋有的文化底蕴的保护和其所在的生态环境和社会环境的保护。

1. 实物保护

实物保护是指对传统民居的原有风貌及格局进行原样保护，但由于诸多因素，传统民居的实物保护应根据其建筑质量和艺术价值分片、分级保护，分别采取不同的方式对待，具体包括以下几种：①原样保护型，如许多名人故居的保护；②外实内虚型，既保护传统民居的外观，而内部实现现代化，特别是传播民居聚落，对此保护多采用此种方式，既要对其保护又要适应现代家庭居住的需要；③复原仿制型，有些重要的传统民居由于年代久远、自然和人为等破坏的影响，已不可能看到原貌，可对其进行复原性仿建，提供实实在在的客体。

2. 文化保护

文化保护包括两方面内涵：一是对传统民居建筑文化的扬弃。作为传统建筑文化，民居建筑的聚落选址、型式、外观、格局和风格无不体现出"天人合一"思想，实现人、建筑与环境的和谐发展，但传统民居的建筑文化又包含着对自然环境的消极适应，因此对其应采取扬弃的哲学思想进行建筑文化的保护。二是对传统民居为依托的民俗民风的保护。中国幅员辽阔，区域文化差异很大，由于区域文化影响着当地民居的特色，所以各地民居所体现的文化内涵也不一样，失去文化内涵的民居保护便违背了传统民居保护系统性的原则，只有异地风情、生活习惯、民俗民风的保留才能使传统民居充满活力，也才能更有生命力，也更有利于传统民居的实物保护。

3. 环境保护

对传统民居的保护包括生态环境的保护和社会环境的保护两个方面：一是对生态环境的保护。传统民居的建设遵循的"天人合一"思想及与自然协调共生的营建思想内涵有着对自然环境的保护，如对水源、土地的主动保护，对民居周围进行绿化等。对传统民居所处的自然环境进行保护才能保证传统民居保护的实物整体性和文化系统性。二是对社会环境的保护。由于受当时建筑材料的限制，随着时间的推移，许多传统民居已是木朽墙倾，难以满足现代家庭生活的需要，采光通风不够理想，基础设施配套也相应缺乏。但是，从历史保护的角度出发，居民私自翻建住房往往被视为对历史风貌整体性的破坏而难以从规划管理部门获得通过。同时，除少数传统民居因开展旅游、展览等活动而自筹资金处于良性发展外，大部分传统民居由于国情限制，国家难以抽出资金进行维修改建。在这种情况下，许多居民迁出原住房，原住房或留老人看守或出租，这样原有的社会结构和社会关系被改变，形成传统民居缺乏社会活力的现状，社会环境遭到破坏，许多传统民居成为空有形式的建筑群，这不是传统民居保护的初衷，也违背了"天人合一"的思想，使传统民居的保护具有不可持续的性质。因此，对传统民居社会环境的保护是保证传统民居可持续发展的一个必不可少的环节。

（二）有效旅游开发

旅游资源开发是传统民居利用的有效途径，我国幅员辽阔，自然环境复杂多样，造就了我国丰富多彩的传统民居。例如，北京的四合院、云南的竹楼、黄土高原的窑洞、福建的土楼等，具有很强的地域性、文化性、历史性和民族性，是一种具有广域旅游市场的旅游资源，对传统民居可以进行景观评价与旅游拓展。但是，传统民居作为旅游资源去开发利用应遵循其自身特点，探究适合其发展的模式。

1. 精品开发模式

传统民居旅游价值高，加之强烈的民族文化，往往带有很强的神秘色彩，对旅游者具有很强的吸引力。但是，传统民居的旅游开发应作好筛选工作，进行重点开发，一方面由于现存传统民居所在地大多地理位置偏僻，交通条件差，旅游者的可进入性差，加之地方经济落后，导致旅游资源开发成本加大。另一方面，伴随传统民居地域性强的特点，同一类型的传统民居在同一地域具有很强的替代性。因此，在区域传统民居的旅游开发中，应选取当地最具有特色、保护最完整、最具有代表性和高品位的传统民居进行开发，开展一些市场针对性强的特色旅游活动，并逐步配备相应的服务接待设施，进而培育和改善旅游业发展的环境和条件。

2. 联合开发模式

作者认为传统民居的联合开发在内容上应分为横向联合和纵向联合，从地域上又可分为区内联合和区际联合。

传统民居的横向联合开发就是要与其他类型旅游资源联合开发，传统民居是一种有特色的文化旅游资源，但由于观赏时量较短，因此传统民居应尽量与周围其他类型的旅游资源联合开发，延长观赏时量，满足游客在最短时间内欣赏最多旅游景点的心理。而纵向联合则是指打造传统民居专题旅游线路。

区域内联合是指区域范围内与同质或异质类旅游资源联合开发；区际联合开发则是指区域与区域之间传统民居旅游资源与其他旅游资源的联合开发。例如，江苏的周庄与同里联合则属于纵向联合、区内联合；安徽的西递、宏村与黄山联合则属于横向联合，如果西递、宏村与浙江的千岛湖联合则属于横向联合、区际联合。

3. 多维开发模式

作者认为对传统民居的多维开发应从三方面考虑：一是开发的对象应涉及建筑景观、建筑文化、依存环境和民俗民风；二是开发的方式应具有多样化，包括新建、利用改造、挖掘提高等多种方式；三是功能取向应多样化，包括观赏功能、休闲度假功能和专题旅游功能，进行综合性多层次开发。

具体来讲，利用建筑景观开展观光游览，利用建筑文化和民俗民风进行专题、考察旅游，利用依存环境和建筑实体进行度假休闲旅游。

4. 文化开发模式

从目前的趋势看，文化旅游将成为旅游热点，传统民居文化旅游就是文化旅游的一个重要分支，就是以独具风格的各色建筑为旅游外在吸引物，使旅游者在观赏各色建筑的同时体会不同文化的特质，达到审美享受的旅游目的。传统民居的开发过程中，必须深挖其文化内涵，应包括：一是与民居有关的历史知识，游人可以通过了解传统民居的历史来弄清楚该民居特有的形状、结构的原因等；二是与民居有关的地理文化知识，让游客了解有关民居或民居聚落的地理知识来深层次认识传统民居，如选址及选址过程中的风水观念及村落整体布局的原因等；三是民居建筑方面的知识，如民居结构、内部的布置、摆设、选材、当地的营建思想；四是与民居相联系的民俗，包括当地服饰、生活习惯及风俗；五是文学，与民间有关的诗、画、楹联、传说、匾额等；六是艺术，包括雕刻艺术、民间工艺、民间音乐等；七是景观，当地的自然风光、民居与周围环境组合而成的田园风情等。

第四节　传统民居旅游产品——可持续旅游发展的核心

　　传统民居旅游产品的开发与设计需要遵循资源—市场—产品三位一体的旅游产品开发理念，为游客提供高品质体验与服务。影响游客体验与满意的因素非常多，如旅游目的地的基础设施、景观环境、产品特色、服务管理等。传统民居旅游作为文化旅游，旅游产品占据了核心地位，传统民居旅游产品所能提供的体验内涵与深入程度已经显现出重要作用，并必将在未来具有更为显著的影响，它们是创造满意的重要因素，而且越来越成为现代游客判断满意旅游产品的重要准则。

一、体验化的产品

　　传统民居旅游产品体验化首先需要重视旅游资源的体验载体和基质，即差异化的民居建筑、空间环境和文化生活，具体包括实体的民居住宅、祠堂、庭院、街坊、水网、桥梁等，和非物质的民俗、饮食、艺术、音乐等，在市场体验需求导向下把它们组合设计成为各种体验化的产品。

　　旅游本身是一种体验，旅游产品的核心在于体验，因而旅游地开发和旅游产品设计必须对游客体验给予更多的关注，使之成为能够满足游客需要的体验化旅游产品。在体验经济时代下，需更注重体验式的消费方式。体验消费不仅包括设施，还包括消费者的思想、感觉、行为表达、活动、评价和情感刺激。为体验消费而设计的体验产品应该以市场调研为基础，能够满足现实游客与潜在游客在娱乐、教育、逃避、审美等体验领域的不同需求和期望，并且超越满意。市场导向可以让我们拥有更为敏锐的洞察力，让我们了解游客需要何种体验掌握他们如何去领悟体验，明白他们为什么喜欢这种而不是那种产品或服务，把握各种影响总体满意度的各种因素，创造惊喜和感动。

　　体验化产品的目标要求旅游规划与策划中更注重项目的体验设计。一切从旅游者的角度出发，研究旅游者所接触的情景，研究旅游者的需求，设计旅游者的体验，是旅游中情景规划和体验设计的总体理念。要使游客达到可体验的目的，要注重旅游六要素"吃、住、行、游、购、娱"的设计，注重游客"眼、耳、口、鼻、舌、手"的感官感受，全方位为游客留下深刻体验的记忆。王夫之在《夕堂永日绪论·内编》中说："情景名为二，而实不可离，神与诗者，妙和无垠；巧者则情中景，景有情。"旅游产品的体验设计就是要达到如此情景交融的目的，使游客"可进入、可停留、可欣赏、可享受、可回味"，从旁观到参与，从观众到演员，在体验消费中感觉美好、快乐、难得。一处旅游地能让游客细细讲述体验的每一个细节，这就是开发与设计的巨大成功。

传统民居旅游开发需要在旅游营销开发中用体验包装旅游产品和服务，运用新技术、旅游信息服务，加强人们的感知水平。旅游产品具有无形性，在消费的同时被生产出来，因此可以强化旅游形象、增加旅游信息的可视性。创新旅游纪念品，留住和深化游客体验也是非常好的手段之一。另外，看今天大受欢迎的自助游所依靠的网络 BBS、客栈、青年旅社、家庭旅馆都类似于获取信息的小型人性化服务中心、抒发交流旅行情感的俱乐部，对如今的大众传统民居旅游很有借鉴。我们在做区域联合开发、营销的同时，也可抽身考虑自身建立一个特色的文化俱乐部，融入俱乐部文化，使游客持续体验当地的旅游吸引力。

由于传统民居旅游产品是一个综合性的旅游产品，包括了核心产品活动、附加设施、服务、旅游商品等各种组合要素，为此需要在核心产品体验化设计的基础上对这些附加要素进行辅助设计，以提升产品的综合体验效益。

二、可深入的产品

随着中国旅游市场的发展，以观光旅游为主的旅游方式已经发展到观光、休闲、度假三足鼎立的旅游时代。深度旅游的字眼在旅游刊物中出现频繁，愈渐成熟的旅游者都向往旅游更深入一些，而非走马观花。携程旅游网推出的海外深度团队游，就打出了这样的口号"一次一国，细细品味，深度体验"。深度旅游已经成为大众旅游市场上的一种需求。"深度"直接体现在专业设置的行程、充足的游览时间、领队导游的高水平服务、免除或少量的购物活动，间接地反映了人们对旅游内涵品味的要求的提升。阆中古城旅游活动吸引力调查显示：游客对民俗表演、探访古城民居日常生活、居住在设施完善的古民居院落和参与手工作坊工艺制作较感兴趣。游客对古民居旅游已经逐步摆脱单纯的观光层次，更喜欢亲身参与和深入当地的文化与生活。

北京大学旅游研究与规划中心主任吴必虎在题为《中国进入深度旅游时代》的文章中指出，旅游业是注重感知的产业，好的策划和个性化的旅游都是深度旅游的方式。著名的旅游专家魏小安也在报告中指出中国旅游业最大的挑战与最迫切需要解决的问题就是如何向深度进军。

旅游对于我们的生活已经不可缺少，但在具体旅游开发与管理中，由于受利益的驱动，旅游管理者和规划者很少从各方持续协调发展的角度来考虑问题、设计旅游产品，忽视了游客和当地社会文化背景对旅游的需求。在对深度旅游产品的需求趋势下，旅游开发和产品策划必须做好回应。对于传统民居旅游开发来讲，深度发掘文化旅游资源是提供深度旅游产品的基础，加强对非物质文化旅游资源的保护和发掘是使游客的旅游体验"可深入"的重要方面。传统民居旅游资源的非物质内容包括了更多传统文化、乡土文化，体现在戏曲、诗歌、民俗、歌舞、语言、风水等丰富多彩的生活当中。

第五节　游客服务管理——可持续旅游的保证

从旅游产业可持续健康发展来看，旅游服务管理的水平在一定程度上决定了旅游产业发展的水平。中国是个旅游大国，旅游资源丰富，无论欧美还是日本都是赞叹羡慕，然而谈到服务管理，中国就矮了一大截。这不仅是产业健康、旅游地形象、旅游业收益的问题，还是对我国丰富文化遗产的尊重和持续利用的问题。无序的管理不仅使文化遗产的价值无法得到显现，甚至还会造成对当地环境和文化破坏。在这一点上我们得到的教训是不少的。加上少数旅游开发者和旅游经营者决策或操作的孤立性的失误更是让旅游陷入了被批驳、贬低的尴尬境地。因此，高品质的服务管理也是保证资源的有效保护和持续利用、维护文化遗产的珍贵价值的重要工作内容。

旅游开发应是在科学合理的规划指导下，针对旅游资源进行的合理有效持续利用，其成果往往不同于货架上一般出售的商品。从旅游产品的形成上看，其特点决定了它是无形的，是生产与消费同时进行的。游客只有来到目的地，看见风景与民居，听见导游员的讲解，感受到当地的民风民俗等一系列的目的地活动的组织，才能说是消费到旅游产品。而其中极为重要的影响因素就是当地的旅游服务与经营管理的水平，它们直接影响到旅游产品的质量和游客满意度。旅游产品的服务管理是直接面向市场，面向人群的，是受到市场与游客检验的。没有好的设施管理和服务管理，再好的资源也无法形成市场欢迎的产品。因此，资源开发成为旅游产品是否成功在很大程度上还要看管理，完善的基础设施与优质的服务管理是游客获得高质量游览体验的保障，是传统民居旅游开发成功创造满意产品的保证。

旅游开发的相关管理工作可以分为开发前、开发中和开发后三个阶段。开发前期主要包括规划管理、招商引资、项目审批、技术咨询等，开发中包括对建设项目实施进行监督和控制，开发后的管理包括对旅游地的营销宣传，对居民、开发商、经营者的社区管理，对安全、游客容量、环境卫生、旅游设施的维护管理等。旅游开发的相关服务主要是在开发后面向游客的过程中，在吃、住、行、游、购、娱六要素及配套产业中对客服务的内容，其服务水平和管理力度极大地影响着旅游地给游客带来的满意度。对于国家和政府来说，加强旅游法制建设、规范行业管理是对当今旅游开发与发展事业也尤为重要。

在我国传统民居旅游管理面临的问题中，超容量是一个极为棘手的现实问题，过分的游客需求极大地阻碍了旅游地的可持续发展。历史悠久的世界著名水城威尼斯位于意大利东北部亚得里亚海岸，它以其如诗如画的水城风光、历史悠久的古城文化而赢得"亚得里亚海最美的明珠"的美誉。同世界其他著名旅游胜地一样，旅游业的发展为威尼斯带来滚滚客源和财源的同时，其旺盛的旅游需求也对当地承载力提出了巨大挑战，游客的过度增长给当地的环境、历史遗迹、人口状况，甚至是旅游者的游历体验，都带来了永久性的损害。

威尼斯目前正处于这样一种状态：游客、当地居民、大学和政府等城市功能正在为"使用"威尼斯传统的城市中心而竞争。1951 年威尼斯拥有 17.5 万居民，而目前这一传统的城市中心居住着不到 8 万的城市居民，每天要接受 4.7 万人的流动人口，夏季最高峰时期高达每天 10 万人次。当地居民和城市功能的空间充斥着与旅游相关的一切活动，令人感到窒息。总之，巨大的客流量严重威胁着当地旅游业可持续发展的能力，旅游业的发展并没有持续地支持当地社会，反而威胁着威尼斯社会发展的继续进步。为了保持威尼斯在全世界旅游者心目中的旅游吸引力以及促进当地旅游业的可持续发展，当地政府以及旅游主管部门制定了一系列游客管理政策以缓解巨大客流量所带来的负面效应。

首先，威尼斯通过"威尼斯旅游智能卡"有效地调控了客流流量，缓解了旅游旺季巨大的客流给城市带来的压力，而且给游客带来了高质量的旅游体验。旅游者在出游之前可以通过国际互联网订购"智能卡"，并获得将威尼斯目前旅游动态信息，如游客数量、游客密度、旅游接待设施情况、旅游建议等。旅游者通过这种适时互动的方式，就可以决定合适的出行时间。预定的游客还可以十分优惠的价格获得"旅游包价服务"。"智能卡"的发行数量由威尼斯城市中心的旅游承载力决定，如果游客数量接近了当地旅游环境承载力的阀值，主管部门就会停止发行"智能卡"以抑制客流流入。

其次，开发新的旅游线路改变旅游者游程，降低游客高度聚集的城市中心区域的接待压力，实现更合理的游客空间分布，也增加了逗留时间与消费。同时还对旅游基础设施的使用进行限制以引导客流流向。

最后，威尼斯在规范旅游者和当地居民的环境保护行为采取了"软硬兼施"两种方法：一方面大力开展环境保护教育和宣传活动以培养和提高旅游者以及当地居民的旅游资源环境保护意识，当地旅游政府部门以及旅游企业共同倡导旅游可持续消费理念，形成环保内在驱动力。另一方面，切实加强环保执法力度，从而有效地规范了游客行为、保护了旅游资源环境。威尼斯还专门制订了相关旅游法规，如威尼斯市政府为规范旅游者行为而专门出台了一份名为"您不能"行为规范手册，其内容包括游客不能在街头吃午餐，不能乱丢垃圾，不能在河道里游泳，不能在城内骑车或是驾驶其他任何车辆，不能在公共场合脱衣服，不能身着游泳衣行走街头六项。对于游客的不文明行为执法官员会不留情面地给予高额罚款。

与威尼斯一样，我国很多历史城镇居民生活与旅游活动并存，属于新旧融合的开发模式，也面临着旅游超容量的威胁。威尼斯所面临的不仅是欧洲，也是中国诸如周庄、丽江等正在面临并且在未来可能加剧的问题，因此以威尼斯为案例来分析，对于中国历史城镇的旅游发展也具有现实的借鉴意义。保护传统民居旅游资源、实现传统民居旅游可持续发展，需要在合理调节旺季超容量的旅游需求上抓紧实施重要举措，未开发、正在开发的旅游地需要将旅游承载力作为重要的规划内容，还没有成为旅游热点的旅游目的地要预先实施游客管理措施以应对即将可能的大量的旅游需求。这不仅关系到旅游经济的发展，也有利于保护当地居民结构、民居建筑、历史环境及文化传统。

第六节　游客与居民满意——可持续旅游发展的重要体现

传统民居旅游资源具有特殊性，是不可再生的文化遗产，其开发必须坚持可持续发展，而可持续旅游是为了造福于"人"这个主体。我们的旅游开发重视民居、重视环境、重视文化说到底都是为了人，尤其是旅游活动中的主人与客人——游客与居民。当我们反思旅游开发的初衷不难发现，一切的美好愿望都是围绕"人"这个主体来进行的，为了游客的满意与欢愉，为了当地居民的认同和满足，为了更多的人以及子孙后代都能享受前人留下的珍贵遗产文化。我们必须考虑到市场需求和游客动机的多样性，创造可供游客体验的满意的产品与服务；同时关注当地居民，包括他们对经济收益与生活品质的要求，让旅游地居民真正参与旅游产业的发展，并享受到旅游发展带来的保障与实惠。因而，人的满意是创造传统民居旅游可持续发展的重要体现，"人"的满意在很大程度上可以检验传统民居旅游的可持续发展。创造游客与当地居民的共同满意，才能真正创造以人为本的可持续旅游。

一、满意的游客

满意是消费者的实践反映，它是判断一件产品或服务的特性，或其本身的尺度，或者说，它提供了一个与消费相关的实践的愉快水平。运用满意度的相关理论和方法对市场和游客作细致的调查和分析，能够为旅游开发提供指导性意见。

在西方，对于满意度的研究开始于各种服务产业中，最初进行大量研究的是在市场营销的领域。对于旅游业来讲，最初的研究很多集中在饭店业、接待业中。如今，越来越多的研究者把研究目光投向旅游业，一个很显著的原因就是旅游在服务业中的发展异常迅速，旅游者的数量激增，旅游业日益得到政府的关注和支持。因而，对游客满意度在观光、购物、住宿、餐饮、交通，主题公园、博物馆旅游等多种旅游活动的研究也多了起来。

在有关满意度的理论中，期望否定理论因其定义的广泛可适应性而得到普遍的接受。根据这个理论，顾客带着对服务的预先期待来购买商品和服务。当购买或消费服务结束后，顾客会把感知的结果和之前的期望做比较，如果结果不能达到预期期望，就产生期望否定。那么，游客对旅游地的期望与感知的差就是游客的满意度。衡量游客满意度在创造持续的价值上具有重要的作用，如图 15-1 所示。

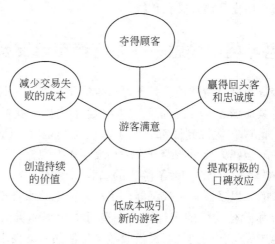

图 15-1　游客满意的意义

常有很多人都有抱怨，在去水乡古镇游览之前，他们都满怀期待，希望能够享受一个安静悠闲的古镇风情，却常常遭遇了过度商业化和人满为患的尴尬。如此一来，满意度下降，人们急着逃出围城。自称苛刻的 Sunshine 在题为《丽江——忘不了我空洞的眼神》一文中毫不留情地批驳了丽江旅游的诸多不妥，如"商店太多如同大卖场、商品大同小异、酒吧太俗太滥"等，并且说到自己"毅然决然从字典里抹去了丽江这个曾经勾魂摄魄的地方"。虽然这只是一人之见，但不可否认，游客期望与现实感知的差异必然造成客源流失，以及难以估量的消极的口碑效应，旅游者对此目的地也不会产生忠诚度。相反，令旅游者满意的旅游体验则可能吸引回头客，良好的口碑效应也会吸引其他的旅游者。

有学者对西递进行旅游效果的调查中显示：西递国内游客的旅游满意度较好，有高达 75.6% 的被访者愿意推荐其亲友到西递旅游。同时也反映了诸多问题，如有 67.9% 的人认为西递的商业化气氛应该减弱。在对平遥古城满意度调查中，游客最感兴趣的景区中，对平遥古城墙、古城风貌反映最好，其次是票号旧址和古民居；从旅游商品来看，对平遥牛肉、黄酒的评价最高；从旅游服务来看，对导游服务相当满意，对旅游景点评价尚好，而对交通、饮食、住宿评价则一般。总体上大多数旅游者对平遥的印象较满意和一般。而根据这些调查结果反馈到旅游规划与开发工作，将十分有利于目的地不断改进。

因此，旅游行业需要与游客保持亲密的接触，对游客满意度进行调查与研究，获取市场反馈与游客对目的地的感知差异，并且具体定位在某个影响因素上，如餐饮、住宿、交通、景点、导游服务、环境、旅游设施、解说等，从而有利于开发与管理者不断调整、改进，设计出符合游客心理需求的产品和服务，同时不断地根据调查结果调整经营管理以持续获得游客满意，让游客"乘兴而来，满意而归"。只有目的地的产品与服务贴近目标人群的需求时，游客才可能产生最大的满意度。

二、满意的居民

作为传统民居旅游地的主人，当地居民的"满意"也是创造满意的传统民居旅游的重要方面。正如亨德森指出的，目的地居民日益被视为旅游产品的核心，并且成为规划者普遍接受的目标（Henderson，2000）。

传统民居资源与其他资源很大的不同在于它是居民生活的现实，民居建筑的所有权大多属于当地居民，居民有权决定是否让游客参观。在德国、澳大利亚、瑞士和意大利的部分地区对私有的传统民居和城堡进行的调查中显示，尽管维护历史性建筑的费用不菲，有些居民对开放自己的住宅或城堡的积极性不是很高，因为他们把文化遗产和传统承袭看得比经济收益更为重要。那些由于经济利益的居民愿意采取措施修缮民居并且非常乐于合作，那些不是为了经济考虑居民对开放住宅则持积极的态度。调查中大部分人将准备开放他们的老房子，尽管他们只会选择一部分的游客。对于我国现阶段多数居民来说，改善居住条件与生活质量，提高经济收益非常重要，而游客活动实际上在空间、生活节奏及精神生活上都对当地居民产生了"干扰"，而利用传统民居进行旅游发展就必须使当地居民得到实惠。因此，政府必须制定出合理的补偿与管理制度，对当地居民的日常生活以及自然人口增长的各种需求提供优惠和保障。如此，社区居民才能觉得满足、满意、快乐，他们的下一代才有可能继续居住，当地人口、经济、社会结构才可能得以保留和加强，传统的生活方式才有可能得以传承，当地文化的真实性也才可能得以持续。

而要促使当地居民能够真正享受到旅游开发的益处，较少承担旅游带来的消极影响，必须让居民更多更广泛的参与。1997 年 6 月，世界旅游组织、世界旅游理事会与地球理事会联合制定并颁发了《关于旅游业的 21 世纪议程》，其中所倡导的旅游业可持续发展战略的重要措施之一就是将居民作为关怀对象，并把居民参与当作旅游发展过程中的一项重要内容和不可缺少的环节。可以说，居民是否参与旅游开发管理直接关系到民居旅游发展的成功和失败，居民参与的程度关系到居民满意高低。因此，居民参与具有重要的意义：第一，有利于增加就业，促进当地经济发展。由于旅游产业就有较大的产业关联度，旅游开发能够提供大量直接或间接的就业机会，增大旅游经济的乘数效应，也直接有利于当地居民创收。第二，可以减缓矛盾，促进开发经营与管理。旅游开发涉及的利益主体比较复杂，居民如果在开发中不能受益，还要承受生活变化带来的消耗，其抵触心理和抵抗行为便容易发生。从开发决策、经济补偿到经营管理如能纳入当地居民的实际参与，尊重居民合理建议，必将减少摩擦，缓解开发中的矛盾，增强执行力度。第三，有利于保持文化的原真性，延续"活"的文化。当地居民是传统手工艺、民俗、生活方式的正在执行者，他们对这些非物质文化遗产的延续与否在相当程度上决定了其存亡。第四，改善与增进主客关系，提升目的地形象。本地居民是构成旅游地的"好客"形象的最重要的成分，居民的态度和亲切程度直接关系到游客的好感和满意度，人们都更青睐于那些民风纯朴、热情好客的旅游地。融洽的主客关系是旅游业良性发展的前提之一。第五，增强认同感、自豪感。居民通过参与事务可以受到教育与启示，转变思想意识，意识到自己所有的是珍贵的文化遗产，意识到可持续发展的重要性，从而自觉加入到保护和发展事业中来。

目前，政府是我国传统民居旅游地保护发展中的主要因素，尤其是在偏远的历史村镇，居民自觉保护本地民居与文化的主动性及能力都还不高。而西方很多居民都以维护自身传统为己任，以纽约最早的小意大利为例。小意大利是曼哈顿东边的一个历史区域，20 世纪 70 年代以来，由于与它相邻的唐人街的扩张，小意大利区的人口流失，面临着逐渐缩小甚至消亡。但当地的意大利移民决定采取行动来维持小意大利的边界并提高其作为一种旅游吸引的商业生机。他们自发成立了一个名为小意大利重建协会（LIRA）的商人组织，推动建立了一个特殊的分区制区域，保留了意大利的气氛，排除了那些与意大利不相容的内容，通过对街道的利用和装饰来保护一个少数民族聚居区以及它的气氛。例如，在周日里把墨伯里街变成一条人行商业街，悬挂上红、白、绿的旗帜标语来显示这个地区是"纽约历史上著名的小意大利"，并在九月举行一年一度的圣詹娜露美食节等。居民主动参与历史文化区的旅游活动并带来了传承历史、发展旅游、提升形象的良好效应。

在政府的协助与引导下，社区居民参与保护与发展也能够取得很好的成效。日本白川乡和五屹山的三座古村落——荻町（Ogimachi）、相仓（Ainokura）和菅沼（Suganuma）于1995年成为世界文化遗产，当地保留了相当完整的"合掌式"木结构民居。这三个村庄的村民在20世纪70年代同当地政府合作，发起了一场保护运动。他们认为如果不采取行动，他们的村庄环境就会被摧毁。他们想保存整个村庄的风貌和周围的自然环境——田野、沟渠、道路和森林，以及建筑，村民们成立了保护协会，每个村庄都采用了国家的合法保护制度。根据这些合法的传统保护制度，这三个村庄都得到了很好的维护。每个村庄都有一个称作"kumi"的互助组织，由邻近各户组成，并根据在江户时期（17～19世纪）就已建立，今天仍在发挥作用的一种合作制度进行活动。"kumi"开展季节性和日常的工作，共同或轮流进行，如砍山路两旁的草，清除沟渠，防火和履行宗教职能。这些村落依旧是传统生活模式同当地生活环境与社会功能完美结合的典范。因此，政府与百姓的协作非常重要，我国很多传统民居旅游地商业气氛过浓，当地人口结构、社会传统的变化影响到了居民的日常生活，政府对商业的控制、对居民需求的关注与社区居民的支持相结合才能实现满意的可持续发展。

我国很多传统民居旅游地的状况比较复杂，居民的参与积极性与居住条件、利益分享、政府及开发商、游客行为息息相关。因此，要使社区居民满意，需要尊重他们的意愿，需要依托社区居民的力量，建立社区参与旅游的机制，加强对居民的宣传、教育、培训和帮助，实现旅游发展与社区发展的良性互动关系。忽视或漠视当地居民的心理与作用，一味自顾发展只会让政府、旅游部门或开发商陷入窘境，甚至造成混乱和重大损失。

创造满意的传统民居旅游必须在研究传统民居旅游资源系统的基础上，以科学有效的规划为前提，以高质量的服务管理为保证，提供满意的旅游产品体系，不断提高游客与居民的满意度，才能实现传统民居以人为本的可持续旅游。

参 考 文 献

Duncan Tyler, Yvonne Guemier, Martin Robertson. 2004. 威尼斯的城市旅游管理：如何应对成功．城市旅游管理．陶犁，梁坚，杨宏浩译．天津：南开大学出版社．

EdwardInskeep. 2004. 旅游规划——种综合性的可持续的开发方法．张凌云译．北京：旅游教育出版社．

Historic Scotland. 2002. 如何编制保护规划——英国苏格兰保护规划指南．赵中枢译．国外城市规划，(4)：33-35.

Maclare F T. 2002. 加拿大遗产保护的实践以及有关机构．国外城市规划，(4)：17-21.

Marsden A. 1997. 澳大利亚国家遗产的保护机构及保护原则．国外城市规划，(3)：2-4.

Pearce P L. 1993. 观光客行为的社会心理分析．刘修祥译．台北：桂冠图书股份有限公司．

P. 切克兰德，左晓斯．1990. 系统论的思想与实践．史然译．北京：华夏出版社．

Zeithaml V A, Bitner M J. 2002. 服务营销．第二版．张金成，白长虹译．北京：机械工业出版社．

阿丁．2004. 让上海成为时尚生活中心——访时尚生活策划咨询（上海）有限公司总裁黄瀚泓．沪港经济，(12)：27-29.

阿兰·马莱诺斯．2000. 法国重现城市文化遗产价值的实践．张恺译．时代建筑，(3)：14-17.

澳门艺术博物馆．2002. 全球化下的无形遗产保护与博物馆教育．中国博物馆，(4)：36-39.

包亚明．1997. 文化资本与社会炼金术．上海：上海大民出版社．

保继刚，楚义芳．1999. 旅游地理学．北京：高等教育出版社．

保继刚，等．2005. 城市旅游：原理·案例．天津：南开大学出版社．

保继刚，苏晓波．2004. 历史城镇的旅游商业化研究．地理学报，59 (3)：437-436.

保继刚．2000. 旅游开发研究——原理·方法·实践．北京：科学出版社．

贝塔朗菲．1987. 一般系统论——基础、发展和应用．北京：清华大学出版社．

鲍展斌．2002. 历史文化遗产之功能和价值探讨．绍兴文理学院学报，(3)：92-95.

曹国新．2003. 文化古村落：一类重要而特殊的旅游资源．江西社会科学，(9)：202-205.

常玉生．2002. 坚持“保护第一”的科学指导方针——关于旅游开发与自然文化遗产保护的关系．经济社会体制比较，(2)：86-88.

陈淳，顾伊．2003. 文化遗产保护的国际视野．复旦学报（社会科学版），(4)：122-129.

陈福义，范保宁．2003. 中国旅游资源学．北京：中国旅游出版社．

陈建明．2003. 博物馆与无形文化遗产保护．求索，(2)：218-223.

陈立旭．2001. 论城市历史文化遗产的价值．中共浙江省委党校学报，(6)：79-85.

陈立旭．2003. 中国现代历史文化遗产保护历程审视．中共浙江省委党校学报，(3)：70-75.

陈燮君．2002. 博物馆与无形文化遗产保护．中国博物馆，(4)：16-19.

陈颖．2003. 旅游资源开发价值为何被夸大．楚雄师范学院学报，(6)：38-41.

陈勇．2005. 国内外乡村聚落生态研究．农村生态环境，21 (3)：58-61.

陈志华．2001. 关于楠溪江古村落保护问题的信．建筑学报，(11)：52-53.

陈志华.2004.古镇碛口.北京：中国建筑工业出版社.

陈志华.2004.楠溪江上游的古村落.石家庄：河北教育出版社.

程道品,何平,张合平.2004.国家生态旅游示范区评价指标体系的构建.中南林学院学报,
　　(2)：28-32.

程晓非.2000-08-09.丽江现象告诉我们什么.中国环境报,2.

崔凤军,许峰,何佳梅.1999.区域旅游可持续发展评价指标体系的初步研究.旅游学刊,
　　(4)：42-45.

崔敬昊.2005.北京胡同变迁与旅游开发.北京：民族出版社.

崔越.2002.地貌旅游资源特征值评价模型研究.地理学与国土研究,18(3)：86-89.

戴永光.2006.旅游城市可持续发展评价指标体系.云南地理环境研究,(1)：35-38.

戴志坚.2001.培田古民居的建筑文化特色.重庆建筑大学学报,(4)：21-27.

邓洪武,邹元宾.2003.庐陵古村群存在的支撑——江西古村落群建筑特色研究之二.南昌大
　　学学报(人社版),(5)：89-95.

邓洪武,邹元宾.2004.美陂古建筑的文化艺术及其价值——江西古村落群建筑特色研究之三.
　　南昌大学学报(人社版),(2)：102-107.

邓洪武.2003.罗田古村的民居风格与启迪——江西古村落群建筑特色研究之一.南昌大学学
　　报(人社版),(2)：76-80.

丁季华.1999.旅游资源学.上海：上海三联出版社.

丁俊清.2001.我国古代乡村中的礼制建筑——以温州永嘉、泰顺县为例.小城镇建设,(9)：
　　20-24.

丁雨莲.2006.文化休闲旅游符号的思考：以丽江大研古城和徽州古村落为例.旅游学刊,
　　21(7)：12-16.

董鉴泓.2004.中国城市建设史.第3版.北京：中国建筑工业出版社.

杜嵘.2001.虚拟遗产研究初探.新建筑,(6)：21-24.

段忠桥.2001.当代国外社会思潮.北京：中国人民大学出版社.

范凌云,郑皓.2003.世界文化和自然遗产地保护与旅游发展.规划,(6)：26-28.

范小平.2001.三星堆遗址旅游价值及其保护与利用定位.中华文化论坛,(4)：25-28.

方志远,冯淑华.2004.江西古村落的空间分析及旅游开发比较.江西社会科学,(8)：
　　220-223.

费孝通.1998.乡土中国、生育制度.北京：北京大学出版社.

封志明,刘东,杨艳昭.2009.中国交通通达度评价：从分县到分省.地理研究,28(2)：
　　419-429.

冯年臻,刘战,李学成.2002.清代文化遗产与辽宁旅游资源的开发.社会科学辑刊,(6)：
　　99-104.

冯淑华.2002.古村旅游模式初探.北京第二外国语学院学报,(4)：32-35.

冯淑华.2002.古村落旅游客源市场分析与行为模式.研究旅游学刊,(6)：45-48.

付红军.2005.小城镇旅游业可持续发展评价研究.长沙：中南林学院.

甘枝茂, 岳大鹏. 2004. 陕北黄土丘陵沟壑区乡村聚落分布及其用地特征. 陕西师范大学学报
　（自然科学版）, 32（3）: 102-106.

耿继祥. 2004. 台州市旅游资源调查与 GB/T18972—2003. 台州学院学报, （4）: 65-67.

郭改英. 2012. 和谐社会背景下的农村产业结构调整探讨. 农业经济, （7）: 18-20.

郭来喜, 吴必虎, 等. 2000. 旅游资源分类系统及其类型评价研究. 地理学报, （3）: 294-301.

郭旃. 2001. 中国世界遗产工作评论——逐步与国际接轨的中国世界遗产保护//张晓, 郑玉歆.
　中国自然文化遗产资源管理. 北京: 社会科学文献出版社.

郭英之. 2000. 平遥古城旅游市场开发及其可持续发展. 山西财经大学学报, 22（6）: 28-31.

郭英之. 2003. 中国旅游热点地区旅游市场营销的可持续发展战略研究——以平遥古城为例.
　人文地理, 18（1）: 6-9.

何景明. 2003. 国外乡村旅游研究述评. 旅游学刊, 18（1）: 75-80.

胡朝相. 2002. 贵州生态博物馆非物质文化遗产保护的问题. 中国博物馆, （4）: 62-63.

胡道生. 2002. 古村落旅游开发的初步研究——以安徽黟县古村落为例. 人文地理, （9）:
　46-50.

胡映兰. 2004. 农民的根本需要: 农村经济政策调整的依据. 湘潭大学学报: 社会哲学版,
　（2）: 26-27.

黄芳, 浣伟军. 2003. 古村落旅游开发的经营模式探讨. 湖南商学院学报, （5）: 105-107.

黄芳. 1997. 浅议我国传统民居旅游资源. 武陵学刊, 18（6）: 39-41.

黄芳. 2000. 传统民居与现代旅游. 长沙: 湖南地图出版社.

黄芳. 2002. 传统民居旅游开发居民参与问题思考. 旅游学刊, 17（5）: 54-57.

黄芳. 2002. 对浙江传统民居进行旅游开发的思考. 湖南商学院学报, 9（5）: 40-42.

黄洁, 吴赞科. 2003. 目的地居民对旅游影响的认知态度研究——以浙江省兰溪市诸葛、长乐
　村为例. 旅游学刊, 18（6）: 86-89.

黄隽. 2005. "胡同游"的成长分析. 旅游学刊, 20（1）: 44-47.

黄昆. 2004. 利益相关者在旅游地可持续发展中的应用研究. 武汉: 武汉大学.

霍拥军. 2005. 中小型旅游城市的可持续发展研究以泰安为例. 北京: 中国农业大学.

贾洁. 2005. 上海历史街区旅游开发研究. 上海: 上海师范大学.

姜睿. 2001. 旅游与遗产保护. 商业研究, （7）: 173-174.

焦怡雪. 2002. 英国历史文化遗产保护中的民间团体. 规划师, （5）: 79-83.

金波, 刘坤. 2003. 旅游地可持续发展指标体系初步研究. 曲阜师范大学学报, （4）: 21-24.

金颖若. 2004. 旅游资源的羡余现象. 经济地理, （5）: 672-674.

金勇兴. 2002. 温州楠溪江古村落民居的文化价值. 中共杭州市委党校学报, （3）: 46-501.

金准, 庄志民. 2004. 区域旅游可持续力分析的修正方案以安徽龙岗古镇为例. 旅游学刊,
　（5）: 77-81.

荆其敏, 张丽安. 2004. 中外传统民居. 天津: 百花文艺出版社.

凯文·林奇. 2001. 城市意象. 北京: 华夏出版社.

赖德勋, 黄中和. 2001. 传统民居装饰与儒家文化. 小城镇建设, （9）: 62-64.

李东，许铁钺．2005. 空间、制度、文化与历史叙述——新人文视野下传统聚落与民居建筑研究．建筑师，(6)：8-10.

李凡，金忠民．2002. 旅游对皖南古村落影响的比较研究——以西递、宏村和南屏为例．人文地理，17 (5)：17-20.

李乐平．2012. 完善村民自治法律制度与创新农村社会管理研究．农业经济，(5)：26-28.

李蕾蕾．2002. 逆工业化与工业遗产旅游开发：德国鲁尔区的实践过程与开发模式．世界地理研究，(3)：57-65.

李丽雅，黄芳．2003. 论江南水乡古镇旅游资源的开发与保护——以周庄和同里为例．桂林旅游高等专科学校学报，14 (2)：18-21.

李森，朱蕾．2005. 传统聚落旅游开发中的迪斯尼逻辑．建筑师，(8)：97-98.

李清，胡俊秋．2012. 关于祠堂文化在社会主义新农村文化建设中的思考：以从化市祠堂为例．前沿，(10)：108-109.

李文兵．2011. 古村落游客忠诚模型研究：基于游客感知价值及其维度视角．地理研究，30 (1)：37-48.

李小波，祁黄雄．2003. 古盐业遗址与三峡旅游——兼论工业遗产旅游的特点与开发．四川师范大学学报（社会科学版），(6)：104-108.

李星群．2003. 自然保护区生态旅游可持续发展评价指标体系研究．南宁：广西大学．

李永文．1995. 中国旅游资源地域分异规律及其开发研究．旅游学刊，(2)：45-50.

梁留科，曹新向，吴次芳．2002. 新经济时代河南旅游业发展的创新研究．人文地理，17 (3)：50-52.

缪小龙．2001. 古村源远遗韵流长 保护改善 永续发展——从闽东廉村谈古文化村保护发展设想．小城镇建设，(2)：61-63.

刘滨谊．2004. 旅游规划三元论——中国现代旅游规划的定向、定性、定位、定型//张广瑞．旅游规划的理论与实践．北京：社会科学文献出版社．

刘昌雪，汪德根．2003. 皖南古村落可持续旅游发展限制性因素探悉．旅游学刊，18 (6)：100-105.

刘德谦．2005. 古镇保护与旅游利用的良性互动．旅游学刊，20 (2)：47-53.

刘敦桢．2004. 中国住宅概说．天津：百花文艺出版社．

刘家明，陶伟，郭英之．2000. 传统民居旅游开发研究——以平遥古城为案例．地理研究，19 (3)：264-270.

刘家麒．1987. 联邦德国古城保护和改造．城市规划，21 (3)：30-46.

刘建平，刘向阳．2006. 区域红色文化遗产资源整合开发探析．湘潭大学学报：社会哲学版，(5)：41-43.

刘黎明，李振鹏，马俊伟．2006. 城市边缘区乡村景观生态特征与景观生态建设探讨．中国人口资源与环境，16 (3)：76-81.

刘临安．1996. 意大利建筑文化遗产保护概观．规划师，(1)：102-105.

刘沛林，董双双．1998. 中国古村落景观的空间意象研究．地理研究，17 (3)：31-37.

刘沛林.1996.中国历史文化村落的空间构成及其地域文化特点.衡阳师专学报（社会科学），1996（2）：83-88.

刘沛林.1997.古村落：和谐的人聚空间.上海：上海三联书店.

刘沛林.1997.徽州古村落的特点及其保护性开发.衡阳师专学报（社会科学），18（1）：86-91

刘沛林.1998.论中国历史文化名村保护制度的建立.北京大学学报（哲学社会科学版），35（1）：82-88.

刘沛林.2010.北京山区沟域经济典型模式及其对山区古村落保护的启示.经济地理，30（12）：1944-1949.

刘纬华.2000.关于社区参与旅游发展的若干理论思考.旅游学刊，15（1）：47-52.

刘艺容.2002.论推进农村城市化的制度创新.湘潭大学学报：社会哲学版，（2）：52-54.

楼庆西.2001.中国传统建筑.北京：五洲传播出版社.

卢松，陆林，凌善喜.2003.世界文化遗产西递、宏村旅游资源开发的初步研究.安徽师范大学学报，26（3）：273-277.

卢松，陆林，王莉，等.2004.古村落旅游客流时间分布特征及其影响因素研究.地理科学，24（2）：250-252.

卢松，杨钊，陆林，等.2003.西递国内游客特征、旅游动机及旅游效果的初步研究.安徽师范大学学报，26（1）：62-66.

卢松.2005.古村落旅游地旅游环境容量初探：以世界文化遗产西递古村落为例.地理研究，24（4）：581-590.

卢小琴.2005.历史文化名城旅游开发研究.长沙：中南林学院.

陆文鼎.1991.中国传统民居与文化——中国民居学术会议论文集.第一至五辑.北京：中国建筑工业出版社.

陆地.2004.建筑的生与死：历史建筑再利用研究.南京：东南大学出版社.

陆林，凌善金，等.2004.徽州古村落的演化过程及其机理.地理研究，（5）：686-694.

陆元鼎.2000.中国民居研究十年回顾.小城镇建设，（8）：63-66.

陆志刚.2001.江南水乡历史城镇保护与发展.南京：东南大学出版社.

吕连琴.2004.关于旅游资源普查中的若干疑点探讨——以全国第一个普查试点省份河南省为例.旅游学刊，（3）：55-60.

吕舟.2001.面向新世纪的中国文化遗产保护.建筑学报，（3）：58-60.

罗佳明.2001.保护为先是永恒的主题——从世界遗产保护与旅游的关系谈乐山大佛的保护.理论与改革，（5）：67-69.

罗佳明.2002.论遗产型目的地营销——以四川省乐山市为例.旅游学刊，（3）：60-65.

罗佳明.2003.我国自然与文化遗产可持续发展的组织体系建设.旅游学刊，（1）：51-55.

罗小未.2002.上海新天地——旧区改造的建筑历史、人文历史与开发模式的研究.南京：东南大学出版社.

马晓冬.2012.江苏省乡村聚落的形态分异及地域类型.地理学报，67（4）：516-525.

马勇，董观志 . 1997. 区域旅游持续发展潜力模型研究 . 旅游学刊，（4）：37-40.

纳尔逊·格雷本 . 2003. 旅游、现代性与怀旧 . 张晓萍，刘天曌译 . 民族艺术研究，（5）：40-47.

派恩，吉尔摩 . 2002. 体验经济 . 业良，鲁炜译 . 北京：机械工业出版社 .

庞爱卿，覃锦云 . 2003. 激励理论与自然文化遗产资源管理体制改革 . 云南财经学院学报，（5）：34-36.

彭守仁 . 1996. 徽州古民居之奥秘——论古建筑形式与功能关系 . 安徽建筑，（1）：27-32.

彭一刚 . 1994. 传统村镇景观分析 . 北京：中国建筑工业出版社 .

彭兆荣 . 2002. 东道主与游客一种现代性悖论的危险 . 思想战线，28（6）：40-42.

彭兆荣 . 2004. 旅游人类学 . 北京：民族出版社 .

曲金良 . 2003. 海洋文化艺术遗产的抢救与保护，中国海洋大学学报（社会科学版），（3）：46-50.

阮昕 . 2003. 文化人类学视野中的传统民居及其意义 . 建筑师，（3）：57-61.

阮仪三，林林 . 2003. 文化遗产保护的原真性原则 . 同济大学学报（社会科学版），（2）：1-5.

阮仪三，邵甬，林林 . 2002. 江南水乡城镇的特色、价值及保护 . 城市规划汇刊，（1）：1-3.

阮仪三，肖建莉 . 2003. 寻求遗产保护和旅游发展的"双赢"之路 . 城市规划，（6）：86-90.

阮仪三，严国泰 . 2003. 历史名城资源的合理利用与旅游发展 . 城市规划，（4）：48-51.

阮仪三 . 1995. 中国江南水乡 . 上海：同济大学出版社 .

阮仪三 . 1998. 江南古镇 . 上海：上海画报出版社 .

阮仪三 . 1998. 世界及中国历史文化遗产保护历程 . 同济大学学报，（1）：1-8.

阮仪三 . 2002. 保护世界遗产的要义 . 同济大学学报（社会科学版），13，（3）：1-3.

阮仪三 . 2003. 护城纪实 . 北京：中国建筑工业出版社 .

沙伦，沙利文 . 1999. 澳大利亚建筑遗产保护 . 贺从容译 . 世界建筑，（5）：16-20.

沙润 . 1998. 中国传统民居建筑文化的自然地理背景 . 地理科学，18（1）：58-64.

单德启 . 2004. 从传统民居到地区建筑——单德启建筑学术论文自选集 . 北京：中国建材工业出版社 .

邵勇，阮仪三 . 2002. 关于历史文化遗产保护的法制建设——法国历史文化遗产保护制度发展的启示 . 城市规划汇刊，（3）：57-60.

申旭 . 2005-12-15. "濒危"团山 . 南方周末 .

沈苏彦，沙润，魏向东 . 2003. 历史街区旅游开发初探 . 资源开发与市场，19（4）：266-270.

史蒂芬·佩吉，保罗·布伦特，乔·康奈尔，等 . 2004. 现代旅游管理导论 . 北京：电子工业出版社 .

世界旅游组织 . 1997. 旅游业可持续发展——地方旅游规划指南 . 北京：国家旅游局 .

世界旅游组织，世界旅游理事会，地球理事会 . 1998. 关于旅游业的21世纪议程 . 张广瑞译 . 旅游学刊，（2）：50-54.

宋瑞 . 2004. 生态旅游：多目标多主体的共生 . 北京：中国社会科学院研究生院 .

苏海健 . 2012. 农村社会保障法律体系的构建探析 . 农业经济，（7）：64-66.

孙大章. 2003. 中国传统民居. 北京：中国建筑工业出版社.

孙克勤. 2009. 北京门头沟区古村落遗产资源保护与开发. 地域研究与开发, 28 (4)：72-76.

孙丽平, 张殿松. 2003. 谈乡土建筑遗产的保护. 山西建筑, (6)：7-8.

孙儒泳, 李博. 1998. 普通生态学. 北京：高等教育出版社.

孙艺惠, 陈田, 张萌. 2009. 乡村景观遗产地保护性旅游开发模式研究：以浙江龙门古镇为例. 地理科学, 29 (6)：840-845.

孙玉军, 刘艳红, 赵炳柱. 2001. 生态旅游及其评价指标探索. 北京林业人学学报, (3)：99-100.

陶伟, 田银生, 吴霞. 2002. "世界遗产地苏州" 城市旅游空间结构研究. 经济地理, (4)：487-491.

陶伟. 2000. 中国 "世界遗产" 的可持续旅游发展研究. 旅游学刊, (5)：35-41.

陶伟. 2002. 中国世界遗产地的旅游研究进展. 城市规划汇刊, (3)：54-57.

佟玉权. 1998. 旅游资源评价体系研究. 沈阳师范学院学报, (2)：43-45.

万幼清. 2006. 旅游可持续发展评价指标与方法. 统计与决策, (2)：9-12.

汪黎明. 2004. 我国古村镇旅游业可持续发展探悉. 今日国土, (11)：30-31.

王大悟. 1999. 巴拿马旅游业 TCR 行动计划评述——兼析生态旅游和遗产旅游概念. 社会科学, (7)：11-15.

王大悟. 2001. 关于旅游规划若干认识的讨论. 旅游学刊, 16 (5)：45-48.

王刚福. 2003. 浅谈长江三峡地区民间音乐遗产的抢救和保护. 涪陵师范学院学报, (4)：67-68.

王景慧, 阮仪三, 王林. 1999. 历史文化名城保护理论与规划. 上海：同济大学出版社.

王景慧. 2002. 论历史文化遗产保护的层次. 规划师, (6)：9-13.

王珂瑾. 2012. 法制化：构建我国农村社会保障制度的路径选择. 农业经济, (6)：41-48.

王柯平. 2000. 旅游美学新编. 北京：旅游教育出版社.

王莉, 陆林, 童世荣. 2003. 江南水乡古镇旅游开发战略初探. 长江流域资源与环境, 12 (6)：529-534.

王莉. 2002. 博物馆的历史责任：对无形文化遗产的保护. 中国博物馆, (4)：48-51.

王莉. 2004. 传统村镇旅游地居民态度与开发策略研究. 安庆：安徽师范大学.

王良健. 2001. 旅游可持续发展评价指标体系及评价方法研究. 旅游学刊, (1)：67-70.

王林. 2000. 中外历史文化遗产保护制度比较. 城市规划, (8)：49-51.

王路力, 王炳华. 2002. 自然、文化遗产保护事业与旅游业的相互促进. 新疆社会科学, (1)：89-92.

王宁. 1999. 旅游现代性与 "好恶交织" ——旅游社会学的理论探索. 社会学研究, (6)：93-102.

王宁. 2003. 非物质遗产的界定及其价值. 学术界, (4)：1-5.

王其钧. 2001. 中国民间住宅建筑. 北京：机械工业出版社.

王世仁. 1999. 保护文物古迹的新视角——简评澳大利亚《巴拉宪章》. 世界建筑, (5)：

21-22.

王兴斌. 2002. 中国自然文化遗产管理模式的改革. 旅游学刊, (5): 15-21.

王兴中. 2004. 新社会经济思潮下的旅游规划体系及设计. 人文地理, 19 (4): 1-7.

王志芳, 孙鹏. 2001. 遗产廊道: 一种较新的遗产保护方法. 中国园林, (5): 85-88.

魏峰群. 2010. 传统古村落保护与旅游开发的混合效应模式研究. 干旱区资源与环境, 24 (10): 197-200.

魏敏, 冯永军, 等. 2004. 农业生态旅游可持续发展评价指标体系研究. 山东农业大学学报 (社会科学版), (1): 27-30.

魏小安, 窦群, 等. 2003. 发展旅游和遗产保护能否双赢——关于中国世界遗产资源保护、开发与旅游业发展. 旅游管理, (2): 4-13.

魏小安, 窦群. 2002. 云南丽江旅游的发展与大研古镇的发展方向问题. 小城镇建设, (4): 10-11.

魏小安, 魏诗华. 2004. 旅游情景规划与项目体验设计. 旅游学刊, 19 (4): 38-44.

翁礼华. 2011. 评说晋徽两大商帮. 中国财政, (12): 76.

翁时秀. 2011. 旅游发展初级阶段弱权利意识型古村落社区增权研究: 以浙江省楠溪江芙蓉村为例. 旅游学刊, 26 (7): 53-59.

巫纪光, 邱灿红. 2002. 传统古村镇的保护与旅游开发问题的浅探. 中国勘察设计, (10): 6-7.

吴必虎, 李咪咪, 黄国平. 2002. 中国世界遗产地保护与旅游需求关系. 地理研究, (5): 617-626.

吴必虎. 2001. 区域旅游规划原理. 中国旅游出版社.

吴必虎. 2005-12-13. 中国进入深度旅游时代. 旅游时报, (B04).

吴冰, 马耀峰. 2004. 古村落旅游资源评价与保护研究——以陕西省韩城市党家村为例. 陕西师范大学学报 (自然科学版), 32 (1): 121-124.

吴承照, 肖建莉. 2003. 古村落可持续发展的文化生态策略——以高迁古村落为例. 城市规划汇刊, (4): 56-61.

吴冠中. 2004. 画外音. 济南: 山东画报出版社.

吴良镛. 1994. 北京旧城与菊儿胡同. 北京: 中国建筑工业出版社.

吴文智, 庄志民. 2003. 体验经济时代下旅游产品的设计与创新. 旅游学刊, 18 (6): 66-70.

吴忠军. 2001. 民俗文化与民俗旅游. 广西民族出版社.

武启祥, 韩林飞, 朱连奇, 等. 2010. 江西婺源古村落空间布局探析. 规划师, (4): 84-89.

武启祥. 2010. 古村落生态系统的复杂性分析: 以江西省婺源古村落为例. 地域研究与开发, 29 (6): 80-84.

席建超, 葛全胜, 等. 2004. 旅游资源群: 概念特征、空间结构、开发潜力研究——以全国汉地佛教寺院旅游资源为例. 资源科学, (1): 91-98.

席建超, 赵美风, 葛全胜. 2011. 旅游地乡村聚落用地格局演变的微尺度分析. 地理研究, 66 (12): 1707-1717.

谢朝武，郑向敏．2003. 关于文化遗产旅游研究的若干思考．桂林旅游高等专科报，（2）：27-31.

谢凝高．2001. "世界遗产"不等于旅游资源．北京规划建设，（6）：58-59.

谢新杰，马晓冬．2011. 苏北沿故黄河地区乡村聚落的格局特征与类型划分．国土与自然资源研究，（5）：82-86.

谢彦君．1999. 基础旅游学．北京：中国旅游出版社．

刑道隆．1987. 关于旅游资源评价的几个基本问题．旅游学刊，（1）：38-43.

熊伙仙，张松，周俭．2002. 江南古镇旅游开发的问题与对策—对周庄、同里、角直旅游状况的调查分析．城市规划汇刊，（6）：61-63.

徐灿龙．2005-10-18. 旅游经济是富民经济．华东旅游报，（A1）．

徐菲菲．2003. 滨海生态旅游地可持续发展模式研究以江苏连云港为例．经济地理，（4）：547-550.

徐高龄．2003. 中国遗产旅游业的经营制度选择：兼评"四权分离与制衡"主张．旅游学刊，（4）：30-37.

徐顽强，邓小伟，朱喆．2012. 社会管理创新视角下农村社会组织发展困境和路径研究．广西社会科学，（6）：125-128.

严国泰．2005. 历史城镇旅游规划理论与实务．北京：中国旅游出版社．

阎友兵，成红波．2004. 旅游景区经营区转让．湘潭大学学报：社会哲学版，（5）：131-134.

阳建强，吴明伟．1999. 现代城市更新．南京：东南大学出版社．

杨慧．2001. 旅游人类学与中国社会．昆明：云南大学出版社．

杨健美．2003. 社区与旅游的整合研究——以昆明市团结乡龙潭村为例．昆明：云南师范大学．

杨锐．2003. 改进中国自然文化遗产管理的四项战略．中国园林，（10）：39-44.

杨寿川．2003. 云南民族文化旅游资源开发研究．北京：中国社会科学出版社．

杨载田，邱国锋．2002. 客家古民居景观的开发利用．南通师范学院学报（哲学社会科学版），18（2）：45-49

杨载田．1994. 中国乡村古聚落旅游资源的开发．衡阳师专学报（社会科学），（2）：84-87.

杨振之，等．2005. 旅游原创策划．成都：四川大学出版社．

业祖润．1999. 北京川底下古山村保护与旅游开发探讨．北京建筑工程学院学报，15（1）：1-10.

叶朗．1988-01-20. 旅游离不开美学——《美的发现——旅游美学书简》评介．中国旅游报．

殷柏慧．2004. 基于利益主体理论的京津区域旅游合作系统研究．北京：北京大学．

尹泽生，宋关福．1995. 区域旅游资源评价基本原理．旅游学刊，（5）：39-42.

尹泽生．2003. 旅游资源标准化研究的社会意义．信息导刊，（4）：57-58.

余凤龙，陆林，等．2005. 旅游可持续发展的管理框架．资源开发与市场，21（4）：351-353.

曾珍香，傅惠敏，王云峰．2000. 旅游可持续发展的系统分析．河北工业大学学报，（3）：50-54.

翟辅东.1993.我国旅游资源的复式评价.地理研究,(2):22-24.

张成渝,谢凝高.2003."真实性和完整性"原则与世界遗产保护.北京大学学报(哲学社会科学版),(2):62-68.

张成渝.2003.从遗产和自然环境的关系看文化遗产的地质学价值——以八达岭风景名胜区为例.中国园林,(3):23-24.

张成渝.2004.《世界遗产公约》中两个重要概念的解析与引申.北京大学学报(自然科学版),40(1):129-138.

张广瑞,魏小安,刘德谦.2002.2001~2003年中国旅游发展:分析与预测.北京:社会科学文献出版社.

张广瑞.2004.旅游规划的理论与实践.北京:社会科学文献出版社.

张辉,厉新建,等.2005.中国旅游产业转型年度报告.北京:旅游教育出版社.

张建世.2001.文化遗产保护、发展与西部大开发.西南民族学院学报(哲学社会科学版),(1):48-50.

张杰,胡伟,张重禄.2003.西部大开发高速公路建设中的文化遗产保护问题.公路与汽运,(2):93-94.

张杰,庞骏等.2004.古村落空间演变的文献学解读.规划师,(1):10-13.

张结魁,李德明.2004.区域旅游资源评价体系研究.合肥工业大学学报(自然科学版),(2):135-139.

张孔生.2005-08-10.60多处古民居将升格为文物.扬州日报.

张澎,滕建旭.2003.WTO背景下原住民族传统知识遗产保护策略及其对区域民族经济可持续性发展的影响.西南民族大学学报(人文社科版),(10):80-83.

张琼霓.2003.我国世界遗产地旅游开发与保护探讨.湖南社会科学,(5):182-183.

张琼霓.皖南古民居、古村落旅游开发研究.湖南商学院学报,10(5):60-63.

张群.2003.遗产保护与旅游资源开发的几点思考.湘潭大学社会科学学报,(5):52-55.

张松.2001.历史文化保护导论——文化遗产和历史环境保护的一种整体性方法.上海:上海科学技术出版社.

张松.2001.日本历史环境保护的理论与实践——法律、政策与公众参与.建筑,(4):84-88.

张松.2003.21世纪世界遗产保护面临的挑战.同济大学学报(社会科学版),(3):59-63.

张伟,吴必虎.2002.利益主体理论在区域旅游规划中的应用.旅游学刊,17(4):63-68.

张溪,明世法.2002.西部开发与文化遗产保护.康定民族师范高等专科学校学报,(2):28-31.

张晓.2002.遗产资源所有与占有——从出让风景区开发经营权谈起.中国园林,(2):29-32.

张轶群.2002.传统聚落的人文精神——解读和顺乡.规划师,(10):45-47.

章海荣.2004.旅游文化学.上海:复旦大学出版社.

章建刚.2002.遗产产业可持续发展的基础和理想模式.云南社会科学,(3):44-56.

章锦河,凌善金.2001.黟县宏村古村落旅游形象设计研究.地理学与国土研究,(3):187.

章锦河.2003.古村落旅游地居民旅游感知分析——以黟县西递为例.地理与地理信息科学,

19 (2)：105-109.

赵温霞，陈漱珊．2002. 论世界遗产资源开发利用过程中的环境地质因素及其保护问题．安全环境与工程，(1)：5-8.

赵勇，崔建甫．2004. 历史文化村镇保护规划研究．城市规划，(8)：54-59.

赵勇，骆中钊，张韵．2005. 历史文化村镇的保护与发展．北京：化学工业出版社.

赵勇，张捷．2006. 历史文化村镇保护评价体系及方法研究：以中国首批历史文化名镇（村）为例．经济地理，26 (4)：497-505.

郑光复．2005. 旅游城镇持续的保护与开发——籍阳朔、丽江及江南古村而析．华中建筑，23 (2)：106-109.

郑孝燮．2001. 论自然与文化遗产的个性．中国园林，(3)：3-5.

郑孝燮．2003. 加强我国的世界遗产保护与防止"濒危"的问题．城市发展研究，(2)：50-54.

郑易生．2002. 自然文化遗产的价值与利益．经济社会体制比较，(2)：82-85.

中国旅游业可持续发展研究组．1999. 中国旅游业可持续发展研究．石家庄：河北科学技术出版社.

周彬，董杰，等．2005. 可持续旅游在快速发展期旅游地的实现途径探讨．北京第二外国语学院学报，(3)：28-31.

周国忠．2003. 楠溪江古村落历史文化旅游发展策略研究．黑龙江农垦师专学报，(3)：44-46.

周玲强，朱海伦．2004. 江南水乡古镇开发经营模式与案例研究——以乌镇为例．浙江统计，(5)：28-29.

周年兴，俞孔坚，李迪华．2005. 风景名胜区规划中的相关利益主体分析．经济地理，(5)：716-719.

周真刚，胡朝相．2002. 论生态博物馆社区的文化遗产保护．贵州民族研究，(2)：95-101.

朱彬，马晓冬．2011. 苏北地区乡村聚落的格局特征与类型划分．人文地理，26 (4)：66-72.

朱兵．2002. 文化遗产保护与我国的实践，湖北行政学院学报，(3)：79-81.

朱光亚．2002. 古村镇保护规划若干问题讨论．小城镇建设，(2)：66-70.

朱强．2004-07-01. 古民居考察记．南方周末，D26-D27.

朱强．2004-07-01. 世界遗产在中国系列报道之六——龙应台：不能只取鸡蛋，母鸡也需要照顾．南方周末，D25.

朱晓明．1997. 徽州古村落的特点及其保护性开发衡阳师范学院学报，(1)：86-91.

朱晓明．2001. 古村落评价标准．古建园林技术，(4)：53-55.

朱晓明．2001. 试论古村落的评价标准．古建园林技术，(4)：53-56.

朱晓明．2002. 历史环境生机——古村落的世界．北京：中国建材工业出版社.

邹统钎．1999. 旅游开发与规划．广州：广东旅游出版社.

《中国古村游》编委会．2005. 中国古村游．北京：中国友谊出版社.

Aas C, Ladkin A, Fletcher J. 2005. Stakeholder collaboration and heritage management. Annals of Tourism Research, 32 (1)：29-47.

Ashley C, Roe D, Goodwin H. Pro-Poor Tourism Strategies: Making Tourism.

Baker D A, Crompton J L. 2000. Quality, satisfaction and behavioral inten-tions. Annals of Tourism Reseach, 27 (3): 785-804.

Bourdieu P. 1984. Distinction. London: Routledge & Kegan Paul.

Burns P M. 2004. Tourism planning: A third way. Annals of Tourism Research, (31): 26-38.

Burnsa P M, Sancho M M. 2003. Local perceptions of tourism planning: the Case of Culellar, Spain. Tourism Management, 24 (3): 331-339.

Cavoori J C. 2001. Mediated resistance: Tourism and the host community. Annals of Tourism Research, 28 (4): 998-1009.

Chang T C, Milne S, Fallon D, et al. 1996. Urban heritage tourism the global-local nexus. Annals of Tourism Research, 23 (2): 284-305.

Chhabra D, Healy R, Sills E. 2003. Staged authenticity and heritage tourism. Annals of Tourism Research, 30 (3): 702-719.

Clark T. 1984. Alternative Modes of Co-Operative Production. Economic andIndustrial Democracy, 5 (1): 97-129.

Clarke J, Denman R, Hickman Cx, et al. 2001. Rural tourism in roznava okres: a slovak case stud-y. Tourism Management, 22 (2): 193-202.

Cohen J H. 2001. Textile, tourism and community development. Annals of Tourism Research, 28 (3): 378-398.

Conforti J M. 1996. Ghettos as tourism attractions. Annals of Tourism Reseach, 23 (4): 830-842.

Crunewald R de A. 2002. Tourism and cultural revival. Annals of Tourism Research, 29 (4): 1004-1021.

Donaldson T, Preston L E. 1995. The stakeholder theory of the corporation: Concepts, Evidence, and Implications. Academy of Management Review, 20 (1): 65-91.

Erb M. 2000. Understanding tourists——interpretations from indonesia. Annals of Tourism Research, 27 (3): 709-736.

Fawcett C, Cormack P. 2001. Guarding authenticity at literaty tourism sites . Annals of Tourism Research, 28 (3): 686-704.

Freeman R E. 1984. Strategic Management: A Stakeholder Approach. Boston: Pitman.

Fyall A, Carrod B, 1998. Heritage tourism: At what price. Managing Leisure. 3: 213-228.

Giddens A. 1994. Beyond left and Right: The Future of Radical Politics. Cambridge: Pllity Press.

Giddens A. 1998. TheThird Way: The Renewal of Social Democracy. Cambridge: Pllity Press.

Greenwood D J. 1997. Culture by the Pound: an Anthropological Perspective on Tourism and Cultural Comodification//Smith V L The Anthropology of Tourism. Hosts and Guests: University of Pennsyivania Press.

Henderson J. 2000. Attacting tourists to Singapore's Chinatown: a case study in conservation and pro-motion. Tourism Management, 21 (5): 525-534.

Hughes P. 1994. Plczuuiug for Suit Tourism：The ECOMOST Project. Lewes，East Sussex：
    International Federation of Tour Operators.

International Working Group on Indicators of Sustainable Tourism. 1993. Indicators for the Sustainable
    Management Tourism. Winnipeg：International Institute for Sustainable Development.

Jackson M S，White G N，Schmierer C L. 1996. Tourism eeperiences within an attributional frame-
    work. Annals of Tourism Reseach，23（4）：798-810.

Jamal T B，Getz D. 1995. Collaboration theory and community tourism planning. Annals of Tourism Re-
    search，22：186-204.

Jamison D. 1999. Tourism and ethnicity：The brotherhood of coconuts. Annals of Tourism Research，
    26（4）：944-967.

Janiskee R L. 1996. Historic houses and special events. Annals of Tourism Research，23：398-414.

Kevin. 1999. Consuming in the civilized city. Annals of Tourism Research，23（2）：322-340.

Kneafsey M. 2001. Rural cultural economy：Tourism and social relations. Annals of Tourism Research，
    28（3）：762-783.

Laws E. 1998. Conceptualizing visitor satisfaction management in heritage settings：an exploratory
    blueprinting analysis of Leeds Castle，Kent. Tourism Management，19（6）：545-554.

Mathews H，Richter L. 1991. Political science and tourism. Annals of Tourism Reseach，（18）

Mazzanti A. 2003. Valuing cultural hentage in a multi-attribute framework micro-economic perspectives
    and policy implications. Journal of Socio-Economics，（32）：549-569.

Medina L K. 2003. Commoditizing culture：tourism and maya identity. Annals of Tourism Research，
    30（2）：353-368.

Mowforth M，Munt L. 1998. Tourism and Sustainability：New Tourism in the Third World. London and
    New York：Routldedge.

Orbasli A. 2002. Tourists in historic towns：urban conservation and heritage management. London：
    E&EN Spon. 2000. Book review，in：Tourism Management. 23：419-425.

Parlett G，Fletcher J，Cooper C. 1995. The impact of tourism on the Old Town of Edingurgh. Tourism
    Management，16（5）：355-360.

Pechlaner H. 2000. Culture heritage and destination management in the mediterranean. Thunderbird In-
    ternational Business Review，42（4）：409-426.

Peterson R A. 1994. Culture studies through the production perspective：Progress and prospects. The
    Sociology of Culture，163-190.

Preideaux B. 2002. Creating rural heritage visitor attractions——the queensland heritage trails pro-
    ject. International Journal of Tourism Reseach，（4）：313-323.

Sautter E T，Leisen B. 1999. Managing stakeholders：A tourism planning model. Annals of Tourism
    Research，26（2）：312-328.

Smith S L J. 1995. Tourism Analysis：Handbook（20ded）. London：Wesley Long2man.

Teo P，Yeoh B S A. 1997. Remaking local heritage for tourism. Annal of Tourism Research，24（1）：

192-213.

Trousdale W, AICP, MCIP. 2001. Appropriate Tourism Impact Assessment: A Case Studyof Kaniki Point ResortPalawan, Philippines.

Wang N. 1999. Rethinking authenticity tourism experience. Annals of Tourism Reseach, 26 (2): 349-370.

Wickens E. 2002. The sacred and the profane: A tourist typology. Annals of Tourism Research, 29 (3): 834-851.

Wight P. 1998. Tools for Sustainability Analysis in Planning and Managing Tourism and Recreation in the Destination//Hall C M, Lew A A. Sustainable Tourism: A Geographical Perspective. New York: Addenson Wesley Longman: 75-91.

Wong J, Law R. 2003. Difference in shopping satisfaction levels: a study of tourists in Hong Kong. Tourism Management, (24): 401-410.

Zukin S. 1991. Landscapes of Power: FromDetroit to Disney World. Los Angeles: University of California Press.

附录 第1~5批全国重点文物保护单位中的传统民居名录

批次	文物保护单位名称	时代	所在省市
第一批	孔府	明清	山东曲阜
第二批	网师园	清代	江苏苏州
	孟府	明代	山东邹县
	刘少奇故居	近代	湖南宁乡
	洪秀全故居	清代	广东花县
	陈家祠堂	清代	广东广州
	泰宁尚书第	明代	福建泰宁
	潜口民宅	明代	安徽歙县
	东阳卢宅	明清	浙江东阳
	祥集弄民宅	明代	江西景德镇
	崇礼住宅	清代	北京
第三批	牟氏花园	清代、民国	山东栖霞
	丁村民宅	明清	山西襄汾
	茅盾故居	近代	浙江乌镇
	孙中山故居	近代	广东中山
	任弼时故居	近代	湖南汨罗
	周恩来故居	近代	江苏淮安
	李大钊故居	近代	河北乐亭
	鲁迅故居	清代	浙江绍兴
	黄兴故居	近代	湖南长沙
	个园	清代	江苏扬州

续表

批次	文物保护单位名称	时代	所在省市
第四批	姬氏民居	元代	山西高平
	彩衣堂	明代	江苏常熟
	诸葛、长乐村民居	明、清	浙江兰溪
	蒲壮所城	明	浙江苍南
	棠樾石牌坊	明清	安徽歙县
	老屋阁及绿绕亭	明代	安徽歙县
	罗东舒祠	明代	安徽歙县
	丘浚故居	明代	海南琼山
	二宜楼	清代	福建华安
	刘氏花园	清代、民国	四川大邑
	魏氏花园	清代	山东惠民
	丁氏故宅	清代	山东龙口
	满堂围	清代	广东始兴
	夕佳山民居	明清	四川江安
	瞿秋白故居	近代	江苏常州
	谭嗣同故居	明代	湖南浏阳
	魏源故居	清代	湖南隆回
	康有为故居	近代	广东南海
	梁启超故居	近代	广东新会
	向警予故居	近代	湖南溆浦
	蒋氏故居	现代	浙江奉化
	张学良旧居	近代	辽宁沈阳
	李济深故居	现代	广西苍梧
第五批	鸡鸣驿城	明代	河北怀来
	叶剑英故居	近代	广东梅州
	彭德怀故居	现代	湖南湘潭
	詹天佑故居	近代	湖北武汉
	龙山虞氏旧宅	近代	浙江慈溪
	南浔张氏旧宅	近代	浙江湖州
	蔡元培故居	明代	浙江绍兴
	张闻天故居	近代	上海浦东

续表

批次	文物保护单位名称	时代	所在省市
第五批	腰山王氏花园	清代	河北顺平
	乔家大院	清代	山东祁县
	徐霞客故居	明代	江苏江阴
	黄山八面厅	清代	浙江义乌
	南阁牌楼群	明代	浙江乐清
	吕府	明代	浙江绍兴
	郑义门	清代	浙江浦江
	斯氏古民居群	清代	浙江诸暨
	小莲庄	清代	浙江南浔
	程氏三宅	明代	安徽屯溪
	蔡氏古民居群	清代	福建南安
	关西新围、燕冀围	清代	江西龙南
	康百万庄	清代	河南巩义
	大水井古建筑群	清代	湖北利川
	东莞可园	清代	广东东莞
	邑团桥（邑团村）	清代	广西三江
	直波碉楼（村）	清代	四川马尔康
	朗色林庄园	清代	西藏扎囊
	胡氏古民居	明清	甘肃天水
	芋头侗寨	明清	湖南通道
	东华里	清代、民国	广东佛山
	大棚所城	明清	广东深圳
	云山屯	明代	贵州安顺
	朗德上寨	明清	贵州雷山
	海龙屯	宋、元、明	贵州遵义
	喜洲白族古建筑群	明清	云南大理
	党家村古建筑群	明清	陕西韩城
	开平碉楼	近代	广东开平
	福建土楼	清代、近代	福建永定
	俞源村古建筑群	元至清	浙江武义
	永昌堡	明	浙江温州

续表

批次	文物保护单位名称	时代	所在省市
第五批	呈坎村古建筑群	明、清	安徽黄山
	渔梁坝	唐至清	安徽歙县
	宏村古建筑群	明、清	安徽黟县
	西递村古建筑群	明、清	安徽黟县
	查济古建筑群	元至清	安徽泾县
	安贞堡	清	福建永安
	流坑村古建筑群	明、清	江西乐安
	张谷英村古建筑群	明、清	湖南岳阳
	石宝寨	明、清	重庆忠县
	赵世炎故居	近代	重庆酉阳
	邓小平故居	近代	四川广安